地域福祉計画
ガバナンス時代の社会福祉計画

武川正吾 [編]

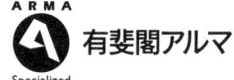

はしがき

　日本はこれまで企業中心社会であると言われてきた。このため日本社会は家族と労働を中心に組織された。日本人の生活時間と生活空間の大部分は、家庭と職場によって占められていた。自営業者や専業主婦を別とすれば、地域の問題に対しては概して冷淡だった。

　ところが、さまざまな理由から、そうした企業中心社会のあり方が大きく揺らいでいるのが今日の姿である。職場と家庭を往復するだけの生活を拒む人も出始めている。定年退職後の人びとが増えれば、地域に対する関心は否応なしに高まっていく。

　社会福祉の分野でも地域が焦点として浮かび上がってきた。2000年に大改正された社会福祉法では「地域福祉の推進」が同法の目的となり、市町村が地域福祉計画を、都道府県が地域福祉支援計画を作ることとなった。

　本書は、この計画が生まれてこざるをえない社会的背景を明らかにするとともに、この計画の概要、策定方法、他計画との関係、評価、財政やローカル・ガバナンスとの関係などを明らかにすることを目的としている。

　このように地域福祉計画をめぐる広範囲のトピックを本書が取り上げているのは、この計画が地域福祉の視点からだけでなく、社会計画や地方自治といった視点からもとらえられる必要があるとの立場に立っているからである。

　社会計画の視点から考えると、1990年代の新旧ゴールドプランや老人保健福祉計画は、数値目標を設定して、日本の高齢者福祉の水準を引き上げるうえで非常に大きな貢献をした。今日介護保険制度が可能となったのは、これら2つの社会計画のおかげである。

ところが地域福祉計画は，1990年代の社会計画とは異なった特徴をもっている。資源の量的拡大というよりは，その有効活用や地域におけるネットワークのほうに関心がある。このため地域福祉計画では，従来とは異なった社会計画の技法が要請されることになる。本書のなかで評価やコミュニティワークの手法に比較的多くのページ数を割いているのはこのためである。

　他方，地方自治の視点から考えると，現在は地方分権の時代である。第1の政府である基礎自治体（市町村）が統治の出発点とならなければならない。それだけでなく，従来のような政府による統治（ガバメント）から，非政府部門も含めたガバナンス（共治）への転換が迫られている。地域福祉計画はこうした地域におけるガバナンス確立の一環としても考えられなければならないのである。

　このように地域福祉計画は多様な側面をもち，日本社会を大きく改革していく可能性を秘めている。本書の刊行が，地域福祉計画のそうした可能性を実現していくための1つのきっかけとなることを願っている。

　最後になってしまったが，本書の企画から刊行にいたるまでの各段階で多大なお世話になった有斐閣書籍編集第2部の松井智恵子さんにこの場を借りてお礼を申し上げたい。

　2005年4月

武川　正吾

執筆者紹介（執筆順，＊は編者）

＊武川正吾（たけがわ　しょうご）　序章，第1章，第2章
　　1955年生まれ
　　現在　東京大学大学院人文社会系研究科教授
　　主著　『地域社会計画と住民生活』中央大学出版部，1992年
　　　　　『社会政策のなかの現代』東京大学出版会，1999年

小坂善治郎（こさか　ぜんじろう）　第3章，第8章
　　1938年生まれ
　　現在　流通科学大学サービス産業学部教授
　　主著　『高齢社会福祉と地域計画』中央法規出版，1998年
　　　　　『科学の方法』（共著），医療科学社，2003年

松端克文（まつのはな　かつふみ）　第4章
　　1964年生まれ
　　現在　桃山学院大学社会学部准教授
　　主著　『障害者の個別支援計画の考え方・書き方』日総研出版，2004年
　　　　　『よくわかる地域福祉』（共編），ミネルヴァ書房，2004年

原田正樹（はらだ　まさき）　第5章，第7章
　　1965年生まれ
　　現在　日本福祉大学社会福祉学部准教授
　　主著　『社協の底力』（監修・共著）中央法規出版，2008年
　　　　　『地域福祉の展開』（共著）放送大学教育振興会，2010年

和気康太（わけ　やすた）　第6章，第10章
　　1959年生まれ
　　現在　明治学院大学社会学部教授
　　主著　『社会調査論──フィールドワークの方法』（共編），

学文社，2001 年
『地域福祉を拓く』（共著），ぎょうせい，2002 年

三重野　卓（みえの　たかし）　第 9 章
　　1949 年生まれ
　　現在　山梨大学教育人間科学部教授
　　主著　『福祉国家の医療改革――政策評価にもとづく選択』（共編），
　　　　　東信堂，2003 年
　　　　　『「生活の質」と共生（増補改訂版）』白桃書房，2004 年

山　本　　隆（やまもと　たかし）　第 11 章
　　1953 年生まれ
　　現在　関西学院大学人間福祉学部教授
　　主著　『福祉行財政論――国と地方からみた福祉の制度・政策』
　　　　　中央法規出版，2002 年
　　　　　『イギリスの福祉行財政――政府間関係の視点』
　　　　　法律文化社，2003 年

澤　井　　勝（さわい　まさる）　第 12 章
　　1942 年生まれ
　　現在　奈良女子大学名誉教授
　　主著　『変革期の地方財政』敬文堂，1993 年
　　　　　『分権改革と地方財政』敬文堂，2000 年

地域福祉計画：目　次

序　章　地域福祉計画とは何か　1

1 社会福祉法の改正と地域福祉計画の登場 … 1

2 地域福祉計画を考える視点 … 4
地域福祉の視点　4　　社会計画の視点　5　　地方自治の視点　7

3 本書の構成 … 9

第1章　地域福祉の主流化と地域福祉計画　15

1 地域社会の変化 … 15
伝統的な地域社会　15　　第1の変化　16　　第2の変化　18

2 地域福祉の主流化 … 20
社会福祉基礎構造改革と社会福祉法の改正　20　　地域福祉の主流化とその意味するもの　23

3 地域福祉の再定義 … 24
国産概念としての地域福祉　24　　地域福祉の潮流　26　　地域福祉の新しい概念　28

4 **地域福祉の計画化** ………………………………………… 29

　　地域福祉計画の法定化　29　　地域福祉の社会計画　31

第2章　地域福祉計画の概要　35

1 **計画の理念** ……………………………………………… 35

　　2つの策定指針　35　　地域福祉推進の理念　36　　総合化と住民参加　39

2 **計画の内容** ……………………………………………… 42

　●**総合化のために**

　　計画に盛り込むべき事項　42　　地域福祉計画における狭義と広義　45

3 **計画の策定** ……………………………………………… 47

　●**住民参加の工夫**

　　庁内体制と策定手順　47　　住民参加　49

4 **都道府県の役割** ………………………………………… 51

　●**地域福祉支援計画**

　　都道府県による支援の機能　51　　補完の機能と助言の機能　52

第3章　地域福祉計画と関連計画　57

1 **地域総合計画** …………………………………………… 57

　●**基本構想と基本計画**

地域総合計画との関連　57　　地域の将来を策定する「基本構想」　59　　長期的視点に立った「基本計画」　60

2　社会サービス計画 ……………………………………… 61
●個別計画(1)
福祉3プラン　61　　介護保険の改正：「介護予防」と「地域支援事業」　64　　健康日本21・健康増進法　65　　医療計画　67　　心身の健康を図る生涯学習振興基本構想　69

3　居住環境の計画 ………………………………………… 71
●個別計画(2)
ノーマライゼーションと福祉社会のまちづくり：生活福祉空間づくり大綱　71　　バリアフリーなまちづくり：バリアフリー法　72　　人に優しい住宅プラン：ハートビル法　73

4　民 間 計 画 …………………………………………… 74
●地域福祉活動計画
地域福祉計画との関連　74　　市町村社会福祉協議会の計画策定の意義　76　　地域福祉活動計画の構造　76

第4章　地域福祉計画における必要と資源　79

1　必要の充足と地域福祉 ………………………………… 79
必要充足の資源としての在宅福祉サービス　79　　必要充足に求められる多様な資源　82　　「地域のなかで」という考え方　83

2 地域福祉における必要の判定 ………………………… 85

必要の普遍化 85　　必要の判定 86　　必要の判定をめぐる諸問題 87　　地域福祉計画の策定をつうじての必要の判定 89

3 地域福祉計画における資源 ………………………… 91

地域福祉の資源 91　　地域福祉計画の策定と資源 92

第5章　地域福祉計画の策定プロセス　　97

1 地域福祉計画の策定プロセス ………………………… 97

計画策定の基本的なプロセス 97　　地域福祉計画の策定手順 98

2 地域福祉計画策定に連動した地域福祉活動のプロセス
　………………………………………………………… 102

(1) 地域福祉活動を構想する 104　　(2) 地域福祉の課題を見つける 104　　(3) 活動の理念や目的をつくる 105　　(4) 課題の解決・実際の活動 106　　(5) 地域福祉活動の進行管理 108

3 策定プロセス上の留意点 ………………………… 108

地域の福祉課題を意識化させること 108　　策定委員会の設置の時期と位置づけ 109　　行政内部における検討過程 110

第6章　課題の発見と目標の設定　　115

はじめに　115

1　地域診断とは何か …………………………………… 116
2　地域診断の基本的視点 ……………………………… 117
　　広義の地域診断　117　　狭義の地域診断　118
3　必要把握の技法 ……………………………………… 122
　　量的な必要把握の技法　122　　質的な必要把握の技法　124
4　地域診断と参加型調査 ……………………………… 126
　　参加型調査とは何か　126　　参加型調査の特徴とその意義　130　　まとめにかえて　131

第7章　住民参加の技法　　135

1　住民の関心を高めるための方法 …………………… 135
　　情報収集と広報活動　136　　情報公開とプライバシーの保護　139
2　住民参加による検討を促すための方法 …………… 140
　　ワークショップ　140　　参加型住民懇談会　141　　住民参加型調査　142

3 **住民の福祉課題を把握するための方法** ……………… 142

当事者からの福祉課題の丁寧な把握　142　　策定委員会の構成と人選の方法　143　　パブリック・コメントの方法　145

4 **福祉学習を進めていくための方法** ……………………… 145

シンポジウムなど学習プログラムの企画　146　　参加・体験型の地域発見プログラムの企画　147　　先進地の視察や情報交換　148

第8章　コミュニティ・ミーティング　　151

1 **住民参加の推進** ………………………………………………… 151

●タウン・ミーティングとコミュニティ・ミーティング

さまざまな住民参加方式　151　　コミュニティ・ミーティングの意義　153

2 **コミュニティ・ミーティングの仕組み** ………………… 154

住民参加の計画　154　　コミュニティ・ミーティングのサイズの決定　155　　コミュニティ・ミーティングの組立て　158

3 **コミュニティ・ミーティングの基本的な展開** ………… 161

ミーティングのまとめ方の基本：6W2Hの展開方法　161　　コミュニティ・ミーティングの運営の手法と注意点　164

4 **地域コミュニティ・ミーティングの実際（事例）** …… 166

「佐土原町地域福祉総合計画」 166 「第4次五ヶ瀬町長期総合計画」 167

第9章　社会指標と政策評価　　　171

1 **指標化をめぐる動向** ………………………………… 171

社会指標 171 政策評価 173

2 **アウトカム志向と指標体系** ………………………… 174

アウトプット，そしてアウトカムへ 174 指標体系の考え方 176

3 **評価の考え方とベンチマーク方式** ………………… 179

評価，比較の方法 179 ベンチマーク方式 181

4 **評価の管理と計画問題** ……………………………… 182

政策評価と事務事業評価 182 厚生労働省の指標体系 183 公共的意思決定過程と参加 185

第10章　地域福祉計画における評価　　　189

はじめに 189

1 **評価とは何か** ………………………………………… 190

評価という行為の日常性 190 評価の難しさ 191

2 社会福祉援助技術における評価方法 ･････････････････････ 192

シングル・システム・デザイン法 192　実験計画法 193

3 地域福祉計画の評価方法 ････････････････････････････････ 194

社会福祉サービスのプログラム評価 194　地域福祉計画の評価の視点と方法 196

4 地域福祉計画における評価の実際 ･･････････････････････ 198

まとめにかえて 207

第11章　地域福祉計画と財政　211

1 行政計画と財政 ･･･ 212

行政計画と予算との関係 212　財政（予算）局と企画局との関係 214

2 福祉計画と財政 ･･･ 216

計画行政の展開 216　地域福祉計画と財政 218
地域福祉計画策定の財源 219

3 福祉関係3計画の公的財源 ･･････････････････････････････ 222

介護保険制度の公的財源 222　障害者福祉の公的財源 224　子育て支援策の公的財源 227　地域福祉のための基金づくり 228

4 地域福祉の民間財源 ………………………………… 229
共同募金 229　　募金額の推移 230　　配分額の割合の推移 231　　市民バンク，福祉財団，コミュニティ財団 232

5 自治体財政の展望 …………………………………… 233
地方自治体の厳しい財政事情 233　　地方への税源の移譲 234

第12章　ガバナンスの時代と地域福祉　　237

1 ガバナンスの意義 …………………………………… 237
社会保障制度の見直し 237　　ガバナンス論の台頭 240

2 日本政府統治のパラダイム転換 …………………… 243
日本における地方分権改革 243　　国と地方自治体は対等・平等な関係に 245

3 市民参加，当事者参加の展開 ……………………… 247
社会福祉法における住民の位置づけ 247　　協働とパートナーシップ 248　　介護保険における参加と公開の進行 249　　NPO法人の登場 250

4 多様な主体によるガバナンスと「新しい政府機能」… 252
市民参加と「協働」 252　　新しい政府機能に向けた行政改革の方向 253　　地域福祉計画とガバナンス 254

索　引 ………………………………………………………… 259

INFORMATION

●**本書のねらい**　本書は，地域福祉計画が生まれてくる社会的背景を明らかにするとともに，計画の概要，策定方法，他の計画との関係，評価，財政やローカル・ガバナンスとの関係などを明らかにする，意欲的なテキストです。

●**本書の構成**　本書は13章よりなり，各章は「本文」「サマリー」「キーワード」「引用文献」「読書案内」で構成され，地域福祉計画について立体的かつ確実に学習できるように工夫されています。

●**キーワード**　重要な概念や用語は，本文中ではゴチックで表示され，各章の章末に「Key Words」として一覧を掲載しています。

●**サマリー**　各章のポイントを，サマリー（要約）として章末に掲載しました。サマリーを読んで頭を整理したあとで，もう一度本文を読んでみましょう。理解がさらに深まります。

●**引用文献**　本文で引用された文献は，本文中では（著者［発行年］）というスタイルで表示し，文献全体の情報は，章末の「引用文献」「読書案内」に掲載しています。

●**読書案内**　各章のテーマについて，さらに学びたい読者のための参考文献を紹介しています。

●**索　　引**　巻末には，キーワードを中心に基礎タームが検索できるよう，索引が収録されています。理解を深めるためにお役立てください。

> 本書のコピー，スキャン，デジタル化等の無断複製は著作権法上での例外を除き禁じられています。本書を代行業者等の第三者に依頼してスキャンやデジタル化することは，たとえ個人や家庭内での利用でも著作権法違反です。

序章　地域福祉計画とは何か

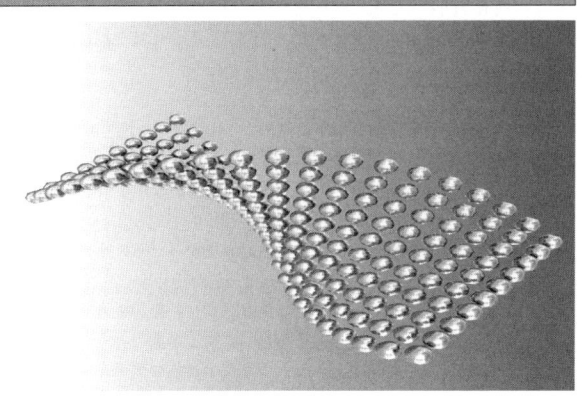

1 社会福祉法の改正と地域福祉計画の登場

　2000（平成12）年に社会福祉事業法が改正され，その名称は社会福祉法へと変えられた。この改正によって，**地域福祉の推進**が同法の目的の1つとなり（1条），この目的を達成するために，新たに市町村が**市町村地域福祉計画**を策定し（107条），都道府県が**都道府県地域福祉支援計画**を策定することになった（108条）。これら2つの計画に関する条文は，2003（平成15）年4月から施行されている。

　両計画の策定は，条文上，市町村や都道府県の義務となっていない。この点は，地方自治法が定める基本構想の場合と対照的である。しかしその表現は微妙である。義務であるとは明言されていないが，策定することが当然であるかのような書き方になっている。社会福

◆ 社会福祉法

1条（目的）　この法律は，社会福祉を目的とする事業の全分野における共通的基本事項を定め，社会福祉を目的とする他の法律と相まって，福祉サービスの利用者の利益の保護及び地域における社会福祉（以下「地域福祉」という。）の推進を図るとともに，社会福祉事業の公明かつ適正な実施の確保及び社会福祉を目的とする事業の健全な発達を図り，もって社会福祉の増進に資することを目的とする。

107条（市町村地域福祉計画）　市町村は，地方自治法第2条第4項の基本構想に即し，地域福祉の推進に関する事項として次に掲げる事項を一体的に定める計画（以下「市町村地域福祉計画」という。）を策定し，又は変更しようとするときは，あらかじめ，住民，社会福祉を目的とする事業を経営する者その他社会福祉に関する活動を行う者の意見を反映させるために必要な措置を講ずるとともに，その内容を公表するものとする。
　一　地域における福祉サービスの適切な利用の推進に関する事項
　二　地域における社会福祉を目的とする事業の健全な発達に関する事項
　三　地域福祉に関する活動への住民の参加の促進に関する事項

108条（都道府県地域福祉支援計画）　都道府県は，市町村地域福祉計画の達成に資するために，各市町村を通ずる広域的な見地から，市町村の地域福祉の支援に関する事項として次に掲げる事項を一体的に定める計画（以下「都道府県地域福祉支援計画」という。）を策定し，又は変更しようとするときは，あらかじめ，公聴会の開催等住民その他の者の意見を反映させるために必要な措置を講ずるとともに，その内容を公表するものとする。
　一　市町村の地域福祉の推進を支援するための基本的方針に関する事項
　二　社会福祉を目的とする事業に従事する者の確保又は資質の向上に関する事項
　三　福祉サービスの適切な利用の推進及び社会福祉を目的とする事業の健全な発達のための基盤整備に関する事項

◆ 地方自治法

2条4項　市町村は，その事務を処理するに当たっては，議会の議決を経てその地域における総合的かつ計画的な行政の運営を図るための基本構想を定め，これに即して行なうようにしなければならない。

祉法の目的が地域福祉の推進である以上，社会福祉を重要な仕事としている地方自治体にとって，これらの計画をなしですますことは

できないだろう（社会福祉法6条を参照）。

本書でいう**地域福祉計画**は，直接には，これら2つの法定計画（市町村地域福祉計画と都道府県地域福祉支援計画）をさしている。しかし地域福祉計画の呼称は，社会福祉法で突如出現したわけではない。同法以前にも，地域福祉計画という名の計画を策定する自治体や団体は少なからず存在した。これらの計画と本書が取り上げる地域福祉計画とは，どのような点で類似し，どのような点で相違しているのだろうか。

地域福祉計画の歴史は1980年代にまで遡る。1984年には，全国社会福祉協議会が地域福祉計画という名の計画の策定を提唱している。この計画は既存の地域福祉実践の体系化を図るためのものであり，現在の地域福祉計画と重なるところもあるが，社会福祉協議会が中心になって策定するという意味で，市町村が策定する現在の地域福祉計画とは異なる。この計画は1990年代に入ってから，**地域福祉活動計画**に発展的解消された。

また1989年には，東京都が地域福祉に関して**3相計画**の構想（都が地域福祉推進計画を，区市町村が地域福祉計画を，民間が住民活動計画を策定し，相互に連携を図るというもの）を打ち出している。この構想と現在の地域福祉計画は，民間との連携を重視して区市町村が策定するといった点で共通するが，分権化の程度で異なっている。社会福祉法の規定では地域福祉計画の主体は市町村であり，都道府県の役割はその支援に限定されている。

他方，社会福祉法の以前にも，地域福祉計画という名称を用いて，社会福祉に関する総合計画を策定している地方自治体があった。現在の地域福祉計画も，後に述べるように，総合化という視点を重視している。その意味では，従来の総合計画的な地域福祉計画と共通点がある。しかし現在の計画は，行政施策の計画化だけを含んでい

ればよいのではなく,地域福祉活動の調整や住民参加が必須であるという点で,従前の計画と区別される。

社会福祉法で定められた地域福祉計画は,従来の類似の計画と共通するところも多いが,これらとはいちおう別のものである。とはいえ計画に関する法の規定は抽象的であり,条文を読んだだけで新しい計画の具体的なイメージを抱くことは困難である。このため新しい地域福祉計画が登場する背景についても知っておく必要がある。そのためにはこの計画を地域福祉,社会計画,地方自治といった3つの視点で考えることが不可欠である。

2 地域福祉計画を考える視点

地域福祉の視点　地域福祉計画は地域福祉の推進に関する事項を一体的に定める計画であるから,地域福祉というコンテクストのなかで考えなければならないというのは,ある意味で当然のことである。それでは地域福祉とは何か。社会福祉法は,地域福祉のことを「地域における社会福祉」(1条)と定義している。しかし,これだけでは不十分である。日本の地域福祉はすでに40年以上の歴史の重みを背負い込んでおり,これを無視することはできないからである。

日本の社会福祉の歴史のなかには,地域福祉を形成するうえで転機となった動きがいくつかあった。たとえば,**コミュニティ・オーガニゼーション**の理論に基づく**地域組織化**の活動は,地域住民の自発的な問題解決を図るためのものであった。**在宅福祉**の追求は,施設福祉ではなく,地域内のケアを重視したものであった。**住民参加型在宅福祉サービス**の展開や**自治型地域福祉**の提唱も,地域住民に

よる**ボランタリズム**の発露だった。

　これら「地域における社会福祉」へと向かう動きが顕著となったのは，日本の地域社会が大きく変化したからである。人口移動から人口定住の時代に変わり，人びとの生活のなかで地域という空間のもつ意味が大きくなった。人口の高齢化に伴い，ケアが地域住民にとっての身近な問題となった。今日では地域福祉を欠いて人びとの生活が成り立たなくなっている。地域福祉のための計画が求められる理由の1つがここにある。

　こうした需要側の要因に加えて，地域福祉のための計画が必要となってくる供給側の要因もある。これまで日本各地で地域福祉の実践が蓄積されてきた。たとえば**ふれあいのまちづくり事業**は地域住民のネットワークを形成するうえで一定の役割を果たしている。市民団体（NPO）が各地で地域福祉の活動を行っている。**地域福祉権利擁護事業**も始まった。これらの地域福祉活動の調整を図るためにも新たな計画が必要となっているのである。

　社会福祉法による地域福祉の規定は一朝一夕に生まれたのではなく，以上のような背景のもとに徐々に形成されたものである。1983年には地域福祉の中核的な役割を担うべく，市町村社協が法制化された。さらに1990年の社会福祉関係8法改正では，社会福祉事業法の理念のなかに「地域等への配慮」に関する条文が盛り込まれた。2000年の改正はこれらの経緯を踏まえてのことであり，現在の地域福祉計画もその延長線上で考えなければならない。

社会計画の視点

　他方，地域福祉計画は，**社会計画**，とりわけ地域の水準における社会計画という意味での**地域社会計画**の視点から，そのあり方を考える必要がある。

　社会計画とは社会的な計画のことをさしている。それでは計画とは何か。計画とは，事前に目的が設定されていて，この目的を合目

的的に実現していくための手順，ないしそのための営みである。団体や組織などの集合体が策定する計画に関しては，これまで政策科学的な立場からさまざまな計画技術が開発されてきた。地域福祉計画についても，策定・実施・評価に至る各段階で，これらの計画技術を準用することが求められている。

　社会的な計画にはさまざまな系譜がある。社会福祉実践の歴史のなかでは，個人や家族でなく，その社会環境に焦点を定めた計画が社会計画であった。都市計画の流れでは，建築物ではなく社会関係を対象としたのが社会計画であった。経済計画との関連では，経済政策ではなく社会政策の計画化を図ったものが社会計画であった。これら各領域の社会計画に共通するのは，①残余性，②包括性，③市民参加といった特徴である。

　地域福祉計画はこのような社会計画としての特徴をすべて備えている。児童，障害，高齢といった既存のタテワリ計画が扱ってこなかった分野を扱うという意味では残余的な性格を有している。しかもタテワリ計画を超えた総合的視点から策定されることが期待されているという意味では，包括的な特徴ももっている。さらに住民参加が必須の要件となっているという点では，市民参加の要件も備えている。

　ローカルな水準で策定される社会計画のことを地域社会計画と呼ぶならば，地域福祉計画は，地域福祉というコンテクストだけでなく，地域社会計画というコンテクストのなかでも考えていかなければならない。

　日本の場合，1969年の地方自治法の改正以来，市町村は**基本構想**を策定し，これを議会で議決することになっている。このためほとんどの自治体が長期的な基本構想と，これを実現するための中期的な**基本計画**や短期的な**実施計画**を策定している。地域福祉計画は，

これらの地域社会計画との整合性をもって策定されなければならないが，それとともに，これらの計画のなかに地域福祉の視点を取り入れていくことも重要である。

　日本の地域社会計画の歴史を振り返ってみると，1990年代は多くの分野で個別的な社会計画（社会政策の計画化）が生まれた時代だった。地域医療計画は1985年の医療法の改正に遡るが，いわゆる**福祉3プラン**（老人保健福祉計画，障害者基本計画，児童育成計画）や介護保険事業計画はいずれも90年代に始まった。地域福祉計画には，これらの個別計画を総合化する役割を期待されて生まれたという経緯もある。

　日本の1990年代は，ゴールドプランおよび新ゴールドプランに対応する老人保健福祉計画によって，福祉サービス資源の量的拡充が図られた時代だった。21世紀になってからもゴールドプラン21によって，福祉サービス資源の量的拡充は続いているが，現在では，既存の福祉サービスの資源をどのように有効活用するかということに対する関心も生まれている。地域福祉計画はこのような関心にも応えるものでなければならない。

> 地方自治の視点

　地域福祉計画にとって不可欠なもう1つの視点は地方自治である。地域福祉計画は，地方自治体による社会福祉行政の一環として策定されるから，それはある意味で当たり前のことである。すべての市町村行政が地方自治の視点からとらえられなければならないのと同様の意味で，地域福祉計画も地方自治の視点でとらえられなければならない。しかし地域福祉の推進や地域福祉計画の策定の場合には，それ以上の意味がある。

　それは日本の地方自治が地方分権改革のなかにあることと関係する。わが国では1980年代から国と地方との関係の見直しが始まり，

1995年には**地方分権推進法**が成立して地方分権化のための構想が練られ，1998年に**地方分権推進計画**が閣議決定された。1999年には第2次地方分権推進計画が策定され，**地方分権一括法**が制定された。また**三位一体改革**と呼ばれる地方行財政に関する改革も進められている。

　地域福祉計画が登場してくる時代は，こうした地方分権が進められてきた時代と重なっている。このため社会福祉の世界でも，同じ時期に，国から地方へ，地方のなかでも都道府県から市町村へと権限の委譲が進められてきた。地域福祉計画の策定もこのような分権化改革のなかで考えられなければならない。このため地域福祉計画は，地域住民にとって第一の政府である市町村が策定し，都道府県はその支援にとどまることになっている。

　地方分権改革は，中央政府から地方政府への権限の委譲といった政府間関係だけでなく，**ローカル・ガバナンス**（地方の統治）といった観点から再考されなければならないところにきている。今日，地方の統治は地方自治体（ローカル・ガバメント）だけによって遂行されるのではなくて，地域住民や地域の諸団体の関与によって遂行されるべきだと考えられるようになっている。このためガバナンスは「共治」と訳されることもある。

　地域福祉は，地域福祉活動の存在を前提としているという意味では，このような「共治」の典型である。地域福祉計画は，「共治」の考え方に基づいて策定されなければならないが，地域福祉計画の策定それ自体が「共治」の一環であることにも注意を払う必要がある。地域住民の生活にとって地域福祉が不可欠となっている現実を考えるとき，地域福祉計画の策定が地方自治における「共治」を牽引することになるはずである。

3 本書の構成

 本書は,以上のような3つの視点に立脚して地域福祉計画を取り上げる。そして地域福祉計画がいまなぜ必要となっているかといった点についての解明と,実際に,地域福祉計画を策定していく際に必要となってくる計画技法の解説に心がけている。また,なるべく広い視野のなかで地域福祉計画を考えることができるようにするため,関連領域の知識の提供にも努めた。このため本章は以下のような章構成となっている。

 第1章では,地域福祉計画が登場してくる背景を「地域福祉の主流化」という鍵概念を用いて,福祉社会学的に考察する。これによって地域福祉計画を策定することの意義を明らかにする。そのうえで,第2章では,社会福祉法が定める地域福祉計画の基本的な考え方や,そこに含まれるべき内容を,厚生労働省や全国社会福祉協議会の資料を用いながら解説する。この2つの章によって,地域福祉計画の概要を知ることができるはずである。

 第3章では,地域福祉計画と既存の地域社会計画との関連を検討する。地域福祉計画は行政計画として策定されることから,既存の行政計画について知っておく必要がある。また民間活動との連携に力を入れているところから,民間部門の計画にも注意を払う必要がある。このため本章では,隣接分野の計画についての知識を提供するとともに,これらの計画と地域福祉計画との関連について述べる。

 福祉サービスとは,何らかの資源を必要としている人びとに対して,必要な資源を割り振るための営みである。言い換えると,必要と資源の結合である。第4章では,これら2つの基礎概念の検討を

行い，次いで，これらの地域福祉の現場への応用を試みる。地域福祉計画は，地域社会における必要と資源を計画的に結びつけるために策定されるものであるから，その原理的な考察が重要である。

第5章以下では地域福祉計画の策定プロセスを扱う。第5章は，地域福祉活動との連動といった観点から，計画における課題の発見や目標の設定を取り上げ，その際の留意点について述べる。これに対して，第6章では，政策科学的アプローチに立脚しながら，計画における課題発見や目標設定のための技法を紹介する。地域福祉計画の策定に有益なものとして，地域診断，必要把握，参加型調査に焦点をおく。

住民参加を欠いた地域福祉計画は，社会福祉法によって定められた地域福祉計画とは見なされない。さまざまな住民参加の手段のうち，コミュニティ・ミーティング（住民懇談会，座談会，ワークショップ，等々）はとりわけ重要である。そこで，第7章では，これを成功させるための技法について解説する。また，第8章では，コミュニティ・ミーティングに限らず，今日知られている住民参加の多様な技法について概説する。

社会計画の世界では，計画の評価に対する関心が高まっており，地域福祉計画の場合にもこうした視点を欠くことができない。また，社会計画の策定・実施・評価には，従来から社会指標が利用されている。第9章では，社会計画における社会指標と政策評価の役割について述べる。また第10章では，社会計画の評価システムを地域福祉計画に応用するとどうなるかといった点について考察する。

社会計画には財政的な裏づけが必要である。ここから第11章では，計画と財政という問題を取り上げる。地域福祉計画が総合化を追求していくと，既存の行政計画を包含することになり，従来からの公的財源を中心とした行財政の問題が視野に入ってくる。また地

域福祉活動にとっては民間財源の役割も大きい。本章では，地域福祉計画における公的財源と民間財源を総合的にとらえていく。

　地方自治の視点から地域福祉計画を取り上げると，ローカル・ガバナンスの問題が浮かび上がってくる。第 12 章では，ガバメント（政府統治）の機能が低下してくるなかで，ガバナンスの意義が浮上してくる理由を明らかにするとともに，ローカル・ガバナンス確立のために生まれてきた近年の現実の動きを紹介する。そのうえで，これらの地域福祉計画に対するインプリケーションを考察する。

　以上の 12 章を学習することによって，読者は地域福祉計画に関する大まかなイメージを抱くことができるようになると思う。しかし各章が取り上げているのは，それぞれの分野における基礎的な事項である。このため，さらに詳しい内容を知りたい読者は，各章末の読書案内で紹介された文献へと読み進むことをおすすめする。それによって地域福祉計画に関する理解がさらに深まることになると思う。

Summary サマリー

　2000 年の社会福祉法の改正によって市町村は地域福祉計画を策定することとなった。策定が市町村に義務づけられたわけではないが，地域福祉の推進が社会福祉法の目的であることを考えると，地域福祉計画は策定するのが当然である。新しい地域福祉計画は，全国社会福祉協議会が 1984 年に提唱した地域福祉計画や東京都が 1989 年に提唱した地域福祉計画とは策定主体，分権化の程度などの点で異なっている。

　社会福祉法の地域福祉計画に関する規定は抽象的であるから，地域福祉，社会計画，地方自治といった 3 つの視点からその内容について補う必要がある。

地域福祉計画は日本の地域福祉の歴史のなかで生成された。地域福祉と関連する実践や政策が生まれてきた背景には日本の地域社会の変化がある。これによって人びとの生活にとって地域という空間の意味が大きくなった。このため「地域における社会福祉」としての地域福祉を計画化する必要が生まれた。また全国各地における地域福祉活動の蓄積も地域福祉計画による調整を必要としている。

　地域福祉計画は社会計画として策定されるところから，各種の計画技術を適用することが可能である。また社会計画としての残余性，包括性，市民参加といった特徴をすべて備えている。日本では市町村が基本構想や基本計画を策定しており，これらとの整合性をとらなければならない。また地域福祉計画には1990年代に生まれた個別的な地域社会計画を総合化するという使命もある。さらにポスト・ゴールドプランとしての性格ももっている。

　地域福祉計画が生まれてくる時代は地方分権改革が進んだ時代でもあり，この計画は分権化改革の一環として考える必要がある。分権化改革には政府間関係の変化だけでなく，ローカル・ガバナンスの確立といった側面も重要である。地域福祉計画はそのための一環として策定されなければならない。また地域福祉活動はガバナンスの典型でもあることから，地域福祉計画がローカル・ガバナンスの確立を牽引する役割も期待される。

● Key words ●

地域福祉の推進　市町村地域福祉計画　都道府県地域福祉支援計画　地域福祉計画　地域福祉活動計画　3相計画　コミュニティ・オーガニゼーション　地域組織化　在宅福祉　住民参加型在宅福祉サービス　自治型地域福祉　ボランタリズム　ふれあいのまちづくり事業　地域福祉権利擁護事業　社会計画　地域社会計画　基本構想　基本計画　実施計画　福祉3プラン　地方分権推進法　地方分権推進計画　地方分権一括法　三位一体改革　ロー

カル・ガバナンス

📖 **読書案内** ●●●●

　社会福祉法以前の地域福祉計画について知るうえでは，以下の3つが基本資料である。全国社会福祉協議会が1984年に打ち出した地域福祉計画の考え方は，全国社会福祉協議会編**『地域福祉計画──理論と方法』**全国社会福祉協議会，1984年のなかに記されている。またその後身である地域福祉活動計画については，**『地域福祉活動計画策定指針──基本的な考え方と策定方法』**全国社会福祉協議会，1992年を，東京都の3相計画については，東京都地域福祉推進計画等検討委員会**「東京都における地域福祉推進計画の基本的あり方について」**東京都福祉局総務部調査課，1989年を参照。ただし，いずれの資料も現在は図書館以外では入手困難である。なお，社会計画の考え方については，三重野卓**『福祉と社会計画の理論──指標・モデル構築の視点から』**白桃書房，1984年，および，武川正吾**『地域社会計画と住民生活』**中央大学出版部，1992年が参考になる。ガバナンスについては，山口二郎・山崎幹根・遠藤乾編**『グローバル化時代の地方ガバナンス』**岩波書店，2003年を参照のこと。

──────── 武川正吾 ★

第1章 地域福祉の主流化と地域福祉計画

1 地域社会の変化

伝統的な地域社会

第2次世界大戦前の日本の地域は、基本的に農村社会だった。日本の産業革命は19世紀末の明治時代にまで遡ることができる。その後、日本社会は近代化のなかで着実に工業化を遂げた。しかし戦前期の日本の人口の大部分は農業に従事し、依然として農村で暮らし続けていた。1935年の町村部の人口は7割弱であったのに対し、市部の人口は3割強にすぎなかった。戦前期の大部分の日本人にとって、生活の場は農村にほかならなかった。

農村には江戸時代以来の伝統的な村落共同体としての自然村（ムラ）が存在した。ムラは封建支配の単位であり、年貢は連帯責任で

ムラごとに上納した。日本の農業は水田による稲作が中心だったため灌漑用水を共同管理する必要があり，ムラがこれにあたった。山林についても同様である。経済生活における共同労働や社会生活における相互扶助をつうじて，また村祭のような宗教的儀礼をつうじて，ムラの共同体的一体性が保たれた。

都市部のまちもムラに似て共同体的性格を有していた。封建時代には五人組による相互監視と連帯責任の仕組みが存在した。近代になってからも世帯単位の町内会が半ば強制的に組織され，町内の親睦だけでなく行政の下請の機能を果たした。しかしまちには水田や山林はないから，水や入会地を共同で管理する必要はない。その分，共同体の物質的基盤は弱くなっている。ムラに比べると，まちの共同体としての性格は薄められていた。

近代化と工業化に伴い戦前期の日本でも一定の都市化は進んだ。しかし第2次世界大戦がこれを中断し，終戦直後は食糧難から都市部の人口は減少し，再び農村部の人口が増加した。1940年から45年の間に市部人口は2758万人から2002万人に減ったのに対して，町村部人口は4454万人から5198万人に増えている。都市の過剰人口を受け入れることが可能だったという意味で，この時期，農村部の村落共同体は依然として健全だった。

> 第1の変化

このような伝統的な村落共同体のあり方を大きく変えるのが，1960年代の**高度経済成長**である。50年代半ばまでには戦後復興を終えていた日本経済は，60年代から70年代初頭までの間に急速な**工業化**を経験する。60年に池田内閣のもとで発表された国民所得倍増計画のなかでは，61年から70年に毎年7.2%の成長を行い，10年間で国民所得を2倍にする計画が立てられたが，実際の日本経済は年平均10%以上の成長を記録した。

この高度経済成長は日本の地域社会に対して革命的な変化をもたらした。

　第1に，高度経済成長に必要な労働力が農村から集められた。このため日本列島は農村から都市への大規模な人口移動に見舞われる。日本社会はきわめて短期間のうちに，農村型社会から都市型社会へと変貌を遂げた。1955年にはすでに市部人口が町村部人口を上回っていたが，70年になると市部人口が7割を超え，町村部人口が3割を切った。これは都市と農村の人口比が戦前と正反対になったことを意味する。

　第2に，このように大規模かつ急速な人口移動は，都市における**過密**と農村における**過疎**をもたらした。1950年から70年までの間に農村の人口は2000万人以上減り，都市の人口は4000万人以上増えたのである。これだけ大きな変化が何の影響も及ぼさないわけがない。過疎地では農業が衰退し，学校が廃校に追い込まれ，無医村が出現した。反対に都市の過密地では，住宅難，社会資本の未整備，社会サービスの不足などが目立った。

　第3に，農村と都市の双方において共同体が崩壊した。若年人口が流出したあとの過疎地で伝統的な村落共同体を維持することは困難である。消防団員がいない。雪かきの人手がない。村祭りの担い手がいない。他方，大都市でも共同体の成立は覚束ない。言語や文化を異にする多様な地方の出身者が，同じ地域のなかで暮らし始めるのである。新旧の住民の間で，あるいは新参の住民同士で何の軋轢も生まれないはずがない。

　このように地域の社会関係が希薄化するなかで，何らかの関係の再構築が求められるようになる。近代化された社会のなかで村落共同体を復活させることはできない。このため浮上するのが**コミュニティ**という考え方である。1969年に国民生活審議会から出された

「コミュニティ——生活の場における人間性の回復」はその思想的表現だった。60年代から70年代の日本では，コミュニティ形成が地域政策の主要な課題となった。

ここから国や自治体の公共政策に対しては，コミュニティ形成の物質的な基盤を整備することが求められた。当時，人口が急増した地域では公共施設やサービスは「ないないづくし」の状況（松下圭一）に等しかった。これを克服することがコミュニティ形成の前提だった。とりわけ教育行政の地域社会に果たす役割は重要で，学校教育をつうじて見知らぬ他人同士が知り合いになり，社会教育をつうじて地域内の社会関係が維持された。

> 第2の変化

ところが高度経済成長は，1973年に，第1次石油ショックとともに突然終わる。その後は低成長の時代に入るが，日本の1人当たりGDPは，このときまでに先進諸国の水準に達していた。他方，1973年は**福祉元年**とも呼ばれ，年金や医療をはじめとする社会保障の大幅な改善が図られた年であり，その後，日本の社会保障給付費は急速に膨張する。また1970年には，65歳以上人口比率が7%を超えて高齢化がすでに始まっていた。

高度経済成長の時代が急速な工業化によって特徴づけられるとするならば，1970年代に始まった上記の趨勢は**ポスト工業化**と呼ぶことができるだろう。日本の産業構造は，それまでの重化学工業中心のものからサービス業や知識産業が中心のものへと転換する。農業人口はおろか工業人口の比率も減り始める。ポスト工業化の趨勢は，80年代から90年代にかけて日本の社会構造を着実に変化させた。地域社会もその例外ではなかった。

第1に，工業化の時代が人口移動の時代だったとすると，ポスト工業化の時代は人口**高齢化**の時代だった。1970年に65歳以上人口

比率が7％（高齢化社会の基準）を超えて，95年には14％を超えた。このため地域社会の年齢構成は大きく変化した。とりわけ中山間地における変化は顕著であり，住民のほとんどが高齢者という集落さえある。人口構成の面からみると，いまや日本の地域には伝統的な村落共同体の面影はまったく残っていない。

　第2に，工業化の時代が人口移動や過密過疎が社会問題として注目された時代だったとすると，ポスト工業化の時代は人口定住化の時代である。人口移動はいまでも続いているが，1960年代のような大規模な移動はもはや過去のものである。このため60年代に異者同士が突然遭遇した都市部においても，時間の経過とともに新たな近隣関係が形成されるようになる。いわゆる「ないないづくし」の状況も解消の方向に向かった。

　第3に，高齢化の進行とともに，介護の問題が浮かび上がってくる。高齢化以前の社会において，介護は例外的な問題だった。平均余命が短く，子どもの数の多い社会では，老親の介護を引き受ける世帯の全世帯に占める割合は低く，また介護の続く期間も短い。ところがいまや介護は誰もが遭遇する可能性のある問題であり，しかも介護期間が長期化している。1980年代以降，この問題が地域社会でも深刻に受け止められるようになった。

　このため地域において人びとが生活を続けていくためには，**地域医療**や**地域福祉**の存在が不可欠となってくる。若年人口が出払ったあとの中山間地では，地域医療や地域福祉が機能していないと，高齢者は生命の危険にさらされることすらある。都市部の家族と同居・近居している高齢者の場合でも，就業構造や生活構造が変化しているため，福祉サービスの利用を前提にしなければ地域での生活を続けることが困難である。

　しかも福祉サービスの利用は身体的な自立だけの問題ではない。

それは社会参加のための条件でもある。たとえば，今日多くの高齢者はデイセンターや老人福祉センターなどの利用をつうじて，家族を超えた地域とのつながりをもっている。とりわけ要介護の状態になったときは，地域福祉が機能していないと社会的孤立に陥る可能性が高まる。障害をもつ人びとにとっての社会参加の場合も状況は同じである。

　以上のような 1980 年代，90 年代のポスト工業化の趨勢の結果，日本の地域は，地域医療や地域福祉なしには，そもそも地域が成り立たないという地点に立たされた。地域政策の課題も 60 年代，70 年代のような教育中心のものから，福祉や医療を中心とするものへと変化している。実際全国各地の公共施設をみると，ここ数十年の間に，学校や公民館だけでなく，保健・医療や福祉関係の施設の数が非常に増えていることがわかる。

2 地域福祉の主流化

社会福祉基礎構造改革
と社会福祉法の改正

日本の社会福祉に関する制度は 1951 年の社会福祉事業法によって基本的な骨格が定められ，これが約半世紀にわたって続いた。ところがその間に日本社会は高度経済成長を経験し，ポスト工業化の時代を迎えた。これによって日本社会の構造も大きく変化した。こうした社会変動への適応を図るため，90 年代の後半，国は**社会福祉基礎構造改革**を進め，2000 年には同法を大改正して，名称も**社会福祉法**へと改めた。

　社会福祉基礎構造改革には大きな特徴が 2 つある。1 つは**措置から契約へ**というスローガンのなかに表現されているものであり，福

表 1-1 利用者主体のための制度改革

① 利用者保護制度の創設
② 福祉専門職の教育課程の見直し
③ 社会福祉事業の拡充
④ 社会福祉法人に対する規制緩和
⑤ 社会福祉法人の情報開示
⑥ 事業主体の多元化

祉サービスの利用にあたって、これまで「行政処分の対象」と見なされていた利用者を、対等な契約当事者として位置づけた点である。他の1つは**地域福祉の推進**という考え方を社会福祉法のなかに取り入れ、これを社会福祉法の重要な目的の1つとして掲げた点である。

従来の措置制度のもとで、福祉サービスは知事や市町村長の職務権限である措置権に基づいて、その内容が決定され、実際の給付が行われた。このため福祉サービスの利用者は、一方的な行政処分の対象となり、そこから反射的利益を受けることはあっても、権利の主体と見なされることはなかった。措置決定を前にして、利用者は自分が入所する施設を選ぶ権利はなかったし、自分が利用するサービスの内容を決定することもできなかった。

社会福祉基礎構造改革のなかでは、こうした弊害をなくすため、措置制度は、原則として、利用制度に置き換えられることとなった。これによって福祉サービスは、行政処分としてではなく、少なくとも建前上は、利用者と提供者による契約に基づくものとして提供されることとなった。このほかにも、この改革のなかでは、利用者の主体性の確保を図るため、表1-1のような形で、各種制度の導入や変更が実施された。

利用者主体の考え方は、**コンシューマリズムやエンパワーメント**と呼ばれる考え方につながる。前者は「選択の自由」や「競争原理」

> **表 1-2　地域福祉の推進に関係する社会福祉法の条文**
>
> ① 地域福祉（「地域における社会福祉」）の推進が同法の目的の1つとなった（1条）
> ② 地域住民，社会福祉の事業者，社会福祉に関する活動を行う者は「地域福祉の推進に努めなければならな」くなった（4条）
> ③ 「地域福祉の推進」に関する章が設けられた（第10章）
> ④ 地区社協，市町村社協，都道府県社協に法的な位置づけが与えられるとともに，社協を「地域福祉の推進を図ることを目的とする団体」と規定した（109条～111条）
> ⑤ 共同募金の目的に，「その区域内における地域福祉の推進を図るため」との規定が加わった（112条）
> ⑥ 市町村地域福祉計画に関する条文が加わった（107条）
> ⑦ 都道府県地域福祉支援計画に関する条文が加わった（108条）

など市場の利点を生かしながら，旧来の恩恵主義や温情主義を精算することによって利用者主体を確立しようとするものであり，表1-1の多くはこれに由来する。他方，認知症や知的障害のためコンシューマリズムを生かすことが難しい人びとのためには，後者の観点から，権利擁護のための事業が要請される。

社会福祉基礎構造改革のもう1つの特徴である「地域福祉の推進」については，2000年に改正された社会福祉法のなかに規定されている。同法の1条は「地域福祉」を「地域における社会福祉」と規定したうえで，「地域福祉の推進を図る」ことをこの法律の目的であると述べている。このほかにも「地域福祉の推進」に関連して，同法は，表1-2のような種々の規定をおいている。

地域福祉という言葉は研究者の間では以前から用いられ，社会福祉協議会や地方自治体の関係者の間でもすでに市民権を得ていた。しかし法律上の文言としては，2000年に社会福祉法が成立するまでは，まったく存在していなかった。つまり国の行政のなかで，地域福祉という考え方は存在していないに等しかった。それが，表

1-2 に示されるような事態に至ったのである。これは日本の社会福祉における重大な転換である。

地域福祉の主流化とその意味するもの

このような地域福祉の位置づけの変化のことを，ここでは**地域福祉の主流化**と呼んでおこう。これまでの地域福祉は社会福祉の一分野と考えられてきたが，今後は，社会福祉の全体が地域福祉という観点から評価されることになるだろう。それだけではない。社会生活のさまざまな領域において地域福祉が以前にもまして重要な役割を果たすようになってくる。地域福祉の主流化には，さしあたり次のような3つの意味合いが存在する。

第1は，社会福祉（とりわけ社会福祉行政）における地域福祉の主流化である。これまでの日本では国が先頭になって全国一律に社会福祉資源の拡充を進めてきたが，現在では，その結果生まれた画一主義を克服し，すでに蓄積された資源を有効に活用することが重要な課題となっている。したがって社会福祉行政は，これまで以上に地域に密着しなければならないし，地域福祉活動との連携が不可欠となってくる。

第2は，地方自治における地域福祉の主流化である。工業化の時代と違って，今日コミュニティ政策のなかに占める地域福祉の役割が一段と大きくなっている。また，現代の地方自治では，従来の**ガバメント**（政府統治）から**ガバナンス**（共治）への脱却が課題となっているが，地域福祉はまさにそのための試金石である。このため地域福祉は，単に社会福祉の課題であるだけでなく，地方自治全体の課題となりつつある。

第3は，地域社会における地域福祉の主流化である。以上のような主流化が生じる背景には，日本社会における「第2の変化」がある。この変化の結果，日本の地域は，都市部においても農村部にお

いても，地域福祉が機能しないと地域そのものが成り立たない構造になっている。現在の地域福祉は，社会福祉だけの問題ではなくて，まちづくりや村おこしにとっての不可欠の前提でもある。すなわち地域社会にとって最大の関心事である。

このように地域福祉が主流化してくると，地域福祉の中身も変わってこざるをえない。従来，ともすると社会福祉は行政が担い，地域福祉は社協（社会福祉協議会）が担うといった暗黙の前提が存在していた。しかし地域福祉が主流化すると，そうした分業はもはや成り立たない。いまや地域福祉は社協の専管事項ではない。地方自治体も地域福祉の当事者である。もちろん地域の諸団体や地域住民も地域福祉の当事者である。

3 地域福祉の再定義

国産概念としての地域福祉

前節では，地域福祉の主流化について述べてきたが，地域福祉そのものについては未定義のままだった。このため隔靴搔痒の感を抱いている読者も多いだろう。本節では地域福祉という概念の明確化を図ることにしよう。そのため，これまで地域福祉という概念がどのように用いられてきたかについて整理し，今日の地域福祉の主流化という状況のなかで，この概念をどのように再定義すべきか考えていくことにする。

地域福祉という言葉には，一対一で対応するような英語の表現が存在しない。community organization や community care が地域福祉の訳語として用いられることは多いが，いずれを用いた場合にも意味のズレが生じることは避けられない。おそらく一番意味が近

いのが community-based welfare や community-based social policy ではないかと思われるが，これらの表現が一般に定着しているというわけでもない。

このことは地域福祉が国産概念であることを意味している。社会福祉の世界ではソーシャルワークをはじめ，いわゆるカタカナ言葉が氾濫しているが，そうしたなかにあって地域福祉は例外の部類に属する概念であり，日本社会の特徴に根差している。しかも国際的にも通用する。これはイギリス人にとっての**コミュニティ・ケア**に相当する。コミュニティ・ケアもまたイギリス社会の固有性に根差しながら普遍性をもった概念である。

とはいえ地域福祉という概念が，当初，アメリカ流の**コミュニティ・オーガニゼーション**（以下 CO と略）とイギリス流のコミュニティ・ケアの圧倒的な影響のもとに成立したことは否めない。このため地域福祉に関する従来からの定義のなかでは，地域福祉を構成する重要な要素として，CO に連なるものとコミュニティ・ケアに連なるものの 2 つを含めることが多かった。

たとえば，地域福祉の初期の理論家である岡村重夫は，1970 年代に，地域福祉の構成要素として次の 3 つを掲げている。
① もっとも直接的具体的援助活動としてのコミュニティ・ケア
② コミュニティ・ケアを可能にするための前提条件づくりとしての一般地域組織化活動と地域福祉活動
③ 予防的社会福祉

また，地域福祉に関するもう 1 人の有力な理論家である永田幹夫も，地域福祉の構成要素として，①在宅福祉サービス（予防的福祉サービス，専門的ケア・サービス，在宅ケア・サービス，福祉増進サービス），②環境改善サービス，③組織活動（地域組織化，福祉組織化）の 3 つを指摘している。以上の 2 人に対して「自治型地域福祉」を

提唱した右田紀久恵は,自治や運動の要素を地域福祉のなかに付け加えることを提案している。

地域福祉の潮流　地域福祉の概念は,以上のような学説史の展開から理解することも可能であるが,戦後日本の社会福祉の歴史のなかに現れた政策とその理念の展開から把握することも可能である。上述の学説は,現実の政策を導くものであるだけでなく,その反映でもある。地域福祉の主流化という状況も,これまでの社会福祉の歴史の集大成として生まれたものであるから,現実の歴史に即して地域福祉の内容を確認することが必要となってくる。

日本の社会福祉の実践の歴史のなかでは,1960年代,70年代に,社協を中心に**地域組織化**の試みが始まった。これは地域社会のなかで生じた生活問題を地域社会が主体的に解決する能力を身につけることを目的としている。地域組織化は戦前のセツルメント(隣保事業)の系譜に遡ることもできるが,当時のアメリカのCO理論の影響も大きい。地域組織化の考え方と実践はその後も連綿と続き,今日の地域福祉のなかに継承されている。

1980年代になると,日本の社会福祉の政策と実践の世界では**在宅福祉**が強調されるようになる。きっかけとなったのは『在宅福祉サービスの戦略』という全国社会福祉協議会の1978年の報告書である。これによって,例外的な人びとを施設に収容するのが福祉だという従来の考え方は改められ,以後,在宅福祉サービスの充実が日本の社会福祉政策のもっとも重要な目的の1つとなる。在宅福祉もまた現在の地域福祉の底流を形成している。

さらに1990年代前半になると**住民参加型福祉**が注目を集めるようになる。地域住民が必要とする在宅福祉サービスを行政だけで供給することはできない。このため全国各地の市民団体が,自発的な

図 1-1　地域福祉概念の成立

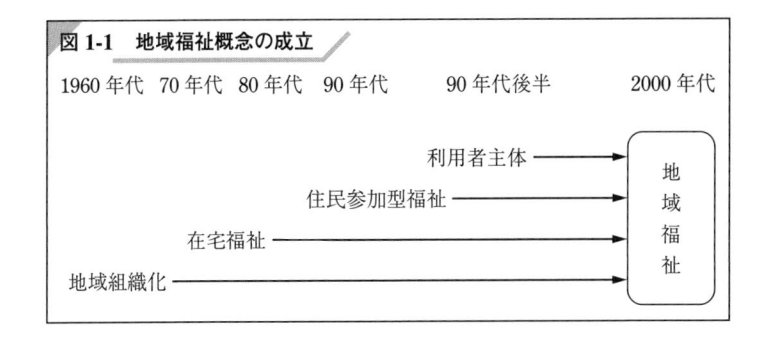

```
1960年代  70年代  80年代  90年代      90年代後半      2000年代

                              利用者主体 ─────→  ┐
                      住民参加型福祉 ─────────→  │ 地
                                                  │ 域
                 在宅福祉 ──────────────────→  │ 福
                                                  │ 祉
        地域組織化 ────────────────────────→  ┘
```

サービス供給を始めるようになる。これがやがて「住民参加型福祉」と呼ばれるようになり，1998年のNPO法の成立にもつながっていく。この「住民参加型福祉」の経験も，現在の地域福祉を考えるうえで避けて通ることができない。

1990年代後半になると，すでに述べたように，社会福祉基礎構造改革の過程で「利用者主体」とも呼ぶべき考え方が浮かび上がってきた。福祉サービスの利用者に対して消費者としての権利を保障したり，エンパワーメントを行ったりすることも，今日の地域福祉を考える場合には看過できない。たとえば，権利擁護事業や苦情解決制度は，**利用者主体**という考え方を地域福祉の場に生かすためのものである。

以上のような社会福祉の歴史を踏まえるならば，「地域福祉」を社会福祉法の条文上の規定である「地域における社会福祉」として考えるだけでは不十分である。21世紀初頭の地域福祉は20世紀後半の経験を踏まえ，過去半世紀の間に生まれた社会福祉における革新，すなわち①地域組織化，②在宅福祉，③住民参加型福祉・自治型地域福祉，④利用者主体を累積的に集大成したものと考えるべきだろう（図1-1参照）。

地域福祉の新しい概念　21世紀初頭の地域福祉が20世紀後半の歴史を踏まえるとして，約半世紀の間の時代の変化についても考慮しなければならない。上記の構成要素の基本的な考え方には変化がないとしても，その後，それぞれの考え方を実現する方法に革新が生まれたり，また長い時間の経過のなかで表現が陳腐化したりした場合もある。このため古いワインを新しい革袋のなかに入れる必要が出てくる。

　コンシューマリズムやエンパワーメントなどの利用者主体という考え方は比較的新しい考え方であるから，いまの時点で，その限界を云々したり修正を施したりするのは早計である。むしろ地域福祉に関する政策や実践のなかで，この考え方の具体化を模索している段階である。しかし他の3つの構成要素については，21世紀初頭という時点で，これまでの試行錯誤を踏まえて若干の調整を加える必要がある。

　地域組織化が依拠するCOは，日本の場合，その援助技術としての専門性が強調されるようになる過程で，COは**コミュニティワーク**に取って代わられるようになった。現在では，コミュニティワークが，ソーシャルワーカーによる地域福祉を推進するための援助技術と考えられている（社会福祉士の試験科目では地域援助技術）。地域組織化よりはコミュニティワークのほうが，地域福祉の構成要素として今日的といえるかもしれない。

　在宅福祉の強調は，施設福祉に対する在宅福祉の遅れを取り戻すうえで非常に有効だった。しかし1990年代のいわゆる「ゴールドプラン」が実現した現在，施設と在宅を二分することの意義は薄れている。またサテライト・ケアのように在宅とも施設とも割り切れないサービスも生まれている。現在では，在宅福祉というよりは，施設も含めた福祉サービスの全体が**地域密着型のケア・システム**と

なることのほうが求められている。

　住民参加型福祉の位置づけも，1990年代における一般的なボランティア活動やNPO活動の拡大によって大きく変化した。NPO活動に占める住民参加型福祉の割合は依然として大きいが，それは住民の一般的なボランタリズムの形態の1つとして理解されている。地域福祉が主流化しつつあるなかで，地域福祉の推進にとって不可欠なのは，住民参加型福祉というよりは，これも一部に含むような住民の**ボランタリズム**，あるいは主体性である。

　このように考えてくると，歴史的経験から抽出された，①地域組織化，②在宅福祉，③住民参加型福祉・自治型地域福祉，④利用者主体性といった4つの構成要素は，現在では，①コミュニティワーク（あるいはコミュニティ・ソーシャルワーク），②地域密着型のケア・システム，③住民主体性（ボランタリズム），④利用者主体性（コンシューマリズムとエンパワーメント）といった形に再解釈される必要があることがわかる。

4 地域福祉の計画化

地域福祉計画の法定化　以上で，日本の地域社会の変化に伴って地域福祉が主流化し，さらに，これに伴って地域福祉の考え方の再定義が必要となってくる状況についてみてきた。このような一般的背景のなかで，すでに述べたように2000年に社会福祉法が成立した。新しい法律のなかでは，地域福祉の推進を図るために，市町村地域福祉計画と都道府県地域福祉支援計画を策定することが定められ，この条文については2003年4月から施行された。

社会福祉法の107条は，市町村地域福祉計画を「地方自治法第2条第4項の基本構想に即し，地域福祉の推進に関する事項……を一体的に定める計画」と定めている。このうちの地方自治法2条4項は，市町村が基本構想を定めることを義務づけた規定である。日本の市町村の多くはこの規定に基づいて基本構想を議会で議決し，さらに基本構想に基づいて基本計画や実施計画を策定している。

　地域福祉計画の法定化に伴って注意しておかなければならない点は，第1に，地域福祉計画が市町村の行政計画として策定されるということである。以前，社協による地域福祉活動を推進するために「地域福祉計画」という考え方が提唱され，1985年に『地域福祉計画』という報告書が全国社会福祉協議会から発表されたことがあるが，今回の法定化による地域福祉計画は，このときの社協のものとはいちおう別のものである。

　社協の「地域福祉計画」は，その後，1990年代に入ってから**地域福祉活動計画**へと発展解消され，今日に至っている。現在，全国の少なからぬ数の市町村社協が，この地域福祉活動計画を策定している。このことは今回法定化された行政計画としての地域福祉計画と，社協による従来からの地域福祉活動計画との関連が改めて問題となるが，この点については第3章で触れる。

　法定化に伴う第2の注意点は，市町村地域福祉計画の策定が，老人保健福祉計画のような法的義務とはなっていないということである。社会福祉基礎構造改革のなかでは計画の義務化を求める議論もあったが，地方分権への配慮のほうが優先したようである。しかし社会福祉法の目的が地域福祉の推進である以上，市町村が社会福祉の仕事を放棄するのでない限り，市町村が地域福祉計画を策定するのは，ある意味で当然のことである。

　都道府県地域福祉支援計画については，社会福祉法の108条が

「市町村地域福祉計画の達成に資するために，各市町村を通ずる広域的な見地から，市町村の地域福祉の支援に関する事項……を一体的に定める計画」と規定している。すなわち都道府県の仕事は市町村に対する広域的な見地からの支援に限定されており，地域福祉計画の策定主体はあくまでも市町村である。この点も法定化に伴う注意点である。

地域福祉の社会計画

地域福祉計画が市町村の行政計画として策定されるということは，地域福祉計画もまた他の行政計画（老人保健福祉計画をはじめとする個別的な社会福祉計画だけでなく，医療計画，生涯学習振興基本構想，住宅マスタープラン，等々を含む）とともに，基本構想を頂点とする市町村の計画行政の体系の一部を構成するということを意味する。社会福祉の関係者は，ともするとこのことを忘れがちであるから，注意しておいたほうがよい。

また地域福祉計画は，序章でみたように，**社会計画**としての性格も有している。社会計画における社会的ということには，①包括的であること（たとえば経済計画でなく社会計画，都市計画でなく社会計画など），②社会政策や社会サービスを計画化したものであること，③市民社会における諸主体の参加を前提としたものであること，などの意味が含まれているが，地域福祉計画は，①から③のいずれの要素とも関係してくる。

社会福祉法は，地域福祉計画の内容として盛り込むべき事項を列挙している（本書2頁参照）。市町村の策定する計画が，これらを最低限含んだものでなければならないことは言うまでもないが，これらが含まれていればそれで十分かというと，そういうわけでもない。地域福祉が主流化する時代には，法律に列挙された事項を超えたさらに広い視野が必要となってくる。また，その方が法改正の趣旨に

も合致しているのである。

　すでに述べたように，社会福祉法以後の社会福祉行政のなかでは地域福祉が主流化してくるため，市町村の社会福祉行政はすべて地域福祉の推進と関係してくる。このため地域福祉計画には，従来，別々に存在していた個別的な社会福祉計画を総合化する役割を担う可能性が期待される。このとき地域福祉計画は，既存の社会福祉計画に新しく1つ加わった計画というのではなくて，社会福祉の総合計画として策定されることになる。

　また地方自治や地域社会のなかでも地域福祉が主流化してくるという現状を考えると，市町村の行政が地域福祉を基軸にして再編成されるということもありうる。そうなると市町村の**基本構想**や**基本計画**自体が地域福祉計画としての性格を持ち始めることになる。社会計画としての上記性格のうち②だけでなく（社会福祉の総合計画としてだけでなく），①の要素（市町村の行政の総合計画としての性格）も兼ね備えることになる。

　行政計画の範囲がどこまで及ぶかということについては，行政の権限が及ぶ範囲に限定すべきだという考え方と，行政の権限を超えた分野についても誘導的な計画の対象とすべきだという考え方がある。社会計画として地域福祉計画を考えるということは，③の立場から，後者の考え方を支持することを意味する。同様に，後の章でも繰り返されるが，地域福祉計画の場合には，とりわけ住民参加ということが重要な意味をもってくる。

Summary サマリー

　第2次世界大戦以前の日本は農村社会であったが，1960年代の高度経済成長による工業化の過程で，日本は都市型社会に転換した。こ

のとき大規模な人口移動が起こり,過密と過疎が問題化し,農村と都市の双方で共同体が崩壊した。さらに高度経済成長以後のポスト工業化の時代になると,人口が高齢化し,定住化し,介護の問題が地域で脚光を浴びるようになった。このため日本の地域社会は地域福祉なしに存続することができなくなっている。

こうした地域社会の変化に対応して1990年代には社会福祉基礎構造改革が行われ,2000年には社会福祉法が成立した。この改革では「措置から契約へ」の転換が行われたが,これとともに地域福祉の主流化が進んだ。地域福祉の主流化は,社会福祉行政のなかで,地方自治のなかで,また地域社会のなかで,地域福祉の存在がこれまで以上に重要な役割を担うようになってくることを意味する。

地域福祉の主流化に伴って,従来の地域福祉の考え方も転換を迫られている。これまでの地域福祉は①地域組織化,②在宅福祉,③住民参加型福祉・自治型地域福祉などを基軸に構成されていたが,これからの地域福祉を考えるうえでは,これらを踏まえて,①コミュニティワーク,②地域密着型のケア・システム,③住民主体性,④利用者主体性などを鍵として考えていくことが必要である。

地域福祉計画は,このような地域福祉の主流化という状況のなかで社会福祉法によって導入された行政計画である。その意味では,市町村が策定する行政計画の体系のなかに位置づけられる。しかし地域福祉が主流化する時代には,行政計画の全体を,地域福祉を基軸に再編成することもできる。また,地域福祉に関する社会計画として,通常の行政計画を超えた性格をもたせることも必要となってくる。

● Key words ●

高度経済成長　工業化　過密　過疎　コミュニティ　GDP　福祉元年　ポスト工業化　高齢化　地域医療　地域福祉　社会福祉基礎構造改革　社会福祉法　措置から契約へ　地域福祉の推進　コンシューマリズム　エンパワーメント　地域福祉の主流化　ガバメント　ガバナ

ンス　コミュニティ・ケア　コミュニティ・オーガニゼーション（CO）　地域組織化　在宅福祉　住民参加型福祉　利用者主体　コミュニティワーク　地域密着型のケア・システム　ボランタリズム　地域福祉活動計画　社会計画　基本構想　基本計画

読書案内

地域福祉の入門書としては，牧里毎治・野口定久・河合克義編『**地域福祉**』有斐閣，1995 年，牧里毎治『**地域福祉論──住民自治と地域ケア・サービスのシステム化**』放送大学教育振興会，2003 年がわかりやすい。地域福祉におけるコミュニティワークの役割については，高森敬久・高田眞治・加納恵子・平野隆之『**地域福祉援助技術論**』相川書房，2003 年が入門書的役割を果たす。また，本論で取り上げた自治型地域福祉の考え方については，右田紀久恵編『**自治型地域福祉の展開**』法律文化社，1993 年を参照。

──────── 武 川 正 吾 ★

第2章 地域福祉計画の概要

1 計画の理念

2つの策定指針　　一般に法律による規定がそうであるように、地域福祉計画に関する社会福祉法の規定も抽象的である。このため計画の具体的内容を明らかにするために、国と全国社会福祉協議会のそれぞれが、この計画を具体化するための考え方を明らかにしている。地域福祉計画は地域福祉を推進するために策定される行政計画であるから、行政の立場と社協の立場の双方を知っておく必要がある。

2001年9月に、全国社会福祉協議会は「地域福祉計画と地域福祉支援計画の考え方」という文書を発表している（以下、全社協レポートと略称）。全社協レポートは1999年度に始まった「地域福祉

計画に関する調査研究事業」(牧里毎治委員長)に由来する。このプロジェクトでは、既存の計画に関する実態調査や地域福祉計画策定のモデル事業が行われた。これらの検討を踏まえてまとめられた策定指針がこの全社協レポートである。

 2002年1月には、社会保障審議会の福祉部会(岩田正美部会長)が「市町村地域福祉計画及び都道府県地域福祉支援計画策定指針の在り方について——一人ひとりの地域住民への訴え」という文書を発表している(以下、審議会報告と略称)。これを受けて厚生労働省は、同年4月、社会・援護局長名の通知を都道府県知事宛に出した。この通知は、都道府県や市町村が、審議会報告を参考にしながら計画策定に取り組むことを求めている。

 審議会報告と全社協レポートは細部において異なるところもあるが、前者が後者を参考にしながらまとめられたという経緯もあるため、両者の間で内容が大きく食い違うということはない。本章では、これら2つの資料に依拠しながら、地域福祉計画の概要を述べていくことにする。その際に焦点をおくのは、計画の理念、計画の内容、計画の策定、都道府県の役割などである。

> **地域福祉推進の理念**

これら2つの策定指針のなかで、地域福祉計画の理念は、どのように考えられているだろうか。審議会報告は、地域福祉計画の理念も社会福祉法3条に掲げられた「福祉サービスの基本的理念」と4条に掲げられた「地域福祉の推進」に依拠すべきであることを示唆している。ちなみに3条と4条は以下のようになっている。

> 3条(福祉サービスの基本的理念)　福祉サービスは、個人の尊厳の保持を旨とし、その内容は、福祉サービスの利用者が心身ともに健やかに育成され、又はその有する能力に応じ自立した日常生活を営むことができるように支援するものとして、良質かつ適切な

ものでなければならない。

　4条（地域福祉の推進）　地域住民，社会福祉を目的とする事業を経営する者及び社会福祉に関する活動を行う者は，相互に協力し，福祉サービスを必要とする地域住民が地域社会を構成する一員として日常生活を営み，社会，経済，文化その他あらゆる分野の活動に参加する機会が与えられるように，地域福祉の推進に努めなければならない。

ここでは「**個人の尊厳**」や「あらゆる分野の活動への**参加**」が鍵概念となっている。しかしこれだけでは不十分である。地域福祉計画は21世紀という時点において策定される計画であるから，社会福祉法に記載されていなくとも尊重していかなければならない理念が存在する。これらも地域福祉計画のなかに生かされなければならない。そのようなものも含めて，審議会報告は地域福祉推進の理念を以下の4点にまとめている。

① 　住民参加の必要性
② 　共に生きる社会づくり
③ 　男女共同参画
④ 　福祉文化の創造

これらのうち「住民参加の必要性」は社会福祉法にも記載されている。たとえば，地域福祉計画との関連では策定過程への住民参加が求められている（107条）。これは政治参加である。また地域福祉の推進との関連では，上述のように「社会，経済，文化その他あらゆる分野の活動に参加する機会」の保障を求めている（4条）。これは社会参加である。また地域福祉の推進は，地域福祉活動そのものへの参加も含意する。

「共に生きる社会づくり」は，近年，社会政策の理念として注目されるようになっている**ソーシャル・インクルージョン**（社会的包摂）

を言い換えたものである。地域社会はともすると異質な人びとに対して同化を強い閉鎖的になりがちである。しかし多元的な価値が支配する現代社会では，相互の差異や多様性を認め合いながら，社会的に排除された人びとを社会的に包摂していくことが地域福祉の推進にとっても不可欠である。

1999年に**男女共同参画社会基本法**が制定されて以来，わが国では男女共同参画社会の実現が追求されている。地域福祉の推進もこのコンテクストのなかで考えられなければならない。とくに地域福祉は家族福祉への過重な負担を強い，家族福祉は女性への過重な負担を強いる可能性がある。このため男女が地域社会の対等な構成員として，地域社会の生活課題に目を向け，その解決のための諸活動に参加していくことを強調する意義がある。

地域福祉の推進のためには，福祉マインドをもった市民の存在が不可欠である。「寄付の文化」の欠如が指摘されてから久しいが，他方で，地域社会におけるボランタリズムの醸成も見られる。このため審議会報告では，「福祉文化の創造」を地域福祉推進の4番目の理念として掲げている。福祉コンシャスな（弱い立場の人びとを配慮した）社会としての福祉社会の確立のために，福祉文化や福祉教育の意義が地域福祉の推進においても強調されているのである。

これに対して，全社協レポートも，地域福祉計画が策定されるさいに依拠すべき理念や原則として，表2-1のような5原則を提示している。これらの原則のうち②，④，⑤については個人の尊厳や参加の理念から導き出されるものであるから，審議会報告と一致する。ただし全社協レポートのほうは，これらに加えて，**ローカリティの尊重やネットワーク形成**も重視している。

実際に市町村が地域福祉計画を策定していくに当たっては，審議会報告と全社協レポートのいわば最小公倍数（最大公約数ではない！）

> **表 2–1 全社協レポートによる地域福祉計画の理念・原則**
>
> ① 地域の個別性尊重の原則（locality）
> ② 利用者主体の原則（consumerism and empowerment）
> ③ ネットワーク化の原則（networking）
> ④ 公民協働の原則（partnership and enabling）
> ⑤ 住民参加の原則（participation and involvement）

的なリストのなかから取捨選択されることになる。また，それぞれの地域の固有性に配慮して，各自治体に固有の理念が掲げられることもある。

総合化と住民参加　2000年の社会福祉法に先立つ1998年，当時の中央社会福祉審議会社会福祉基礎構造改革分科会は「中間まとめ」のなかで次のような提案を行っている。

> 現在，老人，障害者，児童といった対象者ごとに策定されている計画を統合し，都道府県及び市町村のそれぞれを主体とし，当事者である住民が参加して策定される地域福祉計画を導入する必要がある。

ここからわかるように，地域福祉計画は，もともと**総合化**と**住民参加**の志向をもって構想されたものである。

序章でも触れたとおり，日本の地方自治体には1969年の地方自治法の改正以来，基本構想の策定が義務づけられている。このため全国のほとんどの市町村は基本構想を策定し，これに基づいて基本計画や実施計画を策定している。これらの計画は，通常，自治体行政の全分野を網羅しながら**総合計画**として策定される。その意味で，基本構想との関連で策定される地方自治体の計画は，当初から，総合化を志向していたともいえる。

ところが，これも序章で触れたように，1990年代には，個別計画が多数策定されるようになった。社会福祉の分野では，**福祉3プ**

ランと呼ばれる老人保健福祉計画，障害者基本計画，児童育成計画に加えて，介護保険制度の成立に伴い介護保険事業計画が導入された。地域医療計画も80年代から策定されている。保健・医療・福祉以外の分野でも，生涯学習構想や住宅マスタープランなどが市町村単位で策定されるようになった。

多くの個別計画が1990年代に生まれたのは，遅れの目立つ行政課題や新たに生まれた行政課題を重点的に取り上げて解決を図るためであった。その甲斐もあって，各個別計画は一定の成果を上げることができた。とりわけ老人保健福祉計画の成果は大きい。特別養護老人ホーム（介護老人福祉施設）をはじめとする施設定員は90年代に大幅に増加しており，訪問介護（ホームヘルパー）も拡充している。

これらの成果を踏まえながら，21世紀の総合化の時代のなかで，社会福祉の分野における計画の総合化を企図して生まれたのが地域福祉計画である。したがって地域福祉計画は，福祉3プランに加えて4番目の社会福祉計画として策定されるべきではなく，既存の社会福祉計画を包含した社会福祉の総合計画として策定されるべきだというのが，この計画の導入時における立法の趣旨である。

地域福祉計画のもう1つの特徴である住民参加は，序章で指摘した地方自治のコンテクストのなかでとらえられるべきである。1990年代に入ってからの日本は「第3の改革」と呼ばれる地方分権改革のなかにある（第1は明治時代，第2は第2次世界大戦後）。分権化は突き詰めて考えると，政府間関係だけの問題で終わらず，自治体と住民との関係，すなわちガバナンスの問題にまで及ぶ。その意味で，住民参加は分権化の究極の姿である。

社会福祉法のなかでも，市町村が地域福祉計画を「策定し，又は変更しようとするときは，あらかじめ，住民，社会福祉を目的とす

る事業を経営する者その他社会福祉に関する活動を行う者の意見を反映させるために必要な措置を講ずるとともに、その内容を公表するものとする」(107条)と記されており、住民参加が計画策定の前提であることが明言されている。

また都道府県地域福祉支援計画の策定・変更についても、「あらかじめ、公聴会の開催等住民その他の者の意見を反映させるために必要な措置を講ずるとともに、その内容を公表するものとする」(108条)となっている。108条は、ことさら簡便な手段が住民参加の手段として例示されていたり、参加の主体が曖昧になったりしていて、107条とは異なる書き方となっているが、計画策定における住民参加を求めている点では107条と同じである。

以上の条文から示唆されることは、住民参加を欠いて策定された計画は、その内容がどんなに優れていても、社会福祉法が定める地域福祉計画や地域福祉支援計画とは見なされないということである。これを受けて、審議会報告は次のように記している。

> 市町村において「地域福祉計画」等の名称を付した計画が既に策定されている場合には、その計画が法定の地域福祉計画において定めるべき事項が盛り込まれており、かつ、それに準じた策定手続きを経て策定されているものであれば、その規定の計画をもって社会福祉法にいう地域福祉計画とすることができるものとすることが適当である。

持って回った言い方であるが、反対解釈をすれば、住民参加を欠いた計画は法定計画としての地域福祉計画ではない、ということである。

2 計画の内容

●総合化のために

計画に盛り込むべき事項

次に計画の内容について検討しておこう。社会福祉法は地域福祉計画に盛り込むべき事項として以下の3つの項目を指摘している。

① 地域における福祉サービスの適切な利用の推進に関する事項
② 地域における社会福祉を目的とする事業の健全な発達に関する事項
③ 地域福祉に関する活動への住民の参加の促進に関する事項

これだけでは何のことかわかりにくいため、全社協レポートはこれら3項目をさらに5つの項目に、審議会報告のほうは7つの項目に分解している。これをまとめたのが表2-2である。

表2-2からわかるように、地域福祉計画のなかでは「利用者の権利擁護」に関する事業が1つの重要な柱となっている。これは全社協レポートと審議会報告の双方に共通する。社会福祉基礎構造改革のなかで生まれた**地域福祉権利擁護事業**（認知症の高齢者など自己の意思の表明が困難な人びとの権利を守るための制度）や苦情解決制度の活用が、福祉サービスの適切な利用を推進するために不可欠だからである。

また全社協レポートも審議会報告も、法が定める上記3項目以外であっても、地域福祉を推進するうえで必要な事項については計画に盛り込むべきことを主張している。たとえば、ホームレス、子どもの虐待、外国人などの問題は、既存の社会福祉計画による対応では不十分である。このような「施策のすきま」にある福祉課題を掘

表 2-2 地域福祉計画に盛り込むべき事項

社会福祉法の規定	全社協レポート	審議会報告
① 地域における福祉サービスの適切な利用の推進に関する事項	1 福祉サービスの利用者の権利 2 福祉サービスの質	ⅰ 地域における福祉サービスの目標の提示 ⅱ 目標達成のための戦略 ⅲ 利用者の権利擁護
② 地域における社会福祉を目的とする事業の健全な発達に関する事項	3 福祉サービスの充実 4 福祉サービスの開発	ⅳ 社会福祉を目的とする多様なサービスの振興・参入促進およびこれらと公的サービスの連携による公私協働の実現 ⅴ 福祉，保健，医療と生活に関連する他分野との連携方策
③ 地域福祉に関する活動への住民の参加の促進に関する事項	5 住民参加	ⅵ 地域住民，ボランティア団体，NPO法人等の社会福祉活動への支援 ⅶ 住民等による問題関心の共有化への動機づけと意識の向上，地域福祉推進への主体的参加の促進

り起こして解決することは，地域福祉計画の責務である。

さらに全社協レポートは，以上の表2-2の5項目にそれぞれ当てはまる事業を例示している。その抜粋を表2-3として掲げておく。これらの事業は，既存の地域福祉計画に関する実態調査の結果から抽出したものである。表2-3は，実際に計画を策定する際のチェックリストとして利用することができるだろう。ただし，これはあくまで例示であって，地域福祉計画のなかに必ず盛り込まなければならないというものではない。

1990年代の老人保健福祉計画の場合には，計画に盛り込まれる

表 2-3　地域福祉計画に盛り込むべき事項の例示

①福祉サービスの適切な利用の推進に関する事項

〈福祉サービス利用者の権利〉
- 福祉サービスの利用に関する情報システムの整備
- 福祉サービスの利用援助（地域福祉権利擁護事業）の整備
- 福祉サービスの苦情対応の整備
- 民生委員・児童委員や地域住民等による福祉サービス利用者への相談活動の整備

〈福祉サービスの質〉
- 第三者評価への支援
- 総合相談体制の確保
- ケアマネジメント・システムの充実（福祉サービスと保健・医療サービスとの連携，フォーマルなサービスとインフォーマルなサービスとの連携）
- 福祉サービス提供者間のネットワークの確立

②社会福祉を目的とする事業の健全な発達に係わる事項

〈福祉サービスの充実・開発〉
- 地域の福祉課題や福祉ニーズの把握
- サービス圏域等の設定とサービス基盤の整備
- 地域の福祉サービス利用者のニーズの把握
- 社会資源の有効な活用
- 新規参入事業等の促進（NPO等への事業委託・助成等）
- 福祉人材の育成
- 新しいサービスへの投資（融資・基金の活用，助成等）

③社会福祉に関する活動への住民の参加の促進に関する事項

- 福祉NPO団体やボランティアへの支援（ボランティア・センターの設置等）
  → 活動に必要な情報の入手や技術の習得に関する支援策
  → 活動拠点の整備
- 住民参加の福祉のまちづくりへの支援
  →「福祉のまちづくり推進会議」等の設置
  → 小学校区・地区社協単位等での生活圏域に密着した福祉活動の支援
  → 地域福祉活動計画の策定支援

④その他，地域福祉計画に盛り込むべき事項・関連領域

- 地域特性に合わせた福祉施策
- 福祉3プランとの調整
- 地域福祉活動計画との調整
- 福祉のまちづくり計画・条例の策定促進
- 他分野の生活関連計画との調整
- 防災計画との調整

べき事項が全国一律に決まっていて，国が示した算式に各市町村の値を入れれば，自動的に計画目標の値が出てくるような仕組みになっていた。目標値は各市町村によって異なるが，計画の形式は同一だった。しかし地域福祉計画の場合にはこのようなことはありえない。その内容は各地域の実情に応じて多種多様なものとならざるをえないからである。

地域福祉計画における狭義と広義

以上は，地域福祉計画に盛り込むべき事項について社会福祉法が定める3項目が，具体的にはどのような事業をさしているかを示すものである。その意味で，上述の事業を含んでいれば，少なくとも内容的には法律上の地域福祉計画ということになる。しかしすでに指摘したように，地域福祉計画の導入の趣旨の1つは総合化である。審議会報告も地域福祉計画のことを「（福祉3プランなどの）既存計画を内包する計画」であると述べている。

この点を斟酌すると，地域福祉計画には狭義のものと広義のものが存在することがわかる。この点に関連して，全社協レポートでは，社会福祉法が定める3項目のみを含んだ計画のことを**狭義の地域福祉計画**と呼び，狭義の地域福祉計画に加えて福祉3プランの内容を包含する社会福祉の総合計画として策定される地域福祉計画を**広義の地域福祉計画**と呼んで，両者を区別している（図2-1を参照）。

さらに総合化の趣旨を徹底させると，福祉3プランだけでなく，その他の関連分野の計画と地域福祉計画との一体的な策定も視野に入ってくることになる。とくに保健の分野では，2002年に成立した健康増進法によって，健康増進計画の策定が市町村の努力義務となったことから，この計画を地域福祉計画と一体的に策定することも考えられる。また，まちづくりや，住宅，教育，雇用，防災なども地域福祉計画の関連分野である。

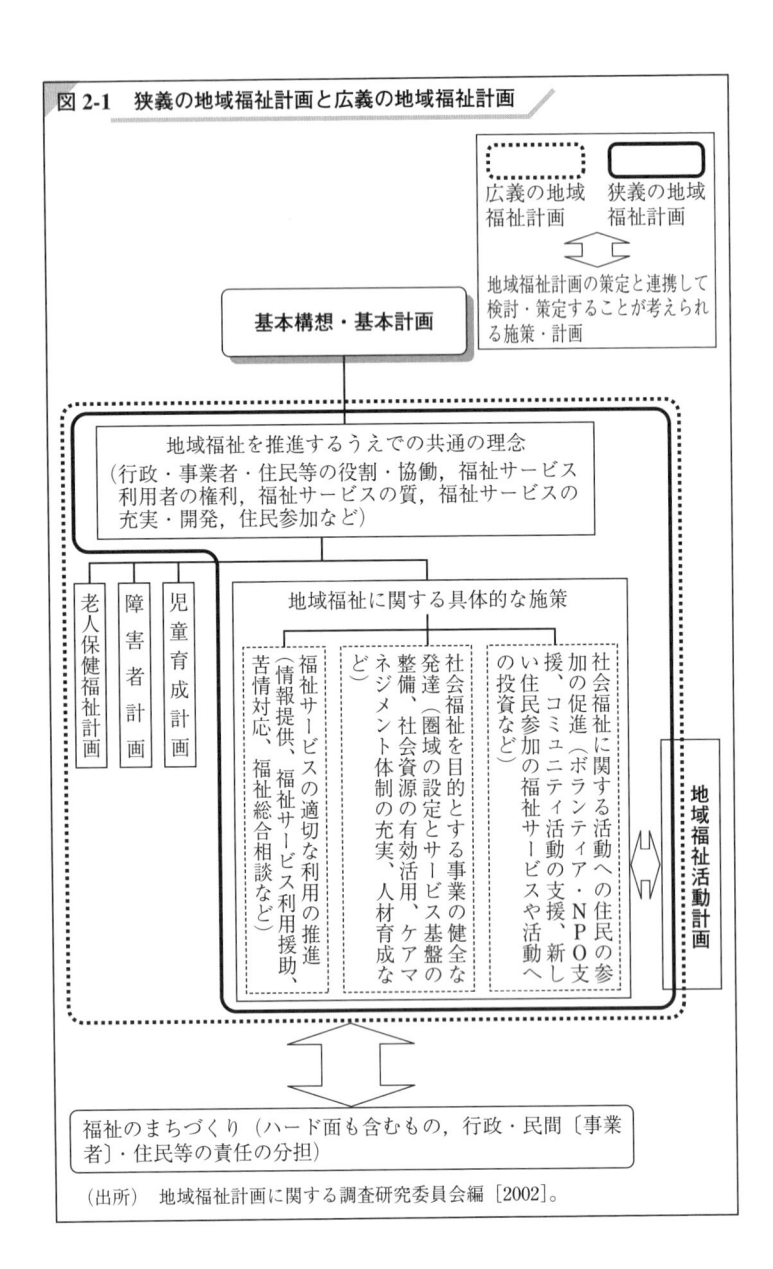

図 2-1　狭義の地域福祉計画と広義の地域福祉計画

広義の地域福祉計画　　狭義の地域福祉計画

⇕ 地域福祉計画の策定と連携して検討・策定することが考えられる施策・計画

基本構想・基本計画

地域福祉を推進するうえでの共通の理念
（行政・事業者・住民等の役割・協働，福祉サービス利用者の権利，福祉サービスの質，福祉サービスの充実・開発，住民参加など）

- 老人保健福祉計画
- 障害者計画
- 児童育成計画

地域福祉に関する具体的な施策

- 福祉サービスの適切な利用の推進（情報提供，福祉サービス利用援助，苦情対応，福祉総合相談など）
- 社会福祉を目的とする事業の健全な発達（圏域の設定とサービス基盤の整備，社会資源の有効活用，ケアマネジメント体制の充実，人材育成など）
- 社会福祉に関する活動への住民参加の促進（ボランティア・NPO支援，コミュニティ活動の支援，新しい住民参加の福祉サービスや活動への投資など）

⇕ 地域福祉活動計画

⇕

福祉のまちづくり（ハード面も含むもの，行政・民間〔事業者〕・住民等の責任の分担）

（出所）　地域福祉計画に関する調査研究委員会編［2002］。

なお社会福祉協議会が、従来から、民間による福祉活動の行動計画（アクションプラン）を策定している。これは行政計画としての地域福祉計画とは異なるが、関係するところが多く、重複するところもある。このため地域福祉計画は、狭義・広義ともに、社協の地域福祉活動計画とその内容の一部を共有することになる。このため行政当局と社協が相互に連携しながら計画策定を進めることが重要となる。

3 計画の策定

●住民参加の工夫

庁内体制と策定手順　　地域福祉計画は、場合によっては、その内容よりも策定のプロセスのほうが重要な意味をもってくる。いかに立派な計画ができあがったとしても、住民不在のまま作成されたのでは絵に描いた餅である。地域福祉計画を策定する過程で、行政職員と地域住民の双方の意識改革が遂行され、これによって地域福祉や地方自治のあり方が改善されることも地域福祉計画の策定には期待されているところである。

　そこで次に、地域福祉計画の策定過程についての検討を行う。地域福祉計画は行政計画であるから、まず、市町村の策定体制をどのように整えるべきか考える必要がある。

　地域福祉計画は総合化を志向した計画であるため、全庁的な庁内体制を築くことが不可欠である。そのためには地域福祉計画に関する企画・調整の責任をもつ部署の存在が必要となる。こうした機能を担う部署としては、部局横断的なプロジェクトチーム、地域福祉課、企画課、首長直属機関などが考えられる。具体的な形態は地域の実情や首長の姿勢などによって異なってくる。

地域福祉計画の策定は本庁の内部だけではできない。地域福祉の推進にとっては，福祉事務所，保健所，保健センターなども重要な社会資源であり，これらの機関やその職員も計画の策定体制に関与すべきである。また，社会福祉協議会やその職員についても同様である。とくに社協は「地域福祉の推進を図ることを目的とする団体」（社会福祉法109条）であることから，市町村と共同で，計画策定のための事務局を設置することも考えられる。

　地域福祉を推進するうえでは，地域に在住するリーダーの役割が大きい。審議会報告はこうしたリーダーを**地域福祉推進役**と呼んでいる。計画の策定と実施を円滑に行うために，市町村は比較的早い段階に地域福祉推進役を発見して，彼ら彼女らとの協力関係を築くことが重要である。また，計画の策定自体がこの種の人材の育成につながるように心がけるべきだろう。

　通常は，庁内組織とは別に地域福祉計画の策定委員会が組織され，この委員会を中心に計画の策定作業が進められることになる。策定委員会は，地域福祉計画に関する住民参加の最先端となるため，その構成や運営方法については慎重な配慮が必要である。策定委員会の構成や運営によって，住民参加のあり方が大きく変わってくるからである。策定委員が団体代表だけの委員会や，年数回しか開かれないような委員会は意味がない。

　策定委員会が最初に行う仕事は，計画策定のおおまかなスケジュール，計画策定に必要な作業のリスト，計画策定の過程で実施される住民参加などを「策定方針」として決定し，これらを住民の前に示すことである。この策定方針は**パブリック・コメント**（PC）**手続**に付し，住民からのフィードバックを受けなければならない。その結果，策定方針が修正されることもありうる。

　計画に具体性をもたせるためには，計画目標を明確に示さなけれ

ばならない。数値目標は，計画の進捗が一目瞭然であるから積極的に利用されるべきである。とはいえ地域福祉推進の場合には，目標を数量化できない場合も少なくない。しかし定性的な目標の場合であっても，目標の達成を客観的に知ることができるような具体性をもたせるべきである。こうした目標設定のためには社会指標の知見が役に立つ（第9章を参照）。

審議会報告は**福祉区**の設定を提案している。福祉区とは「一定の福祉サービスや公共施設が整備されている区域」である。地域福祉は日常生活圏としての小地域であるから，福祉区が地域福祉計画のなかの最小圏域となる。従来から最小圏域として利用されてきた校区を福祉区に読み替えることができるが，しかし，これも地域の生活実態に応じて柔軟に決定すべきである。

なお策定過程の詳細は，本書の第5章と第6章で再び取り上げる。

住民参加

すでに何度も繰り返しているように，住民参加を欠いた地域福祉計画は地域福祉計画と呼べない。したがって計画策定の各段階で住民参加がどのように実施されているかをたえずチェックする必要がでてくる。

「計画と参加」とは古くて新しい問題である。たとえば，旧自治省が1980年に『計画と参加』という報告書を刊行しているが，そのなかで基本計画への「住民参加の方式」として考えられていたのは「計画素案の公表」「審議会」「審議会に代わる機関」「住民の集会」「市民意識調査」「モニター制度」「提言」「作文等の募集」「その他」といったものだった。しかし今日これらをやっていれば住民参加は十分だと考える人はいない。

もちろん上述の方式はいまでも重要である。しかし，そこに物足りなさが感じられるのは，おそらく住民参加には完成された姿というものがなくて，たえず生成され更新されていくものであるとの事

情が左右しているからである。今日計画策定における住民参加をチェックするためには、住民参加の最前線がどこまで切り開かれているのかということを知っておかなければならない。

全社協レポートは、地域福祉計画における住民参加の手段として、以下のような項目を列挙しているが、おそらくこれらが今日的な住民参加の手段である。

① 福祉サービスの利用者等へのアンケートやヒアリング
② 住民座談会・小地域座談会
③ ワークショップ
④ 百人委員会
⑤ セミナーや公聴会の開催
⑥ 各種委員会における委員の公募
⑦ パブリック・コメント
⑧ すべての住民に情報を伝える工夫（外国語による情報提供，点字による情報提供等）
⑨ インターネットやケーブルテレビなどの新しい媒体（メディア）を活用した広報
⑩ 地域福祉の担い手としての計画策定の実務への参加（福祉課題の調査等）

計画策定の各段階においては、上記手段が適宜採用されることになるが、地域福祉計画に関するモデル事業や各地での経験によれば、このうち住民座談会・小地域座談会やワークショップなどの**コミュニティ・ミーティング**がとりわけ重要である。地域福祉計画はコミュニティ・ミーティングによって始まりコミュニティ・ミーティングによって終わるといっても過言でない。これは地域住民と行政職員の双方にとっての意識革命の場である。

このコミュニティ・ミーティングについては第8章で集中的に取

り上げ，その他の住民参加手段の詳細については第7章で取り上げる。

4 都道府県の役割

●地域福祉支援計画

都道府県による支援の機能

市町村が策定する地域福祉計画に対して，都道府県は地域福祉支援計画を策定して支援することになっている。この支援計画に盛り込むべき事項については，社会福祉法の108条が次のように規定している。

① 市町村の地域福祉の推進を支援するための基本的方針に関する事項

② 社会福祉を目的とする事業に従事する者の確保又は資質の向上に関する事項

③ 福祉サービスの適切な利用の推進及び社会福祉を目的とする事業の健全な発達のための基盤整備に関する事項

以上は，①市町村の支援，②人材育成，③基盤整備と要約することができる。①は都道府県にしかできないことであるからわかりやすいが，②と③は市町村も行いうることであるため，都道府県と市町村の役割分担が必ずしも明確ではない。このため都道府県の役割については，機能的に再整理する必要がある。全社協レポートは都道府県の役割を次のように整理している。

(a) 地域福祉の推進及び地域福祉計画の策定・実施・評価に向けた支援

(b) 都道府県と市町村の協議の上で，市町村において取り組む地域福祉推進のための施策や事業への支援

(c) 地域の福祉課題に基づく福祉サービス等で，市町村だけでは実施困難な広域圏における施策や事業の実施

このうち(a)は市町村に対する**支援の機能**であり，これは他をもって代えがたい都道府県に固有の機能である。支援には①技術的な支援と②財政的な支援の2種類がある。

技術的支援は，市町村の地域福祉推進が円滑に行えるように都道府県の事業として行われる支援活動である。県内他市町村の情報を提供したり，コミュニティワークや計画技法に関する研修を実施したり，計画策定の専門家を市町村に派遣したり，市町村が作成する計画を評価したりする事業などが考えられる。また市町村に対して，都道府県の固有の事情に応じて，地域福祉計画の策定指針を示すことも重要な支援活動である。

財政的支援は，都道府県の単独事業として，補助金を交付することによって行われる支援活動である。市町村の計画策定に関する経費の補助や市町村が実施する地域福祉推進事業に対する補助もあるが，市町村における地域福祉活動に対する直接的な補助もある。たとえば，地域福祉推進のための基金の設置や，NPOの地域福祉活動に対する助成事業などをすでに実施している都道府県もある。

補完の機能と助言の機能

地方分権化のなかで考えたときに忘れることができないのは**補完性の原則**である。地域で解決できない問題は基礎自治体が解決し，基礎自治体で解決できない問題は広域自治体が解決し，広域自治体でも解決できない問題は中央政府が解決するというのが補完性の原則である。分権という表現は国にもともと権限があって，これを地方に譲り渡すといった語感があるが，補完性の原則が示しているのはこれと正反対の考え方である。

全社協レポートの(c)は，この補完性の原則に立脚したときに生じ

る都道府県に固有の機能である（**補完の機能**）。たとえば，地域福祉を推進するうえでの人材の育成や訓練などは，市町村の規模にもよるが，市町村が単独で実施するのは困難であり，都道府県が補完する必要がある。権利擁護事業も都道府県（社協）単位で実施されている。そのほか，規模の経済が作用するものについても都道府県が広域的な見地から実施することになる。

　支援(a)と補完(c)が都道府県にとっての固有の機能であるが，日本の場合，これだけではすまされない事情もある。市町村の事業が国と都道府県の補助金を前提に実施されることがあるからである。**三位一体改革**によって補助金の削減は進むが，全廃されるわけではない。このため地域福祉計画のなかに記された事業であっても都道府県が関与する場合もでてくるかもしれない。全社協レポートの(b)はこうした事業を想定している。

　都道府県はこの種の事業に対する総量を決めることによって，市町村の地域福祉計画に影響を及ぼすことも可能である。しかしその場合であっても，地方分権化改革のなかにある今日，市町村との協議が前提となることは言うまでもない。なお，この種の事業に関する都道府県の計画は，ボトムアップで決められることもありうるが，トップダウンで決められることもありうる。

　たとえば，1990年代の老人保健福祉計画の場合，市町村の目標値を積み上げて都道府県の目標値を設定したという意味では，（国の強力なリーダーシップのもとに策定されたとはいえ，目標値の設定に限っていえば）典型的なボトムアップの計画であった。都道府県地域福祉支援計画と市町村地域福祉計画との関係もこのようなボトムアップの策定方法を採用することが可能である。

　しかし反対に，都道府県がリーダーシップを発揮することもありうるだろう。たとえば，都道府県が地域福祉に関するミニマムの水

準を設定したり，優先的な事業を設定したりした場合はボトムアップというよりはトップダウンの策定になる。都道府県の単独事業の場合も同様である。実際，地域福祉計画の策定状況は都道府県によってバラツキがあり，この計画に積極的な姿勢をもつ都道府県ほど策定率が高くなっている。

　地域福祉計画や地域福祉支援計画における都道府県に固有の機能は，以上から明らかなように支援と補完である。しかし日本の現実を考えるとき**助言の機能**の存在は否定しがたい。補助金改革や市町村合併が進めば状況が変化する可能性もあるが，日本の基礎自治体（とりわけ町村）のなかには，予算規模や職員数が不十分なところも少なくない。このようなところでは地域福祉推進のための都道府県の指導が重要な意味をもつ場合もある。

Summary サマリー

　地域福祉計画に関する法律の規定は抽象的であるため，計画を具体化するためには全社協レポートと審議会報告が役立つ。これらによると計画の理念は「個人の尊厳」や「参加」である。また地域福祉推進の理念は住民参加の必要性，共に生きる社会づくり，男女共同参画，福祉文化の創造である。このほか地域の個別性，利用者主体，ネットワーク化，公民協働，住民参加の原則も重要である。なお計画の最大の特徴は総合化と住民参加である。

　計画に盛り込むべき事項は，福祉サービスの適切な利用，社会福祉事業の健全な発達，住民参加の促進である。実態調査の結果から，多くの事業をこれら3項目の例として示すことができる。社会福祉法上の計画はこの3項目を含んでいればよく，それは狭義の地域福祉計画である。この計画における総合化の趣旨を尊重すると，関連計画を包含した広義の地域福祉計画を構想することができる。

計画の策定は全庁的な体制で取り組む必要がある。福祉事務所や保健所の協力も必要である。策定の早い段階で地域福祉推進役を発見して協力を得たほうがよい。策定委員会は住民参加の要となるので慎重に組織すべきである。計画目標は具体的に設定されなければならない。この計画では福祉区が最小圏域である。策定の各段階で住民参加の実施についてチェックする必要がある。参加手段としてはコミュニティ・ミーティングが重要である。

　都道府県が策定する地域福祉支援計画は，市町村の支援，人材育成，基盤整備の事項を盛り込むことになっている。地域福祉計画に対して都道府県が果たすべき固有の機能は，支援と補完である。支援には技術的支援と財政的支援がある。地方分権化のなかで考えると都道府県と市町村の関係は補完性の原則に依拠すべきである。しかし現行の補助金制度を前提とすれば，市町村に対する都道府県の助言の機能の存在も否定しがたい。

● Key words ●

個人の尊厳　参加　ソーシャル・インクルージョン　男女共同参画社会基本法　ローカリティ　ネットワーク形成　総合化　住民参加　総合計画　福祉3プラン　地域福祉権利擁護事業　狭義の地域福祉計画　広義の地域福祉計画　地域福祉推進役　パブリック・コメント手続　福祉区　コミュニティ・ミーティング　支援の機能　補完性の原則　補完の機能　三位一体改革　助言の機能

読書案内

　本章が依拠した審議会報告は厚生労働省のホームページで閲覧することができる。また，地域福祉計画に関する調査研究委員会編『**地域福祉計画・支援計画の考え方と実際――地域福祉計画に関する調査研究事業報告書**』全国社会福祉協議会，2002年には，審議会報告と全

社協レポートの双方が収録されている。また，大森彌編『**地域福祉と自治体行政**』（地域福祉を拓く第4巻），ぎょうせい，2002年は，自治体行政と地域福祉計画の関係を考えるうえで有益である。

———————— 武 川 正 吾 ★

第3章 地域福祉計画と関連計画

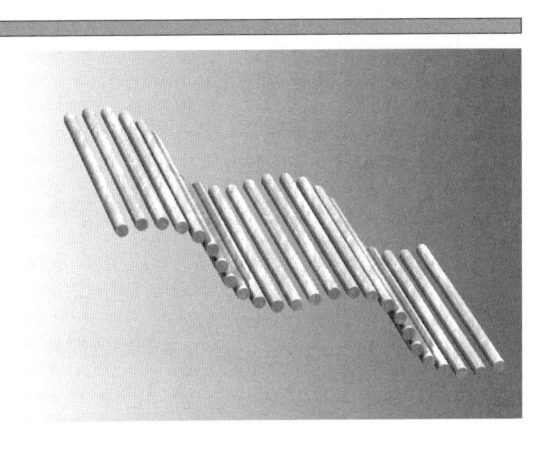

　基礎自治体である市町村（東京都23特別区を含む）が策定する地域福祉計画は，地域の特性に合った独自性をもったものでなくてはならない。しかし，策定にあたっては，さまざまな計画と関連づけられることが求められている。

1 地域総合計画
●基本構想と基本計画

地域総合計画との関連

　地域福祉計画の策定にあたっては，市町村の**地域総合計画**との整合性が重要である。
　一般的には，地域福祉計画は，地域総合計画の部門計画となっている。しかし，社会福祉の根幹的理念として，どこの地域にいてもすべての国民が基本的人権を保障され，社会福祉や社会保障，公衆衛生を受けられることが国および地方自治体に課せられている。

この点から，地域福祉計画は部門計画とはいえ，他の部門計画と比べて，地域の全体に及ぼす基本的なもので，きわめて重要な計画である。

　地域総合計画は，行政の基礎事業体である市町村が策定する計画をいい，地方自治法2条4項の規定に基づき，市町村が議会の議決を経て策定する**基本構想**として制度化されている行政運営全般に関する長期総合的な計画である。

　それゆえに地域総合計画は，地域による特性ある計画が求められている。しかし，それと同時に，国で定められた，いわゆる上位計画との関連を求められ，その影響を受けている。

　上位計画の主なものに，国の**全国総合開発計画**（国土開発法）および**国土利用計画**（国土利用法）がある。

　「全国総合開発計画」（全総）は1962年10月に最初の計画（一次全総）が策定され，現在は，98年10月に五全総に相当する「21世紀の国土のグランドデザイン」が2010～15年を目標として策定されている。基本目標として「多軸型国土構造形成の基礎づくり」を掲げ，自立の促進と誇りのもてる地域創造，国土の安全と暮らしの安心の確保，恵み豊かな自然の享受と継承，活力ある経済社会の構築，世界に開かれた国土の形成を基本的課題としている。

　「全国総合開発計画」は，さらに「都府県総合開発計画」「地方総合開発計画」「特定地域総合開発計画」と細分化されて，各行政単位と関連している。

　「都府県総合開発計画」は「国土総合開発計画」および「国土利用計画」をあわせ「都道府県長期総合計画」として県全体および**広域市町村圏**に至る総合計画を包括し，それを受けて，「地方総合開発計画」は「広域市町村圏総合計画」として策定されている。

　地域総合計画は，「特定地域総合開発計画」を含め，「市町村長期

総合計画」として,行政単位により地域全体の事業を長期的に計画されたものであり,「基本構想」および「基本構想」に基づいて策定される**基本計画,実施計画**で構成されている。

「基本計画」は各分野ごとに長期計画が策定され,さらに分野別に「個別計画」が位置づけられている。

「地域福祉計画」は「基本計画」に基づく**個別計画**に位置づけられることになる。

地域の将来を策定する「基本構想」

基本構想は前述したとおり,**地方自治法**2条4項「市町村は,その事務を処理するに当たっては,議会の議決を経てその地域における総合的かつ計画的な行政の運営を図るための基本構想を定め,これに即して行なうようにしなければならない」とあるように,市町村行政運営の全体的枠組みをつくるもので,行政地域を構成する要素が全体(地域)と部分(諸要素)との関係で全体像がわかるように整合性をとることに力点がおかれる。

基本構想の主要機能として,地域のあるべき姿を描くことと,そのための**課題の発見**がある。地域の現状を把握し,当該地域を取り巻く社会・経済の環境との照合,関連する上位計画との整合性を考慮し,総合的な現状分析のもとに課題を抽出し,課題間の関連,重要度などが明確化されていなければならない。

課題をもとに,当該地域の将来予測(将来人口予測,将来就業人口予測等)を行い,地域の将来目標および将来像が立案される。さらに,地域の将来目標達成のため,行政各分野別の全体的な枠組みが策定される。

この基本構想は,地域の主体者である首長,行政,関連機関,住民などの地域運営についての哲学,倫理などの意見が反映されたものとして策定されるものである。

長期的視点に立った「基本計画」

基本計画は，地域が有する資源（人，物，金等），または準備・確保できる資源を明確にして基本構想を実現可能にする計画である。基本計画は行政各部門ごとの計画が基盤となり，各部門計画の調整と総合化されたもので構成される。

各自治体の基本計画の構成をまとめてみると，概ね次のような構成となっている。

① 生活基盤整備計画：土地の有効利用，国土保全，水資源，道路基盤整備等
② 生活環境管理計画：居住環境，上下水道，し尿・ゴミ処理，防災，災害復興，安全，環境美化等
③ 産業振興計画：農林水産業，鉱工業，商業，観光業，サービス業，地場産業等の振興
④ 教育文化スポーツ振興計画：学校教育，生涯学習，スポーツ，歴史，文化等の振興
⑤ 福祉・保健・医療計画：各種福祉計画，保健，健康づくり，医療計画等
⑥ 行財政計画：住民参加，コミュニティ活動，行政計画，財政計画，広域圏計画等
⑦ リーディング・プロジェクト：横断的重点プロジェクト

基本計画は基本的に10年の期間について策定している。しかし，現代の社会環境の変化が大きいなかで，地域によっては期間を分け，前期基本計画（5年），後期基本計画（5年）として策定している地域もある。

基本計画の実施に対し，3年を期間として策定されるのが実施計画である。基本計画が長期計画なら，実施計画は短期計画である。

実施計画は基本計画に掲げる事項等を実現するために，計画事業

の全部または部分を具体的に実施するために策定される。実際の行政運営の実行予算を含めた計画となっている。

実施計画は3年を期間として策定されるが、年度ごとに見直しを図り、未達成事業などがローリング方式で毎年調整される。

2 社会サービス計画
●個別計画(1)

1990年代、多くの分野で個別的な社会計画が生まれた（序章参照）。ここでは、主な社会サービスの計画を取り上げる。

> 福祉3プラン

(1) ゴールドプラン21（老人保健福祉計画・介護保険事業計画）

高齢者対策強化の目的で策定され高齢者保健福祉推進10か年戦略として1989年に**ゴールドプラン**が策定された。ゴールドプランでは、市町村における在宅福祉対策の緊急実施、施設の緊急整備が図られ、特別養護老人ホーム、デイサービス、ショートステイなどの施設の緊急整備、ホームヘルパーの養成などによる在宅福祉の推進などを柱として掲げられた。

しかし、高齢化が当初の予想より進んだため、1994年、全面的に改定され新ゴールドプランとなった。2000年4月の介護保険制度の導入で生じる新たな需要に対応するため、新ゴールドプランは在宅介護の充実に重点をおき、ヘルパーの確保、訪問看護ステーションの設置などを目標とした。この新ゴールドプランは1999年度までとし、2000年に新たに策定された高齢者保健福祉計画の名称が**ゴールドプラン21**である。

ゴールドプラン21は、いかに活力ある社会をつくっていくかを目標にしている。「介護サービス基盤の整備――いつでもどこでも

介護サービス」「痴呆性高齢者支援対策の推進——高齢者が尊厳を保ちながら暮らせる社会づくり」「元気高齢者づくり対策——ヤング・オールド（若々しい高齢者）作戦の推進」「地域生活支援体制の整備——支え合うあたたかな地域づくり」「利用者保護と信頼できる介護サービスの育成——安心して選べるサービスづくり」「高齢者の保健福祉を支える社会的基礎の確立——保健福祉を支える基盤づくり」のように，介護サービスの基盤整備と生活支援対策などが位置づけられている。

(2) 新エンゼルプラン（児童育成計画）

近年日本においては，急速に少子化が進行している。こうした急速な少子化の進行は，労働力人口の減少，経済成長への制約，現役世代の負担の増大等を通じて経済面に影響を与えるとともに，過疎化・高齢化などによる地域社会の活力の低下等として社会面にも影響を与えることが懸念されている。少子化の要因としては，晩婚化の進行などによる未婚率の上昇があげられる。

厚生労働省の発表によると，こうした晩婚化の背景には，結婚観，価値観などの個人の意識の変化に加えて，育児の負担感，仕事と育児の両立の負担感の増大などがあり，その要因としては，長時間労働や遠隔地転勤などを当然とし，家庭よりも仕事を優先させる企業風土，職場や家庭内における固定的な性別役割分業，核家族化や都市化の進展に伴う母親の孤立や負担感の増大などがあると考えられている。こうした仕事と子育ての両立の負担感が，その要因の1つとなっていると考えられている。

少子化への対応は，社会全体で取り組むべき重要な課題となっている。そのため，少子化対策については，これまで「今後の子育て支援のための施策の基本的方向について」（1994年12月文部・厚生・労働・建設4大臣合意）およびその具体化の一環としての「当面の

緊急保育対策等を推進するための基本的考え方」（1994年12月大蔵・厚生・自治大臣合意）等に基づき，その推進を図ってきたが，1999年に子育てや仕事と子育ての両立に伴う負担感を緩和し，仕事と子育ての両立を支援し，安心して子育てができるような環境整備を進めるため，少子化対策推進基本方針および**新エンゼルプラン**が策定（大蔵，文部，厚生，労働，建設，自治の6大臣の合意）された。

新エンゼルプランの主な内容としては，
① 保育サービス等子育て支援サービスの充実
② 仕事と子育ての両立のための雇用環境の整備
③ 働き方についての固定的な性別役割分業や職場優先の企業風土の是正
④ 母子保健医療体制の整備
⑤ 地域で子どもを育てる教育環境の整備
⑥ 子どもたちがのびのび育つ教育環境の実現
⑦ 教育に伴う経済的負担の軽減
⑧ 住まいづくりやまちづくりによる子育ての支援
となっている。

(3) 新障害者プラン（障害者計画）

日本では，1982年，「国連障害者の10年」の国内行動計画として，障害者施策に関する初めての長期計画である「障害者対策に関する長期計画」が策定され，92年には，その後継計画として93年度から概ね10年間を計画期間とする「障害者対策に関する新長期計画」が策定された。新長期計画は，その後，同年12月に改正された**障害者基本法**により同法に基づく障害者基本計画と位置づけられた。1995年には，後期重点施策実施計画として**障害者プラン**が策定され，障害者施策の分野で初めて数値による施策の達成目標が掲げられた。

新障害者基本計画（2002年12月24日閣議決定）は，「リハビリテーション」および「ノーマライゼーション」の理念を継承するとともに，障害者の社会への参加・参画に向けた施策のいっそうの推進を図るため，2003年度から12年度までの10年間に講ずべき障害者施策の基本的方向について定めたものである。

新障害者プランは新障害者基本計画に基づき，その前期5年間（2003年度から2007年度）において，重点的に実施する施策およびその達成目標等を定めた重点施策実施5カ年計画であり，2002年12月24日，障害者施策推進本部において決定された。

その基本的考え方は，新障害者基本計画に掲げた**共生社会**の実現を目的として，障害のある人びとが活動し，社会に参加する力の向上を図るとともに，福祉サービスの整備やバリアフリー化の推進など，自立に向けた地域基盤の整備等に取り組むものである。

介護保険の改正：「介護予防」と「地域支援事業」

介護保険は2000年4月に実施され，5年後に制度の見直しをすることになっていた。2005年の制度改正の柱は「介護予防システム」の導入である。その目的は，要介護認定者数（2004年で410万人）が，現行制度のまま推移すると10年後には640万人になる予定だが，それを600万人にするためである。

この**介護予防システム**の仕組みは，要介護認定者に対して，現行6段階の要介護認定区分を，「要支援」を「要支援1」と「要支援2」に分け7段階に変えて，「要支援1」と「要支援2」の人への予防サービス（筋力トレーニング・栄養改善指導など）を実施する。

また，「介護保険未申請者」に対し，できるだけ要介護認定者にならないように**地域支援事業**（転倒骨折予防教室・閉じこもり防止など）を新設する。

この介護保険制度改正による「介護予防システム」は，市町村が

図 3-1　介護サービス利用の流れ

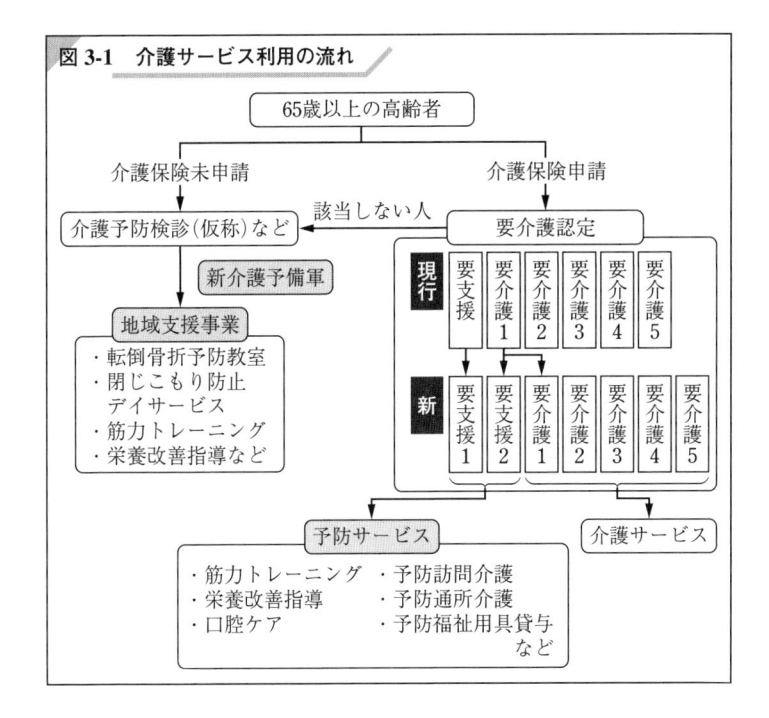

```
              65歳以上の高齢者
              ／          ＼
    介護保険未申請         介護保険申請
        ↓         該当しない人    ↓
  介護予防検診(仮称)など ←──── 要介護認定
        ↓                    ┌─────────────────────┐
   新介護予備軍          現行 │要支援│要介護1│要介護2│要介護3│要介護4│要介護5│
        ↓                    └─────────────────────┘
   地域支援事業                  ↓    ↓     ↓    ↓    ↓    ↓
  ・転倒骨折予防教室       新  │要支援1│要支援2│要介護1│要介護2│要介護3│要介護4│要介護5│
  ・閉じこもり防止
   デイサービス                      ↓                    ↓
  ・筋力トレーニング              予防サービス          介護サービス
  ・栄養改善指導など
```

予防サービス
- 筋力トレーニング　・予防訪問介護
- 栄養改善指導　　　・予防通所介護
- 口腔ケア　　　　　・予防福祉用具貸与　など

主体になって運営されることになっている。地域福祉計画の策定にとって重要な要素である。

健康日本 21・健康増進法

日本の健康づくり対策として，1978 に第 1 次国民健康づくり対策，88 年第 2 次国民健康づくり対策（アクティブ 80 ヘルスプラン）が策定され，老人健康診査体制の確立，施設整備，人材の育成指導や活動指針の策定等の基盤整備が推進された。これらの成果を踏まえ，2000 年に第 3 次国民健康づくり対策「21 世紀における国民健康づくり運動＝健康日本 21」が定められた。

健康日本 21 は，21 世紀の道標となる健康施策，日本に住む 1 人ひとりの健康を実現するための新しい考え方による国民健康づくり

図 3-2 「健康日本21」地域計画

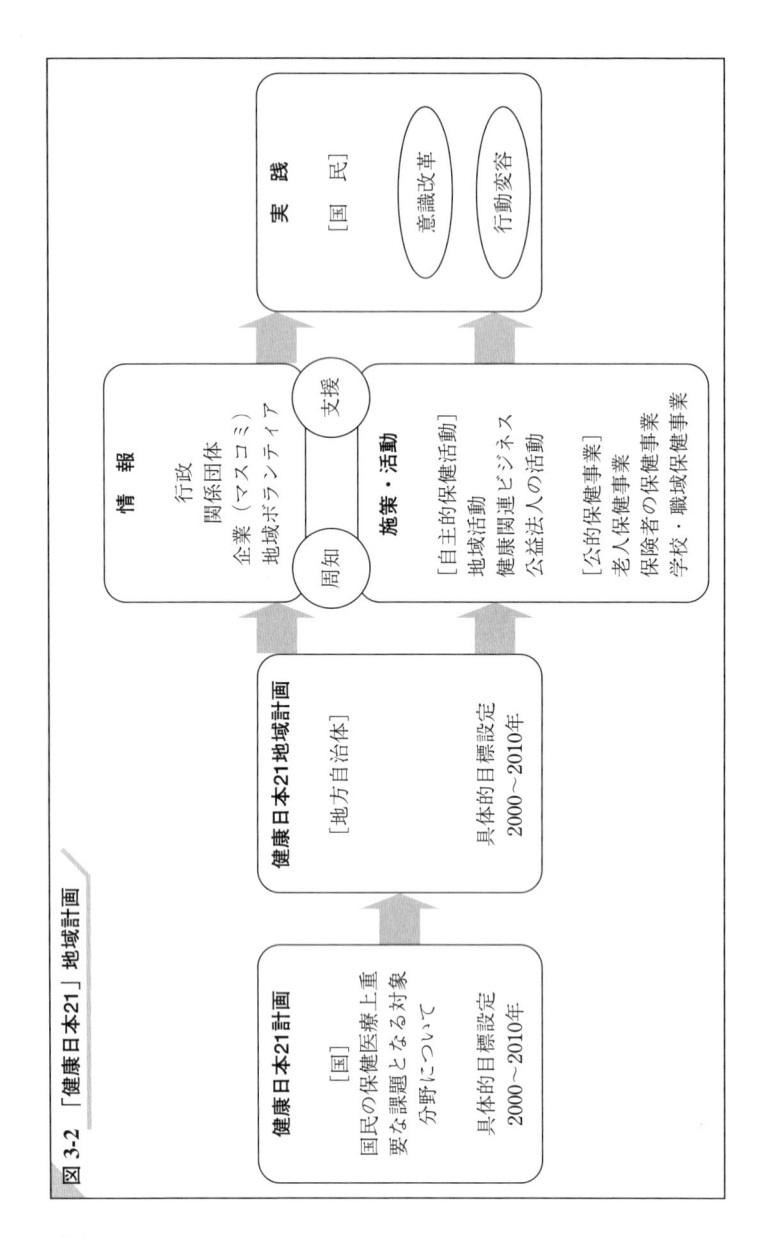

健康日本21計画
[国]
国民の保健医療上重要な課題となる対象分野について
具体的目標設定
2000～2010年

↓

健康日本21地域計画
[地方自治体]

具体的目標設定
2000～2010年

↓

情報
行政
関係団体
企業（マスコミ）
地域ボランティア

周知　支援

施策・活動
[自主的保健活動]
地域活動
健康関連ビジネス
公益法人の活動
[公的保健事業]
老人保健事業
保険者の保健事業
学校・職域保健事業

↓

実践
[国民]

○意識改革
○行動変容

運動である。これは，自らの健康観に基づく1人ひとりの取組みを社会のさまざまな健康関連グループが支援し，健康を実現することを理念としている。この理念に基づいて，罹患，疾病による死亡，生活慣習上の危険因子などに関わる具体的な目標を設定し，十分な情報提供を行い，自己選択に基づいた生活慣習の改善および健康づくりに必要な環境整備を進めることにより，1人ひとりが実り豊かで満足できる人生を全うできるようにし，あわせて持続可能な社会の実現を図るものとしている。

都道府県の役割としては，各種の健康関連グループを含めた都道府県計画および二次医療圏ごとの計画策定が義務づけられており，市町村の役割としては，従来から母子保健事業，老人保健事業のサービス提供者としての役割を担ってきたことを踏まえ，住民全体を対象とする健康日本21においては，当該市町村を所管する保健所と連携を図り市町村が主体的に計画を策定することとなっている。

健康日本21は，通知レベルで行われてきたが，2002年7月に**健康増進法**として国会で成立して，03年5月より施行された。このことは，健康日本21を法的に裏づけるものであり，この視点はますます重要度を増すと思われる。

医療計画

医療計画は，1985年12月の医療法改正により制度化されたものである。

近年，高齢化に伴う疾病構造の変化，医療の高度化および専門化ならびに医療に関する情報提供についての国民の需要に応じ，良質かつ適切な医療を効率的に提供する体制の整備を図るため，病床の種別を見直し，病床の種別に応じて適正な医療が提供されるための措置を講ずる等の必要があることから，2000年12月第4次医療法の改正が行われ，03年5月厚生労働省より新たな医療計画の作成が公示されている。

医療計画作成指針によると，医療計画策定の背景として，日本の医療は，病院および診療所をはじめとする施設の整備，医師・歯科医師・薬剤師等医療従事者の養成・確保および救急医療対策，へき地医療対策，母子・成人・老人に対する保健医療対策の推進などにより着実な進展をみ，いまや平均寿命や乳児死亡率の低さについては世界の最高水準にあるなど大きな成果を上げてきている。しかし，一方では医療施設や医療従事者等**医療資源**に**地域的な偏在**がみられることや，かかりつけ医（歯科医を含む）を中心とした病院・診療所の連携による医療の体系化の推進が必要とされているなど，多くの課題を抱えていることがあげられている。

　また，近年の医療を取り巻く環境には，急速な少子・高齢化の進展，がんや循環器疾患をはじめとする慢性疾患中心の疾病構造への変化，医学・医術の進歩による医療の高度化・専門化の進展，さらには情報通信網の発達による情報社会の高度化等大きな変化がみられる。こうしたなかで，医療の質の向上に対する国民の要望は高まっており，日常生活圏において通常の医療需要に対応できるよう医療提供体制の整備を図ること，および患者の立場に立った医療に関する情報提供を促進することがいっそう求められている。今後の医療提供体制の整備にあたっては，多様化・高度化している国民の医療需要に対応して**医療資源**を有効に活用し，その適正な配置を図るとともに医療関係施設相互の機能分担および業務連携を図り，地域医療の体系化を推進し，健康増進から疾病の予防，診断・治療，リハビリテーションに至る包括的・継続的・合理的な医療提供体制の確立をめざすとされている。

　都道府県において医療関係者等の協力のもとに，地域の実情に即し，将来を見据えた医療計画を作成することとし，これに基づいて今後の医療提供体制の充実を図ることとしている。

医療計画の内容については，都道府県における**医療圏**の設定，基準病床数等については，厚生労働省令で示した標準に準拠し，その他医療圏ごとの医療提供体制の確保に関し必要な事項等については当該都道府県の医療事情を踏まえて都道府県が主体的に作成するものであり，医療計画の作成の手法その他医療計画の作成上重要な技術的事項については，厚生労働大臣が都道府県に対して必要な助言をすることができるとされている。

心身の健康を図る生涯学習振興基本構想

国民1人ひとりが，社会の変化に主体的に対応し，活力ある社会を築いていくためには，その個性や能力を生涯にわたって高め，最大限に発揮できるようにすることが不可欠となっている。また，近年，国民のライフスタイルは多様化し，生きがいづくりや余暇の活用，仕事以外での社会への参加，社会に貢献する活動への興味が高まってきている。このため，人びとが，生涯のいつでも，どこでも，誰でも自由に学習機会を選択して学ぶことができ，その成果が適切に評価されるような生涯学習社会の構築がますます重要な課題となっている。

このような観点から，1990年6月に「生涯学習の振興のための施策の推進体制等の整備に関する法律」が制定された（2002年3月最終改正）。

この法律の目的は，国民が生涯にわたって学習する機会があまねく求められている状況に鑑み，生涯学習の振興に資するための都道府県の事業に関しその推進体制の整備その他の必要な事項を定め，および特定の地区において生涯学習に関わる機会の総合的な提供を促進するための措置について定めるとともに，生涯学習の振興のための施策の推進体制および地域における生涯学習に関わる機会の整備を図り，もって生涯学習の振興に寄与することを目的としている

（1条）。

生涯学習振興基本構想は，同法5条に，「都道府県は，当該都道府県内の特定の地区において，当該地区及びその周辺の相当程度広範囲の地域における住民の生涯学習の振興に資するため，社会教育に係る学習（体育に係るものを含む。）および文化活動その他の生涯学習に資する諸活動の多様な機会の総合的な提供を民間事業者の能力を活用しつつ行うことに関する基本的な構想（基本構想）を作成することができる」とされている。

基本構想においては次の事項を定めることとされている。

① 生涯学習に関わる機会の総合的な提供の方針に関する事項
② 地区の区域に関する事項
③ 総合的な提供を行うべき生涯学習に関わる機会（民間事業者により提供されるものを含む）の種類および内容に関する基本的な事項
④ ③に規定する民間事業者に対する資金の融通の円滑化その他の特定の地区において行われる生涯学習に関わる機会の総合的な提供に必要な業務であって政令で定めるものを行う者および当該業務の運営に関する事項
⑤ その他生涯学習に関わる機会の総合的な提供に関する重要事項

生涯学習振興基本構想は都道府県が地区を定めて策定することになっているが，策定にあたってはあらかじめ，関係市町村に協議しなければならない。また，市町村は，生涯学習の振興に資するため，関係機関および関係団体等との連携協力体制の整備に努めるものとされている。

3 居住環境の計画

●個別計画(2)

ここでは，個別計画のうち，主な居住環境の計画を取り上げる。

> ノーマライゼーションと福祉社会のまちづくり：生活福祉空間づくり大綱

1959年に，初めてデンマークで障害のある人もない人も「誰もが一緒に」という**ノーマライゼーション**の考え方が法制化され，福祉の考え方に大きな影響を与えた。

国連は誰でも人は等しく基本的人権があるという1948年の世界人権宣言以来一貫して，ノーマライゼーションの推進をしており，そうした国連のさまざまな宣言や条約採択を受けて，日本も多少遅まきではあるが，女性や子ども，障害者や高齢者の基本的人権を推進する法律を施行している。男女雇用機会均等法（1986年），育児休業法（1992年），障害者基本法（1993年），ハートビル法（1994年），ノーマライゼーション7か年戦略（1995年），男女共同参画社会基本法（1999年），交通バリアフリー法（2000年）等が相次いで施行・策定されている。

ノーマライゼーション（normalization）とは高齢者も障害者も子どもも女性も男性もすべての人びとが，人種や年齢，身体的条件に関わりなく自分らしく生きたいところで生き，したい仕事や社会参加ができることと定義されている。

これらを受けて，1994年，建設省（現国土交通省）は，**生活福祉空間づくり大綱**を策定し，基本目標として高齢者や障害者を含むすべての人びとが，自立し尊厳をもって，社会の重要な一員として参画し，世代を超えて交流することが可能な社会こそが「いきいきとした福祉社会」であるとしている。このため，建設行政の視点を，

高齢者，障害者はもとより，子ども，女性等を含めた幅広いものへと転換し，多様な個人の幸福の追求という観点を住宅・社会資本整備の基本に据えた「厚み」と「幅」のある施設の展開を図り，その際，単なる物理的障害の除去にとどまらず，生きがいの創出，健康の増進といった高次のノーマライゼーションの理念の実現をめざす住宅・社会資本を「福祉インフラ」と位置づけ，国，地方公共団体および民間が一体となって，精力的に投資を行い21世紀初頭までに，量・質ともに十分な福祉インフラ・ストックを形成することを目標とした施策を展開している。

さらに，今日になり，**ユニバーサル社会**のまちづくりが提唱されてきている。

北欧諸国において，1970年頃から「design for all」（すべての人のためのデザイン）という考え方が形成され，90年代よりユニバーサル・デザインという用語が広く使われるようになった。中心的提唱者は，自身も身体に障害をもった建築家のロン・メイスである。さらにまちづくりにも広くこの考え方が使用されるようになった。

> バリアフリーなまちづくり：バリアフリー法

日本においては，急速な高齢化の進展，ノーマライゼーションの理念の浸透などから，高齢者，身体障害者等の自立した日常生活および社会生活の確保の重要性が増大してきており，その前提の1つとして，高齢者，身体障害者等の公共交通機関を利用した移動の利便性および安全性の向上が急務となってきた。このような移動円滑化の実現に向け，「高齢者，身体障害者等の公共交通機関を利用した移動の円滑化の促進に関する法律」（**交通バリアフリー法**）が2000年に策定された。

基本的な方針として，国，地方公共団体，公共交通事業者等，道路管理者，都道府県公安委員会等の関係者が互いに連携しつつ移動

円滑化を総合的かつ計画的に推進していくこととなっている。

　移動円滑化の効果としては，高齢者，身体障害者等の社会参加が促進され，社会的・経済的に活力ある社会が維持されるほか，高齢者，身体障害者を含めすべての利用者に利用しやすい施設・設備の整備が実現することがあげられている。

　交通バリアフリー法は，交通事業者に対するバリアフリー基準への適合が義務づけられているほか，市町村の主導による地域のバリアフリー施策の推進があげられている。

　市町村は，一定規模の駅などの旅客施設，周辺の道路，駅前広場，信号機等のバリアフリー化を重点的かつ一体的に推進するため，当該重点整備地区におけるバリアフリー化のための方針，実施する事業等を内容とする「基本構想」を作成する。また，交通事業者，道路管理者および都道府県公安委員会は，それぞれ具体的な事業計画を作成し，バリアフリー化のための事業を実施することとなった。

　バリアフリー化のために国および地方公共団体が講ずべき措置として，設備投資等に対する支援，調査および研究開発の促進，移動円滑化の状況に関する情報の利用しやすい形での提供，心のバリアフリーの重要性から，国民の理解を深めるための啓発，教育活動があげられており，高齢者，身体障害者等に対する理解を深めるとともに，国民の協力としては手助け等積極的な協力が求められている。

人に優しい住宅プラン：ハートビル法

　生活福祉空間づくり大綱にあげられている高齢者等が円滑に利用できる建築物の建築を促進するため，「高齢者，身体障害者等が円滑に利用できる特定建築物の建築の促進に関する法律」(**ハートビル法**)が，1994年に施行され，建物の出入口，廊下，階段，エレベーター，便所，駐車場等について，建築主の判断基準として，高齢者等の利用を阻むような建築物の障壁を除去する水準を示す

「基礎的基準」と，社会全体でめざすべき高齢者等が特段の不自由なく建築物を利用できる水準を示す「誘導的基準」を定めている。

さらに，2002年には，一定の用途および規模の特定建築物についてバリアフリー対応の義務づけの創設および努力義務の対象の拡大，容積率特例制度をはじめとする認定建築物に対する支援措置の拡大等を内容とする改正が行われた。

ハートビル法では，特別特定建築物（不特定かつ多数の者が利用し，または主として高齢者，身体障害者等が利用する特定建築物で，高齢者，身体障害者等が円滑に利用できるようにすることがとくに必要なものとして政令で定めるもの）には「利用円滑化基準」が設けられており，適合されることが義務づけられている。

また，特定建築物（学校，病院，劇場，観覧場，集会場，展示場，百貨店，ホテル，事務所，共同住宅，老人ホームその他の多数の者が利用する政令で定める建築物またはその部分をいう）には，「利用円滑化基準」に適合させるために必要な措置を講ずる努力をすることが義務づけられている。

4 民間計画

●地域福祉活動計画

地域福祉計画との関連　地域福祉に対する必要性が多様化・複雑化してきているなかで，従来の福祉制度の枠組みだけでは対応できなくなってきており，公的な福祉制度のみに頼らず，住民参加による地域の支えあいを実現していくために，民間レベルの施設・福祉保健関連団体・住民等が協力しあっていく方策をまとめたものが**地域福祉活動計画**である。

地域福祉を推進するさまざまな団体により構成された市町村社会

図 3-3　地域福祉計画と地域福祉活動計画の関連

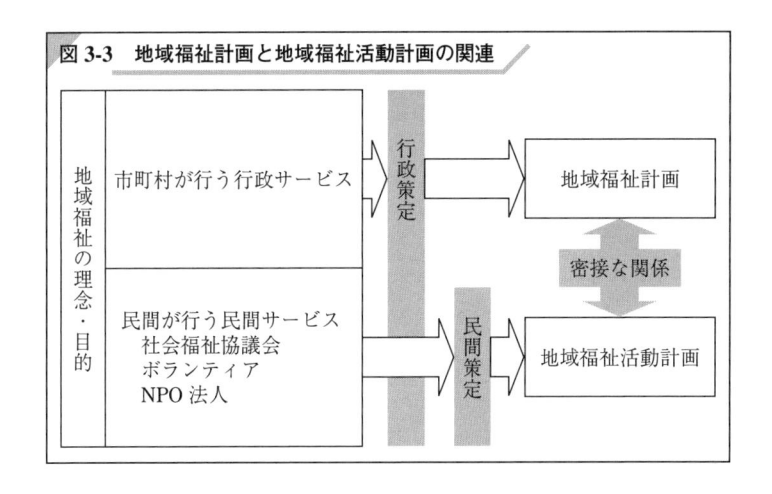

地域福祉の理念・目的	市町村が行う行政サービス	→ 行政策定 →	地域福祉計画
	民間が行う民間サービス 社会福祉協議会 ボランティア NPO法人	→ 民間策定 →	地域福祉活動計画

（地域福祉計画 ⇕ 密接な関係 ⇕ 地域福祉活動計画）

福祉協議会は，社会福祉法において地域福祉を推進する中心的な団体として明確に位置づけられている。また，**社会福祉協議会**は，元来，地域，住民主体を旨とした地域住民の参加の推進やボランティア，福祉教育，まちづくり等に実績を有することを踏まえ，地域福祉計画策定にあたっては市町村の計画策定に積極的に協力することが期待されている。

市町村の地域福祉計画策定にあたって，社会福祉協議会が中心となって策定している地域福祉活動計画は，住民等の福祉活動計画として地域福祉の推進をめざすものであることから，地域福祉計画とその内容を一部共有したり，地域福祉計画の実現を支援するための施策を盛り込んだりする等，相互に連携を図ることは当然のこととされている。

地域福祉計画にあって，行政の役割としては，主に行政が実施主体となる福祉制度に基づく行政サービスの提供，民間サービスの支援，社会福祉協議会の支援，民間サービスとのコーディネートがあり，民間の役割は，主に，社会福祉協議会，ボランティア，NPO

法人などが実施主体となる福祉制度外の民間サービスの提供，民間サービスのコーディネート，行政サービスとのコーディネート等という役割分担となっている。

市町村社会福祉協議会の計画策定の意義

社会福祉協議会は，地域のさまざまな福祉活動体と連携をとっている。地域福祉活動を特徴あるものにするために，市町村社会福祉協議会の策定する地域福祉活動計画は大きな意義をもっている。

社会福祉協議会は主に，住民会員，民生委員，児童委員，ボランティア団体，社会福祉行政機関，障害者，高齢者等当事者団体，社会福祉施設団体，更生保護事業施設・団体，保健・医療その他関連団体，その他地域福祉に必要な団体等によって構成される。このように地域福祉に関する関係者の統合化ができる。

地域福祉活動計画の構造

地域福祉活動計画は，地域福祉計画と同じく，全体の期間が10年間で，10年間に取り組む基本方針を「基本計画」とし，そのうち具体的な事業内容を定めた計画を「実施計画」とし，5カ年単位が通常となっている。

計画は，概ね，民間活動としての福祉の理解，住民参加による福祉のまちづくり，福祉推進のための基盤整備等を基本目標として，福祉課題の把握と相談機能の充実，福祉啓発・福祉教育の充実，ボランティア活動の推進，地域での助け合い活動支援，当事者活動の推進，事業推進体制の充実等が基本計画にあげられている。

地域福祉計画との関係づけは，社会福祉法の改正によってさらに深まった。計画策定のプロセスにおいて，住民参加のミーティングの場の設定など，同一プログラムで実施する自治体も多くなり，大きな成果をあげている。

Summary サマリー

　地域福祉を推進するための骨格は，住民に身近な基礎自治体である市町村が策定する地域福祉計画である。この計画は地域の特性に合致したものでなければならないことは当然であるが，国の政策による計画や地域がもっているさまざまな計画との関係づけや整合性が重要になる。

　地域総合計画をはじめ多くの地域福祉計画に関連する計画は多数ある。この章では，関連しなければならない主要な政策と計画について述べてある。2000年に社会福祉法の50年ぶりの抜本改正がされ，地域福祉計画もさらに明確な位置づけをされた。同時に，他のさまざまな計画も，すべての面において若干の日時のずれはあるものの抜本改正に近い状況になっている。その主要な背景は少子高齢化の急進展にある。

　この点からすると社会福祉を取り巻く変化がさまざまな社会計画に転換を求めざるをえなくなっている。それゆえに，地域福祉計画は従来からの計画づくりという視点にとどまっていてはいけない点に注意してほしい。地域福祉計画はきわめて具体的なもっとも重要な計画である。この計画策定の質の違いが，住んでいる地域のあり方を良くも悪くもすることになっていると言えよう。

　とくに地方自治法の大改正が1999年7月にあり，市町村の行政面での国と自治体の対等の原則が定められた。さらに各地で進む市町村合併も進みつつある。そのなかでもっとも重要な点は，地域で福祉をどのように考えて計画づくりをするのかということである。合併前の各市町村の地域福祉計画によって住民に根付いていた地域福祉サービスが，合併によってバランスが崩れることがないように配慮して計画づくりをすることが，大切なポイントになる。

● **Key words** ●
地域総合計画　　基本構想　　全国総合開発計画　　国土利用

計画　広域市町村圏　基本計画　実施計画　個別計画　地方自治法　課題の発見　ゴールドプラン　ゴールドプラン21　新エンゼルプラン　障害者基本法　障害者プラン　共生社会　健康日本21　健康増進法　医療資源の地域的な偏在　医療資源　医療圏　生涯学習振興基本構想　ノーマライゼーション　生活福祉空間づくり大綱　ユニバーサル社会　交通バリアフリー法　ハートビル法　地域福祉活動計画　社会福祉協議会

読書案内

　地方自治法については，兼子仁『**新地方自治法**』岩波書店，1999年を参照。地域計画については，小坂善治郎『**高齢社会福祉と地域計画**』中央法規出版，1998年を参照。福祉の計画化については，三重野卓『**福祉と社会計画の理論──指標・モデル構築の視点から**』白桃書房，1984年を参照。医療と保険と福祉の関連づけについては，水野肇『**医療・保険・福祉改革のヒント**』中央公論社，1997年を参照。社会福祉計画については，定藤丈弘・坂田周一・小林良二編『**社会福祉計画**』有斐閣，1996年を参照。社会福祉政策については，武川正吾『**福祉社会──社会政策とその考え方**』有斐閣，2001年を参照。

———————————— 小坂善治郎 ★

第4章 地域福祉計画における必要と資源

1 必要の充足と地域福祉

必要充足の資源として
の在宅福祉サービス

　地域福祉の概念は論者により多様であるが、もっとも核となる部分で共通していることは、地域福祉は住民の抱えるさまざまな**生活課題**を**必要**(needs)としてとらえ、その充足を地域社会のなかで図ることをめざす社会的な取組みであるということである。

　住民の抱える生活課題としては、たとえば高齢者の介護を家族だけでは十分に担いきれない、高齢でひとり暮らしのために食事が不規則であったり外出の機会が極端に少ない、障害があるために働く機会を得ることができず日中活躍する場がない、障害があるためにひとりでは外出しにくい、育児不安を抱えていたり子育てに極端な

ストレスを感じている，虐待の事実があるのに顕在化していない，社会的な居場所がない等々をあげることができる。

こうした課題に直接的に働きかけ，その発生を予防したり解決を図る，すなわち必要を充足する**資源**として，地域福祉では**在宅福祉サービス**が重要視されている。1970年代以降，地域福祉の議論と重なりながら，在宅福祉サービスは普及してきた。とくに，89年のゴールドプランの策定や，翌90年の社会福祉関係8法改正による在宅福祉サービスの法定化などにより，在宅福祉サービスが整備されるなかで地域福祉が実体化してきたともいえる。ここでは在宅福祉サービスを，地域住民の抱える福祉的な必要を充足するための制度的なサービス，あるいはNPOやボランティアなど住民参加に基づく福祉活動としておくが，それらを整理すると図4-1のようになる。

2000年度より導入された介護保険制度や03年度よりスタートした支援費制度（05年に新たに成立する予定の障害者自立支援法のもとで再編される方向で検討されている）は，利用者本人がサービス事業者と契約を交わし，サービスを利用する仕組みである。それだけに利用者が気兼ねなく相談できる仕組みや，必要とする情報を入手できること，さらには中立・公正な立場から必要なサービスを適切に組み合わせ利用できるような**ケアマネジメント**などのサービスがこれまで以上に必要とされるようになっている。

また，介護保険制度や支援費制度は，サービス事業者を一定の基準に従い指定し，サービスに伴う費用を事業者に支給する代理受領の仕組みをとっているため，社会福祉法人や医療法人だけでなくNPO法人，株式会社，有限会社などがサービス事業者として参入できるようになった。こうしたことにより，かねてより「在宅福祉の3本柱」とされてきたホームヘルプサービス，デイサービス，シ

図 4-1 在宅福祉サービスを構成するサービス

相談・情報提供サービス（利用援助・利用啓発サービスを含む）	ニーズの早期発見，情報の提供，相談，ケアマネジメント等のサービス（在宅介護支援センター，居宅介護支援事業，市町村障害者生活支援事業など），地域福祉権利擁護事業，利用啓発など
予防・社会参加促進サービス	生きがい対策，社会参加促進事業，健康診査等の保健事業など
在宅サービス	〈訪問型〉ホームヘルプ（家事援助，身体介護），訪問看護，配食サービス，訪問入浴 〈通所型〉デイサービス，作業所など
滞在型在宅サービス	ショートステイ，ミドルステイなど
生活環境改善サービス	福祉用具の給付 住宅改修 緊急通報サービスなど

（出所）　市川［2003］，52頁を一部修正。

ョートステイなどのサービスのみならず訪問看護などの医療系のサービスも含めサービス量は飛躍的に増大している。

　こうした制度的なサービスのみならず，地域福祉の場合には住民参加によるさまざまな福祉活動が非常に重要な位置を占めている。たとえば，ひとり暮らし高齢者宅への声かけ訪問や話し相手になる活動，あるいは公民館などを利用したふれあい・いきいきサロンの活動などは，住民の抱える課題を発見したり，介護予防や生きがいづくりの機能も担っている。また，配食サービスや移送サービスなどを地域のボランティア団体やNPOが担っている地域も多くある。

地域福祉では、こうした制度的なサービスや住民参加によるさまざまな福祉活動とが連携し、**協働**しながら、サービスを供給していくシステムを地域（市町村）ごとに整備していくことが求められているのである。

必要充足に求められる多様な資源

以上のように地域福祉を在宅福祉サービスとの関連から非常に限定的に概観してきたが、実際の住民の地域生活の必要はより広範なものである。たとえば、「子どもが安心して遊べる公園が必要である」という住民の必要は自治体の福祉系部局だけでは対応できないし、障害をもつ子どもの地元の学校での就学の必要であるとか、高齢者や障害者の社会参加や就労、グループホームなどの住居の確保、移動・アクセスの保障などの必要には、それらに関連する制度・政策を地域社会において福祉の観点から総合化して対応していくことが望まれる。すなわち、医療・保健はもちろんのこと、所得保障、住宅、教育、労働・就労、産業・経済、交通、都市基盤整備、環境、防災、社会教育・生涯学習、自治会などの地域組織に関するものなど、住民の生活に関連する多様な政策領域について、市町村を基盤として住民の生活保障という観点から、総合的な政策・制度的対応を図ることができるような**地方自治**のありようが問われているのである（右田 [1993]）。

また、地域福祉は地域社会に直接的に働きかける活動も含んでいる。たとえば、近隣関係や地域へのアイデンティティが希薄化している状況に対して、地域社会の**共同性**や住民の地域への**帰属意識**を高めていくことを意図した取組みが求められている。また**福祉コミュニティ**は「一般的に用いるコミュニティに対して、地域社会を基盤としつつ、ハンディキャップをもつ階層の福祉追求を原点にサービス・施設の体系的整備とともに公私協働、地域住民の福祉意識・

態度の醸成を図ろうとする機能的コミュニティのひとつである」（牧里［1993］，123頁）とされているが，こうした福祉的な配慮がゆきとどき，地域によるさまざまな支援が可能となるような地域社会（care by the community），換言すれば必要充足の資源としての地域社会の形成が求められているのである。

「地域のなかで」という考え方

ところで，住民の必要を地域のなかで充足する（care in the community）という考え方は，障害があったり，高齢のために介護や支援を必要としている人びとに入所施設をつくることで対応してきた福祉（通常「**施設福祉**」とされている）が，そうした住民を地域から排除するものである（care out of the community）との反省から生じてきたものである。したがって，地域福祉は，誰もが地域のなかで当たり前の生活を営めるような社会のあり方を提起するノーマライゼーションの思想を具体化していく取組みであるともいえる。欧米ではノーマライゼーションの思想の普及は，**脱施設化**（deinstitutionalization）と一体となって展開されてきている。

しかし，日本では地域福祉が主張され始めた1970年代の時期以降も，さらには81年の国際障害者年を契機にノーマライゼーションの思想が広く普及し始めた時期以降も，一貫して入所施設が整備されてきている。たとえば，1989年の国の「高齢者保健福祉推進10か年戦略」（ゴールドプラン），94年の「新ゴールドプラン」，そして99年の「ゴールドプラン21」の策定を通じて，特別養護老人ホームや老人保健施設の整備が進められてきた。また，1995年に策定された「障害者プラン」でも，副題を「ノーマライゼーション7か年戦略」としながらも，身体障害者療護施設や知的障害者入所更生施設の整備が進められてきたのである。

こうした背景には，地域福祉の重要性が認識されつつも，日本で

は障害者にしろ,高齢者にしろ,在宅での家族による扶養やケアの限界(=必要)を「入所施設」で対応するという構造が存続してきたという状況があるといえる。地域福祉は入所施設も地域の資源として包含する概念であるので,入所施設を全面的に否定しているわけではない。しかし,地域福祉は必要とされるケア資源を地域のなかで整備するだけではなく,「住まう空間」としての資源の確保という観点から(平野［2001］,17頁)も推進される必要がある。

　したがって,従来の大規模でサービス内容においても画一性が強かった入所施設を整備し続けることは好ましいとはいえない。2002年策定の国の「新障害者基本計画」では,入所施設は真に必要なものに限定するとされ,各種施策の具体的な数値目標を盛り込んだ「重点施策実施5か年計画」(新障害者プラン)でも,入所施設に関する数値目標は示されていない。そして,各地で脱施設化や施設利用者の生活の場を地域に移行する動き(**地域生活移行**)も活発化しつつある。また,特別養護老人ホームについても,国は02年度以降全室個室・ユニットケア型の**新型特養**にしか国の補助金を認めないようになった。今後は介護保険法の改正においても**地域密着型サービス**として重視されている「訪問」「通い」「泊まり」などの機能に加え「居住」機能も備えた**小規模多機能型サービス**,認知症高齢者**グループホーム**や夜間対応型のホームヘルプサービスなどのように,地域に根ざした小規模で利用者の個別性に配慮したサービスが,高齢者分野だけでなく他の分野においても求められているといえる。

2 地域福祉における必要の判定

> 必要の普遍化

以上，地域福祉における必要の充足についての概要を述べてきたが，ここでは必要の概念について再確認しながら，地域福祉における必要の判定の特徴について検討してみることにする。

私たちが自らの人生を生きていくうえでは，たとえば多くの富を手に入れたいとか，社会的に高い地位につきたいなど，実にさまざまな欲求・欲望（desire）がある。しかし，そうした欲望と必要とは同じではない。両者を区別する目安は，他者の責務を伴うか否かにあるといえる。すなわち，必要を考えるということは，人間としての，あるいは社会としての責務を考えるということと表裏の関係にあるといえるのである。

こうした必要を社会生活の側面からとらえてみると，先にも確認したように私たちには衣・食・住を中心に生活を維持していくための所得や住居，教育，雇用，保健医療，衛生，福祉サービスなどを確保する必要をあげることができる。これらは，私たちにとっては個々人の差異を超えて共通したものであり，通常**基礎的な必要**（basic needs）とされている。そして，それらに対応する資源として，所得保障政策や住宅政策，教育政策などさまざまな政策がとられ，制度化されている。

このように私たちは，生存や生活について誰にとっても「不可欠なもの」として必要を**普遍化**し，さらには必要を充足するための資源に対する権利を確定していくことで，社会的な対応や責任を明確にしてきたのである。換言すれば，私たちが人間の必要に関する**同**

図 4-2 必要概念のイメージ図

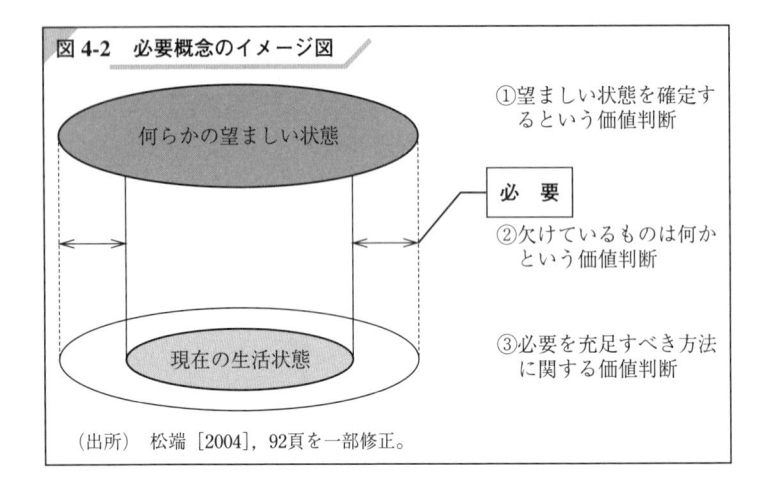

- 何らかの望ましい状態
- 現在の生活状態
- 必要
  - ①望ましい状態を確定するという価値判断
  - ②欠けているものは何かという価値判断
  - ③必要を充足すべき方法に関する価値判断

（出所） 松端［2004］, 92頁を一部修正。

一性について合意することができるからこそ，政策化・制度化することや住民参加に基づく福祉活動などの社会的な対応が可能となるのである。

必要の判定

必要と類似した概念として**需要**（demand）がある。需要とは個人や集団が自らの欲求・欲望を充足させるために，何らかの資源を欲している状態のことをさす。需要は私たちの主観的な欲求に基づいており，一般的には市場をつうじて満たされる。

これに対して必要は，ある主体にとって何らかの望ましい状態を想定できるとき，その状態に照らしてみて何らかの客体が欠けている状態にあることを意味するといえる（武川［2001］）。したがって，本人の希望や要求と必要とは必ずしも同じではない。もちろん本人が自らの必要を自覚していて要求する場合もあるが，本人が一定の必要を有しているにもかかわらずそのことを自覚していない場合もあるし，自覚していても必要充足のための資源の利用を拒否する場合や逆に過剰な要求をする場合もあるのである。

必要の概念の重要な点は，本人を排除するわけではないが，多くの場合，本人以外の第三者（支援者や政策立案者など）が，ある主体にとっての「何らかの望ましい状態」を想定し，次に「その状態を実現するために欠けているもの」を判断し，さらにはその必要を充足するための方法」を判断するというところにある。必要という概念は，こうした重層的な価値判断を包含しているものなのである。

　この場合の価値判断の基準は専門性（あるいは科学）と社会通念（あるいは常識）である。本人自身による主観的判断が軽視されるわけではないが，それ自体も本人に内面化されているとはいえ，本人を超えた社会通念の影響を受けていることは看過すべきではない。

　そしてこうした必要の充足は，需要と一致している場合には，市場をつうじて充足される。しかし，価格と購買力との関係で市場から購入できない場合や市場そのものが存在しない場合などには，**現金給付**により購買力を補ったり，**現物給付**とりわけ人を媒介とした対人的な福祉サービスなどで社会的に対応することになる。

　また，必要と需要とが一致しない場合がある。たとえば，子どもを虐待している親が，自らその問題を自覚せずにいるような場合には，親が解決を望むという形での需要としては顕在化しないし，子どもが自ら解決を求めるようなこともきわめて少ないのが現状である。こうした場合には，解決を必要としていると判断した児童相談所などの専門機関をつうじて介入的に支援が行われる。

必要の判定をめぐる諸問題

　さて，これまでの内容は福祉制度や社会政策の枠組みを前提にしたうえで必要を論じてきたものであるが，そもそも私たちが「必要」としているものは，きわめて多様で差異に富んでいる。実際のところ，個々の人間のおかれている環境や個性や能力など多様な差異に少しでも関心を払えば，何が基礎的な必要であるのかとい

うことを確定することでさえ相当困難な作業となる。

たとえば論理的なレベルでは，センは個々人の差異（潜在能力）に着目する必要性を述べている（Sen [1992]）。**潜在能力（capability）**とは，ある人が選択することのできる「機能」の集合であり，ある社会生活において，その人がもっている所得や資産で何ができるかという可能性を示すものである。すなわち，当人が使用できるという機能レベルで平等を把握し，たとえば単なる財の配分をもって平等であるとするのではなく，個々人がもつその財を使いこなすという潜在能力に着目し，物質的・金銭的な保障に加えて，個々人の潜在能力に応じた保障の必要性を訴えているのである。このような観点からすれば，「必要」の判定基準を標準化して対応することはかえって不平等であり，むしろ個々人のもつ必要の差異に配慮すること（＝不平等に対応すること）こそが平等であるという逆説も成り立つ。

また，より現実的な例をあげれば，たとえば利用者の自己決定に基づきサービスを自由に契約利用するとされる介護保険制度のもとでの要介護認定は，一定の基準に従い行われている。したがって本人が制度の利用を望んでいても，制度の対象外と判断されることや本人の望む認定区分通りにはならないことがしばしば生じる。換言すれば，本人の希望と社会的な「必要」の判定とは必ずしも一致しないということである。

同様のことはサービスの対象規定をめぐる側面だけではなく，サービス内容でも生じる。たとえば，介護保険制度の改革では，筋力向上や栄養改善，口腔機能向上などのサービスを中心とした**新予防給付**の対象とされる「要支援1」及び「要支援2」と認定された場合，これまでの介護給付のサービスは受けることができないとされている。また，介護保険制度を利用している高齢者がペットを家族

のように愛していても，ペットの散歩は介護保険制度でのサービスの対象とはされないのである。こうしたことを踏まえると，必要の判定に関する問題としては次のようなものをあげることができる。

① 必要の判定には一定の基準が求められるため画一的になり，必要に関する個別的な差異が捨象されてしまうという問題。

② その必要を抱える本人が，必要の判定の機会から除外されているという問題。このことは**パターナリズム**（paternalism, 温情主義や保護主義などと訳される）の問題や当事者参加，住民自治などとも関連する問題でもある。

③ また，今日まで福祉がどれほど明確に権利として再定義されてきても，利用者には「福祉の世話になる」という意識があり，**スティグマ**（stigma, 社会において「好ましくない違いや属性」をもつ存在であるとみなされること）が払拭されきらないという問題。

④ そのこととも関連して，低所得者の福祉（公的扶助），高齢者福祉，障害者福祉，児童福祉といったカテゴリーごとのタテ割の対応が一般的で，すべての住民をカバーする普遍的な社会サービスとしての制度的総合化が行われていないという問題。

⑤ 福祉国家が育んだ文化の逆説として，多くの住民が高齢者や障害をもつ住民への対応は「役所の仕事だ」（It's the council's-job）と感じるなど，無関心の問題。

⑥ 必要の判断という価値判断を伴うきわめて論争的な課題に関して，住民がそうした議論に参加する機会がないという問題。

地域福祉計画の策定をつうじての必要の判定

こうした問題は地域福祉が論じられる際に，さまざまな角度から議論されてきたが，実際的には克服されてきたわけではない。したがって，社会福祉法で市町村における地域福祉計画の策定が規定

されたことを1つの契機として，今後地域福祉計画の策定をつうじていくらかでも緩和していくべき課題であるといえる。

　それでは，地域福祉計画の策定をつうじて必要の判定をすることで，どのような改善の可能性が見出せるのであろうか。地域福祉計画では，計画の内容もさることながら，住民の主体的な参加に基づき，いかにして計画をつくっていくのかという計画策定のプロセスが問われる。したがって多くの場合，計画**策定委員会**や**作業委員会**，あるいは**住民懇談会**などの策定に関する組織的な活動を住民参加で実施することになる。そこで重要となるのが，住民自身が地域における生活課題（＝充足すべき必要）を明確化し，それを共有化していくことにある。それは，住民が日常の生活のなかから感じとっているリアリティのある必要を確認していくという作業でもある。その際，**ワークショップ**やアンケート調査，関係者へのヒアリングなどの技法も用いながら，議論を重ねていくことになる。

　参加する住民の規模や会議などの頻度，内容などで左右されるものの，こうした過程が必要の判定を可視的にし，そこに住民自身が参画し，必要に関して議論し，新たな枠組みを設定できるということは，パターナリズムの克服や当事者参加，**住民自治**の観点から，必要の判定のあり方をいくらかでも改善していける可能性があるといえる。

　計画の策定過程に参画している住民自身が自らの生活に照らして必要を語るということは，個別具体的な観点（＝**差異**の観点）から必要を提起することでもある。結局のところ，議論の過程で地域の解決を必要とする生活課題として集約されることになるが，それは従前の制度的な枠組みに当てはめるものではない。むしろ，高齢者や障害者といった対象ごとの分野論や行政施策的なタテ割構造に基づく必要の把握ではなく，「地域における住民の生活」という観点

から，地域の生活課題（＝必要）として「ヨコ」に切っていくような把握の仕方が求められるといえる。また，制度的には除外されていた必要にあらためてスポットがあてられ，新たな対応策（＝資源）が創出される可能性もある。

そして住民が自らの生活課題を確認しあう過程での必要の把握は，スティグマの除法や**レッテルはりの否定**（de-labeling）につながる可能性もある。たとえば，「日中活躍する機会や交流する機会の確保が必要」という観点から必要を集約した結果，新たな資源として創られる「日中活動の場」は，孤独で自宅に引きこもりがちな高齢者や働く機会のない障害をもつ住民，放課後家に帰っても家族がいない子どもなど，さまざまなカテゴリーの住民が共に利用する場とすることができる。高齢者のみを対象とした託老所や障害者の作業所という場合に比べて，はるかにラベリングが解消できるといえる。

さらに，こうした地域の課題を検討し解決の方向を探る営みそのものが，「それは役所の仕事だ」といった無関心を緩和し，「すべての人びとが利害関係当事者として関わるような社会＝**ステイクホールディング社会**」（stakeholding society），住民が公共社会の一員として必要に応じて社会に参加できるような社会をめざす契機にもなりうるものであるといえる。

3 地域福祉計画における資源

地域福祉の資源　　資源とは，必要や需要に対応する概念である。ヒト，モノ，カネ，情報などが資源としてよくあげられる。前述した在宅福祉サービスのように，資源は必要を充足するような機能をもつ。その意味では，資源はどのよう

な必要があるのかということによって規定されるといえる。しかし，実際には資源が（たとえば，その希少性ゆえに）必要を規定することもある。たとえば，支援費制度では利用者の「必要に応じて支給決定」することを建前としているが，現実的にはそれぞれの自治体の財政状況，あるいはサービス事業者の整備状況など（すなわち資源）に規定されて，支給量の決定が行われている。このため同じような障害の程度でも，自治体により支給量決定に大きな格差が生じている。このことが，制度導入後わずか2年で改革の必要性が議論されるようになった理由の1つでもある。

ところで，地域福祉に限らず，広く近代社会における必要の充足のための資源を供給する領域は，政府（中央政府・地方政府），家族，そして市場を含む**市民社会**からなるといえる（武川［2001］，89-96頁）。そして地域福祉の場合には，地方政府や市民社会のなかでも**地域組織**や**NPO**，**ボランティア**，コミュニティ・ビジネスなどの役割が重要となる。

また，地域福祉の担い手（＝資源としてのヒト，組織・団体）としては，地域住民，民生委員・児童委員などの行政委嘱の委員，自治会等の地縁型組織，地区（校区）社協，ボランティア，当事者団体，NPO法人，社会福祉法人，福祉保健等の専門職，一般企業，商店街，その他の諸団体などをあげることができる。

> 地域福祉計画の策定と資源

さて，地域福祉計画の策定過程では地域の住民の抱える必要を前述のような観点からとらえ直すという側面があるので，それに対応する資源のありようも同じく問い直されることになる。たとえば，今日の細分化された制度のもとでは相談窓口も細分化されているため，各窓口をたらい回しにされるという住民のクレームがよくある。こうしたクレームを住民の抱える必要としてとらえ直し，そ

の必要を充足するための資源を整えるとすれば、ワンストップで対応可能な総合相談窓口を設置することが1つの方策となる。そのためには、それまでの分野ごとのタテ割の仕組みを改め、行政内部はもちろんのこと関係機関・団体との連携を密にするなどの取組みがなければならない。同様に、先に述べたような幅広い領域にまたがる各種の政策や制度を、住民生活の観点から自治体レベルでいかに総合化していけるかということも問われてくる。このように、地域福祉計画の策定においては、既存の制度やサービスの利用のみならず、住民の必要に応じてどのくらい地域の資源を配置し直したり、創り出したりすることができるかが問われるのである。

しかし、それはひとり地方政府・自治体行政の責任なのではない。**公共社会**の一員としての私たちに何ができるのかが問われているのである。その際、必ずしも高い志（＝完全な市民）が求められるわけではない。「わたしたちは誰に対して責任を有しているかと問われたら、わたしの妻子、両親、友人・縁者に対してだと答えるであろう。……中略……わたしの義務を規定しているのは、あくまでも差異であって、同一性ではないように思われる」（Ignatieff［1984］, 訳書40頁）という指摘は示唆に富んでいる。

たとえば、いきなり「社会や地域のために」という地平に立たなくても、「いま、買い物や通院で困っているこの私の必要を充足したい」という個別具体的な必要を地域の共通の課題として集約していければ、行政や社協がいくらか費用を補塡し、地元のタクシー会社との合意を取りつけることで、通常より安い料金で9人乗りワゴンタクシーに地域住民が乗り合わせて、買い物や通院をすることを可能とするような福祉タクシーの運行が実現しているような例もある。これなどは、まさに必要充足のための新たな資源の創出の事例である。

このほかにも地域住民の抱える必要充足のために，さまざまな住民同士の行為を地域独自の通貨を媒介とすることで持続的な活動としていくような**地域通貨**の取組みや，地域の課題解決に主眼をおいた地域密着型のスモール・ビジネスである**コミュニティ・ビジネス**の取組みを実現していくことも新たな資源の創出である。そして，こうした取組みは地域社会そのものを活性化していくことにもつながるし，住民の地域へのアイデンティティや帰属意識を高めていくことにもつながるといえるのである。

　資源の観点からすれば，地域福祉計画づくりに住民が参画することで問われることは，そこで確認された必要を充足するための資源を地域のなかにいかにして創り出していけるのかということである。したがって，行政や地域福祉を推進する主要な組織である社会福祉協議会には，住民が策定委員会や住民懇談会などへの参画をつうじて，地域のなかに存在する解決を要すべきさまざまな生活課題（＝必要）に気づき，何とかしなければという機運を高め，行政など関係機関・団体のみならず，住民自身も積極的な役割を担いながら，上述のような解決に向けての新たな活動なり取組みにつながるような協働の機会や仕組みを，地域のなかに創り出していくことが求められる。

Summary サマリー

　地域福祉を含め社会福祉に関する政策や個別具体的な援助・支援は，住民の抱える必要（needs）の判定に基づいて行われている。個々人が抱える必要はきわめて多様であるが，そうした必要の共通性を明確にし，普遍化していくことで必要の充足に関する社会的な対応が可能となる。また，こうした必要を充足する機能をもつものを資源という。

資源を供給する主体としては中央政府や地方政府,家族,そして市場を含めた市民社会がある。

地域福祉は,必要の判定やそれに対応する資源に関して住民自身が深く関わっている。とりわけ地域福祉計画の策定においては,そうした側面が顕著に現れる。こうしたことは,これまでの社会福祉のあり方をめぐる問い直しの意味も含んでいる。本章ではまず,地域福祉における必要とその充足を概観した後に,地域福祉計画に関連させながら必要の判定や資源の創出などについて述べた。

● **Key words** ●

生活課題　必要（needs）　資源　在宅福祉サービス　ケアマネジメント　協働　地方自治　共同性　帰属意識　福祉コミュニティ　care by the community　care in the community　施設福祉　脱施設化　地域生活移行　ユニットケア　新型特養　地域密着型サービス　小規模多機能型サービス　グループホーム　基礎的な必要（basic needs）　普遍化　同一性　需要（demand）　現金給付　現物給付　潜在能力（capability）　新予防給付　パターナリズム　スティグマ　策定委員会　作業委員会　住民懇談会　ワークショップ　住民自治　差異　レッテルはりの否定　ステイクホールディング社会　市民社会　NPO　ボランティア　公共社会　地域通貨　コミュニティ・ビジネス

● 引 用 文 献 ●

市川一宏 [2003],「在宅福祉サービスの考え方」福祉士養成講座編集委員会編『地域福祉論（新版第2版）』中央法規出版

右田紀久恵 [1993],「分権化時代と地域福祉」右田紀久恵編『自治型地域福祉の展開』法律文化社

武川正吾 [2001],『福祉社会——社会政策とその考え方』有斐閣

平野隆之［2001］,「コミュニティと福祉資源」平野隆之・宮城孝・山口稔編『コミュニティとソーシャルワーク』有斐閣

牧里毎治［1993］,「地域福祉計画における地域認識」右田紀久恵編『自治型地域福祉の展開』法律文化社

松端克文［2004］,『障害者の個別支援計画の考え方・書き方』日総研出版

Ignatieff, Michael [1984], *The Needs of Strangers*, Chatto and Windus.（添谷育志・金田耕一訳［1999］,『ニーズ・オブ・ストレンジャーズ』風行社）

Sen, Amartya [1992], *Inequality Reexamined*, Oxford University Press.（池本幸雄・野上裕生・佐藤仁訳［1999］,『不平等の再検討——潜在能力と自由』岩波書店）

読書案内

本論における必要と資源に関する基本的な考え方は,武川正吾『**福祉社会——社会政策とその考え方**』有斐閣,2001年に基づいている。地域福祉と資源との関係やソーシャルワーク実践との関係については,平野隆之・宮城孝・山口稔編『**コミュニティとソーシャルワーク**』有斐閣,2001年が参考になる。また,地域福祉や地域福祉計画についての考え方や事例については,上野谷加代子・松端克文・山縣文治編『**よくわかる地域福祉**』ミネルヴァ書房,2004年で簡潔に整理されている。なお,必要についての考察を深めるためには,本論でもとりあげたセン『**不平等の再検討——潜在能力と自由**』（池本幸雄・野上裕生・佐藤仁訳）岩波書店,1999年,およびイグナティエフ『**ニーズ・オブ・ストレンジャーズ**』（添谷育志・金田耕一訳）風行社,1999年,が参考となる。

———————— 松端克文 ★

第5章　地域福祉計画の策定プロセス

　地域福祉計画は，**策定プロセス**を重視することに特徴がある。計画策定にあたっては，丁寧な**住民参加**を促しながら，地域の福祉ニーズをしっかりと踏まえて，地域福祉の推進を図るための協働のあり方について模索していくことになる。

1 地域福祉計画の策定プロセス

計画策定の基本的なプロセス

　計画策定については，plan→do→see が基本となる。このことは企業経営のなかでは，**plan（現状把握→戦略策定→指標策定）→do（事業実施）→see（検証 - 戦略・指標の再設定）**という **PDS サイクル**として用いられてきた。今日ではこれを基本として発展した plan→do→check→action などのパターンも開発されている。また

行政評価が大きな課題になっているなかで，PDS サイクルを積極的に取り入れている自治体が多い。地域福祉計画にとらわれず，1つの事業経営の基本形として確認しておくことが必要である。

高田眞治は，地域福祉計画の構成要件を plan（構想計画）→program（課題計画）→do（実施計画）→see（評価）に構造化している（高田眞治［1984］，『地域福祉活動研究』第1号，17頁）。さらに彼は具体的な計画段階における検討課題と作業課題について図5-1のように整理している（高田ほか［2003］，256-60頁）。これらは先のPDS サイクルを応用したものと考えられるが，計画の全体像をつかむのに適している。初めて計画策定に関わるのであれば，こうした全体像を鳥瞰しておくことが大切である。

地域福祉計画の策定手順

地域福祉計画の策定にあたっては，住民参加が不可欠とされているわけだが，この住民参加を軸にしながら，協働をより促すことを意図して策定手順としてまとめられたのが，次の策定フロー（表5-1）である。これは社会福祉審議会福祉部会により**計画策定指針**（2002〔平成14〕年1月）のなかで示されたものである。実践的であり，策定に必要な活動の手順が1つのモデルとしてわかりやすく整理されている。

ここでは計画策定の過程が大きく4段階に分けられている。第1段階としての準備段階，第2段階では住民自身らによる課題の把握，第3段階はそれらを踏まえた策定委員会における計画策定，第4段階には計画評価と見直しをしていくという過程である。とくに第2段階に力を入れて解説していることが特徴的といえる。

計画策定指針では，地域社会の生活課題をきめ細やかに発見することは，地域社会においてこそ可能であること，またその解決に向けた方途を見出し実行していく場として地域社会が重要であること

図 5-1 地域福祉計画の手順と要件，課題

		課題	
	（要　件）	検討課題	作業課題
構想計画 (plan)	社会福祉の基本的な考え方 計画の基本的視点 調査による問題の明確化 計画目標の設定	計画策定の公式組織 策定の中核組織 地域福祉の基本的な考え方 地域福祉計画の基本的視点(計画のビジョン) 計画体系 計画期間 計画範囲	既存計画の整理・評価 現状把握(ニーズ把握) 計画目標の設定 計画策定委員会の構成（作業委員会，小委員会等） 組織の図式化 住民参加・啓発

		課題	
	（要　件）	検討課題	作業課題
課題計画 (program)	ニーズの明確化 代替案の設計 計画目標の再検討 優先順位の設定 具体的プログラムの決定	関連計画と整合性 サービス体系化の理論枠組み 課題の総合性 社会（福祉）指標とミニマム	ニーズの明確化 サービスの列挙と体系化 プログラムの総合化 目標の整理 課題と目標の設定 住民参加・啓発

		課題	
	（要　件）	検討課題	作業課題
実施計画 (do)	計画の対象期間の設定 計画実施のための予算化 社会資源の開発と動員 計画の実施手の明確化	計画推進組織の支持 実施可能性の担保 計画期間の確定 進捗度把握の方法	年次計画の策定 実施手続の明確化 実施の組織と役割 実施体制の図式化 計画実施のための予算化 社会資源の開発と動員 住民参加・啓発 モニター構想の組込み 計画の見直し

		課題	
	（要　件）	検討課題	作業課題
評　価 (see)	計画策定の主体と過程 計画の実施過程 資源の投入結果 目標達成の測定	計画策定主体と過程 計画の実施過程 社会資源の投入結果 目標達成の測定 次期計画の是非	計画の評価 計画のフィードバック 計画実施の成果 住民の広報 次期計画の展望

左側に「フィードバック」と各段階への矢印。

（出所）　高田［1984］，17頁，高森・高田ほか［2003］，259-60頁をもとに著者作成。

表 5-1　地域福祉計画策定手順（策定委員会と住民等との協働関係）

		課題	市町村レベル		小地域レベル	
			策定委員会の役割	地域福祉推進役の広報	地域福祉推進役の役割	小地域レベル
第1段階	準備段階	・地域福祉計画策定の意義の確認と合意 ・地域福祉推進役の育成 ・地域の特性と生活課題の大要を把握するための地域社会の各種データの収集と分析 ・地域のサービス関係機関・団体等の活動状況を把握	・小地域における地域福祉推進役の選定 ・地域福祉計画策定の広報 ｛行政や社協が保有する生活課題やサービスについての情報の策定委員会への提示｝ ・地域福祉推進役の会議・研修		・地域福祉計画策定の意義の共有 ・生活課題とサービスの分析結果のわかりやすい解説による、解決活動を起こすことの必要性の理解の促し ・地域福祉推進のパートナーである住民、同格の主体は皆、同格の確認 ・各々の立場から、各々どのようなことができるかの話合いと合意	・地域福祉推進役による住民等に対する直接的働きかけ ・地域福祉計画策定の意義の住民に対する周知
	住民等自身による生活課題の把握	・地域福祉住民の自主的協働活動を必要とする地域課題の存在を確かめ、その実態を把握するための各種調査活動の実施	・調査活動の企画（目的・実施方法）の検討・決定 ・地域住民自身による生活課題発見のため、地域住民が調査に参加する方策の検討、分析 ・調査結果の取りまとめ・分析		・調査活動の目的と方法の理解 ・調査結果の策定委員会への報告 ・小地域における人づくり	・住民等による交流会・小地域座談会による参加☆調査活動への参加と協力を求めることにより、住民等の意識の変革を図り、将来の活動に向けての動機づけを実施 ・こうした活動により、その地域における生活上の課題を自ら発見するよう支援
第2段階	手順②	・住民等に、調査の結果明らかになった地域における生活課題を周知し、解決活動への動機づけを行うための広報・教育活動の実施	・効果的な広報・教育活動の実施方法の検討		・小地域における効果的な諸広報・教育活動の企画	・文書 ・集会 ・視聴覚 ・その他 ｝ による各種広報・教育活動の実施
	手順③	・前の段階で明らかにされ、住民が解決したいと考えるようになった生活課題のなかから、計画に位置づける解決活動の課題を決定するよう援助	・計画に位置づける生活課題の検討		・右欄の各種活動の結果を報告し、課題に位置づける解決活動の課題を策定委員会に報告	・各種の会合で、地域社会の生活課題について検討する活動のきっかけ、また援助し、意見をまとめる

100　第5章　地域福祉計画の策定プロセス

段階	主体	手順				
第2段階	地域福祉計画策定委員会	手順④	・取り上げられた課題に関係をもつ人たちを選び出し、活動に組み入れる	・課題別に候補の団体・機関・個人を選び出し、また必要な下部組織や、計画と活動のための体制案の作成	・地域福祉推進役のメンバーができるだけ役割分担して、計画策定に参加するように働きかける	・候補にのぼった団体・機関・個人への公式、非公式の働きかけ・計画と活動のための体制・組織づくりを援助
		手順⑤	・地域福祉の目標の決定	・「何を実現しようとするのか」を決定	・住民等が目的解決のためにそれぞれ何をどのように行うかを働きかける	・話合いを重ね、目的の共有をめざす ・各種の問題別の組織や機構の会合が定期的にしかも能率的に開かれるよう事務的な処理を進める ・討議に必要な資料を提供して、また専門家を招く
		手順⑥	・地域福祉計画の策定 ・地域福祉計画評価方法の決定	・実際に何を、どこが（誰が）、いつまでに、どのようにやるかを決める ・計画評価方法の検討		・上記に加えて、予想される計画策定上の障害や問題点を指摘しつつ、任務分担、時期、その他について討議を行い、解決方法を起こすよう援助 ・評価方法の周知
第3段階	地域福祉計画評価・見直し・提言委員会	手順⑦	・地域福祉計画の実施	・計画実施状況の点検 ・計画の円滑な実施のための方策の検討および実施	・右欄の結果を評価委員会に報告し、必要に応じ、決定あるいは指示を受ける	・計画実施上の問題を解決するための具体的な援助の実施 ・参加団体、参加機構、個人の協力を維持するよう援助の実施 ・地域社会に対する活動の意欲を維持、発展させるために実際に行われている活動や残された生活課題について発信・広報、啓発活動の実施
		手順⑧	・地域社会の協力活動の体制がどのくらい高まったか、福祉水準がどのくらい高まったかを評価、必要な見直しを提言	・必要に応じ、効度測定のための調査を行い、評価の結果を地域社会に知らせ、次の活動への動機づけの一助とする	・右欄の調査結果および全般的な状況について検討がなされ、適切な評価が行われるように援助	・評価のための調査活動への参加協力を求める

(出所) 社会保障審議会福祉部会 [2002] より。

1 地域福祉計画の策定プロセス

を強調し,そのことを住民に伝えることによって主体的参加を促す必要性を指摘している。そのためには確実に情報を伝えるための工夫,また住民や要支援者自身が自ら生活課題を明らかにするための調査(ニーズ調査)に参加したり要支援者と他の住民等の交流会に参加したりすることによって,生活課題を共有化し,自ら解決に向けて活動する気持ちを醸成することが重要であることを指摘している。そしてこうした問題関心への動機づけを契機にして,住民等が自ら主導的に活動し続けることが地域福祉の推進につながっていくものとしている。つまり地域福祉計画の策定においては住民からの生活課題を把握するだけではなく,それを契機に地域福祉実践を推進していくことが重視されている。

この指針では,住民参加を生活課題の把握とその共有化に重点化し,その後の展開については自らの活動に結びつけて自主的な活動としていくことを想定している。しかしこの段階でさまざまな住民の福祉課題を行政として施策化していくことが重要になるわけであるが,その段階における住民参加をどのように位置づけていくかは述べられていない。

行政と地域住民との協働作業は計画評価や進行管理まで続くのであって,役割が地域住民から策定委員会へ移行するものではない。計画策定から評価に至るすべての段階に住民が関与し,住民自らも役割と責任を果たしていくことが求められる。

2 地域福祉計画策定に連動した地域福祉活動のプロセス

全国社会福祉協議会に設置された「住民参加の地域福祉計画づくりに関する人材開発研究委員会」では,社会保障審議会福祉部会の

表5-2 地域福祉計画の策定過程と地域福祉活動のプロセス

住民参加による地域福祉計画の策定過程（計画策定指針）	住民参加による地域福祉活動のプロセス
準備段階 　地域福祉計画策定に向けての準備	(1)　地域福祉活動の構想
手順①・②・③ 　地域における生活課題の整理や学習	(2)　地域福祉の課題を見つける
手順④・⑤ 　計画の目標設定や基本構想の策定	(3)　活動の理念や目的をつくる
手順⑥・⑦ 　基本計画や実施計画，評価方法の策定。計画の実施	(4)　課題の解決のための検討（計画化）。計画に基づく地域福祉活動
手順⑧ 　地域福祉計画の評価と見直し・提言	(5)　地域福祉活動の進行管理

計画策定指針における準備段階から手順8までの9つの過程を，地域福祉活動という視点から5つの段階に整理した（表5-2）。この委員会での作業の特徴は，全国で先駆的に地域福祉計画を策定してきた自治体の担当者にアンケートやヒアリングを実施して，その実態や策定状況を把握しながら分析考察している点である。

地域住民にとっての計画策定とは，地域福祉の推進にほかならないのであって，そのための計画策定の過程は，まさに地域福祉活動そのものであるという認識が強調された。つまり地域住民からすれば計画策定の第一目的は，地域福祉を推進することであって，計画書を作成することではない。当然のことのようであるが，この基本的なことを忘れてしまったような計画策定も多い。すなわち計画策定そのものが目的化してしまい，計画書を策定している過程は盛り上がっても，実際に計画書ができあがってしまうと「絵に描いた餅」になるような事例である。

以下，地域福祉計画策定に連動した住民による地域福祉活動のプロセスについて整理しておく。

(1) 地域福祉活動を構想する

どのような地域福祉活動を展開していくかをまず担当者が構想する。活動の準備段階である。地域でどんな活動が求められているのか，どんな生活課題や福祉課題がありそうかを事前に調査してみる。そのためには，地域における既存の活動や各種データを分析したり，あらためて地域特性を把握しながら（地域アセスメント），必要な企画を検討する。

その際には担当者ができるだけ地域に足を運び，住民活動の実態を知り，住民の声を聞き，関係者間のネットワークをつくることが必要である。またこの構想の段階から，地域福祉の情報収集や発信に努め広く関心を喚起していく。住民と共に地域の福祉状況について考える学習会等の企画を並行していくことも考えられる。こうした活動が地域住民のなかに地域福祉計画策定に向けての内発的動機を高めていくことになる。

(2) 地域福祉の課題を見つける

地域のなかにある生活課題や福祉課題を具体的に把握していく。生活課題を把握する方法としては，社会福祉調査が一般的である。統計調査や事例調査などを活用する手法や，住民自身が調査企画の段階から実施，分析，考察に至る過程に参画するといった住民参加型調査という方法も広がりつつある。また住民参加の直接的な機会としては，地域福祉懇談会や関係者からのヒアリングなどを通して地域の福祉課題を把握することもある。こうして収集された地域のさまざまな生活課題や福祉課題を分析していくことが次の作業である。ワークショップや，住民相互による検討会を重ねて，住民から寄せられた1人ひとりの私の問題を，地域の問題として共有化

していくことができるように,働きかけしていくことが大事である。

大切なのはこの段階から積極的に住民参加を促し,プロセスを重視することである。コンサルタントに丸投げしたり,担当者だけで作業をするのではなく,時間はかかっても住民がこの作業に丁寧に関わることにより,地域の生活課題に気づいたり,問題を共有化していくことが大事である。そのためには今日の社会福祉の動向等について学習できる機会を創り出していく工夫も必要である。

(3) 活動の理念や目的をつくる

(2)の段階と並行して,活動の理念や目的を考えていくことが必要である。このことは先駆的に地域福祉計画を策定してきた自治体の経験知の1つである。つまり「課題を見つけること」ばかりに集中していくと,住民はその負担からストレスが強くなる。自分たちのまちが「いかに住みにくいところか」を強調しすぎると,かえって住民の志気が低下していく。むしろ自分たちのまちのよいところに目を向けて,肯定的な取組みを支持していくことが重要である。そのうえで,これからこの地域をどんな地域にしていきたいか,住民相互で夢や希望を語り合う機会を大事にしていくこと。このポジティブに自分たちの地域のよさを認識していくプロセスと,一方で現実的な福祉課題を明らかにして共有していくプロセスの双方をバランスよく進めていくことが,住民参加を計画策定によって進行していく際の留意点である。

この(2)と(3)の作業を,バランスを見ながら進行していくことによって,計画はより具体的で現実的なものになっていく。この段階では,できるだけ住民各層の参加があることが望ましい。地域によっては,小学生が一緒に参加したり,障害のある人や介護者も共にワークショップに参加していく事例も報告されている。

岡村重夫は,早くから**福祉コミュニティ**の機能の1つとして地域

福祉計画の立案を指摘していた。そこでは「特定の公共目的を実現するための手段・方法の選択ではなく、むしろその目的を形成する価値の選択」が重要であるとしている（岡村［1974］，97頁）。地域社会におけるさまざまな階層構造があるなかで、どのような計画にしていくかといった**価値形成段階**がきわめて重要になる。そのためにはサービス利用者を中心においた議論が必要になるが、その権利と利益を保障・進展させていくためにソーシャルワーカーの関わりが重要であり、当事者の福祉課題を代弁したり調整していく役割が求められる。しかしそれだけでは地域住民全体の総意にはならないわけで、そのときに異なる価値選択や葛藤の場面が生じる。このコンフリクトの場面を大切にして乗り越えていく過程こそが地域福祉計画のプロセスゴールにあたる。

ところが実際には福祉計画策定の多くはこの点に十分な力点をおかず、**計画理念**などは他の計画からの借り物であったり、抽象的な言葉を羅列したお飾りだけのものが多かった。住民参加で計画策定を進めるということは、どんな地域を創り上げていくかという合意形成を明確にしていくことであり、やがて計画に基づく活気ある実践活動を生み出す原動力になる。それぞれの地域が自らの地域福祉の哲学を明確にすること——この作業が重要である。

(4) 課題の解決・実際の活動

地域の問題をできる限り共有し、今後の方向性を確認してきたところで、次の段階として具体的な課題の解決に向けた方策を検討することになる。これまでの過程を踏まえて、地域の生活課題や福祉課題をどのように施策化していくかという重要な局面になる。一方で住民自身が担うべき役割や、実践していくことが可能な活動についても協議していく段階である。

第1ステップとしてはこれまで把握された生活課題や福祉課題を

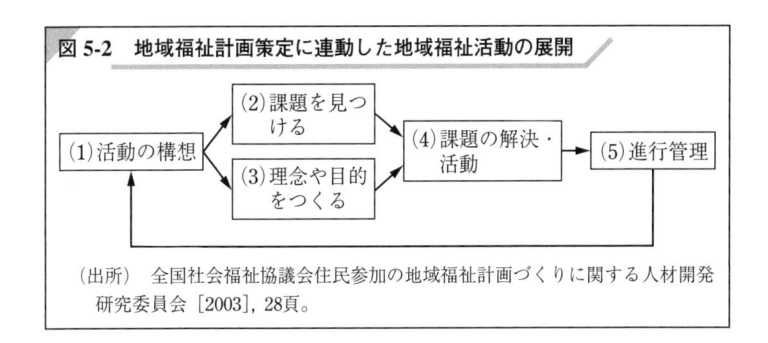

図 5-2 地域福祉計画策定に連動した地域福祉活動の展開

```
                  (2)課題を見つ
                     ける            (4)課題の解決・
(1)活動の構想                          活動         →  (5)進行管理
                  (3)理念や目的
                     をつくる
```

(出所) 全国社会福祉協議会住民参加の地域福祉計画づくりに関する人材開発研究委員会［2003］，28頁。

一覧にして鳥瞰してみる。そのうえで，それぞれを検討して住民としてできることは何か，関係機関へ要望していかなくてはならないことは何かを整理していく。関係機関への要望を整理する過程では，既存の事業と照らし合わせてみることも必要である。それによって住民の視点からの事業評価を伴いながら，新規事業の提案や検討を行う。

　第2ステップとして，全体のなかから今回取り組むべき活動内容を絞り込む。それを具体的な事業として展開していくために，準備から活動までのフローチャートを作成するなどして，参加者が共通に納得できる進め方を明示する。そのときには活動の短期目標と中長期目標，あるいは必要な財源やシステムについても検討していく。この段階ではパブリック・コメントなど，より多くの住民からの意見を募る工夫も必要である。

　第3ステップとしては今後の活動の見通しをもちながら，ある一定の時期がきたときに計画そのものや，それぞれの事業の進行管理が必要になる。そのために計画をつくる段階から具体的な目標設定や評価の方法を決めておく。それらに基づいて実際の地域福祉活動が展開されていく。

(5) 地域福祉活動の進行管理

活動の進行管理により，常に活動を見直し効果的なものであるように修正したり工夫していく。また1つの活動を通して，新たな活動を構想していく必要性も生じてくる。

活動の進行管理にあたっては，複数の視点から評価していくことが望ましい。活動に携わるメンバーはもとより，サービスの利用者や家族，その活動を客観的に見ている人たちの声などを踏まえる。ポイントとしては，当初の目標等が達成できているか，活動が常に開かれていたか，活動に広がりが出ているか，また参加者自身の学びや成長を確認することも重要である。

以上示してきたプロセスも先のPDSサイクルに基づいていることは理解されよう。ただし地域住民の参画によって明らかになった福祉課題を施策化し，その計画評価に至るまで地域住民が関与していくという視点と手順，つまり計画策定のプロセスと住民参画を最大限に重視している点で，従来の都市計画にみられるような工学的計画手法とは異なる。

3 策定プロセス上の留意点

地域の福祉課題を意識化させること

地域福祉計画が他の都市計画等と異なるところは，地域の生活課題と福祉課題をもとに計画化を図るということである。つまりソーシャルワークの視点が求められるのである。地域住民の最大公約数になる課題だけではなく，マイノリティの問題，すなわちこれまでは排除されたり抑圧されてきた問題にこそ着目していかなければならないこともある。そこでは地域住民が生活課題や福祉課題を

意識化することから始まる。

福祉課題には顕在化されたものと，潜在的なものがある。地域の生活課題といっても特定の人たちの課題と地域住民に共通の課題がある。さらにそれらを計画策定していく際に関係者に伝えている場合とそうでない場合では異なる。具体的には，①本人や家族が福祉課題を自覚していて，すでに関係者に伝えている場合と，②自覚していても，まだ関係者に伝えていない場合がある。③本人や家族は福祉課題と自覚していないが，関係者からみて福祉課題だと認識される場合，また④地域住民が地域の課題として認識して，すでに関係者に伝えている場合と，⑤認識はしていても，まだ関係者に伝えていない場合。⑥地域のなかで課題が生じていても，住民は認識していない場合である。

とくに問題として留意しておきたいのは「潜在的」な福祉課題である。それを顕在化していくためには，できるだけ多様な方法を組み合わせていくことが必要である。各種の調査や地域福祉懇談会，ワークショップなどに加えて，すでに保健・福祉の関係者がもっている情報を集めること，事例検討などを積み上げていくことも有効である。さらにそのことを関係者間だけで検討するのではなく，地域住民とも協議を重ねることで，地域の福祉課題や生活課題について「意識化」することが第一歩である。

策定委員会の設置の時期と位置づけ

住民参加を軸とした計画策定を進めていくうえで重要なポイントは**策定委員会**をどの段階で設置するかということである。地域住民によるワークショップなどを繰り返しているだけでは行政計画としての位置づけはできない。つまりある時期には検討内容をオーソライズして，行政計画として精緻なものにする作業が必要である。

従来の行政計画の手順でいえば，まずこの策定委員会の設置要綱

を作成することから作業がスタートしていた。しかし，設置要綱ありきの計画策定では，多くの場合は委員の人数が制限され，その枠のなかの人選が問題となる。結果として「いつも同じ顔ぶれ」という事態になりかねない。より多くの住民に参加してもらい，幅広い住民層のなかから策定委員を選出していこうと考えている市町村では，まず要綱に規制されない自由度の高い住民組織をつくり，ワークショップなどの作業から始めている。ある程度の検討作業が熟した時期に策定委員会を設置して，それまでの住民参加による意見を最大限生かした検討に移る場合がある。

このことは先のPDSサイクルからいえば，do→see→planである。つまり地域住民による既存の活動が豊かにあって，そのなかから検証すべきものを検証し，計画化していくという手順である。これによって活動のネットワークのなかから推薦された人たちが策定委員として選出されていくという仕組みも可能になる。また「白紙からの計画づくり」といわれるように，これまでのような事務局主導型の計画策定ではなく，原案から住民が考えていくという住民主導の計画策定へと展開していくこともある。いずれにせよ，この策定委員会の設置のタイミングは計画策定のプロセスを企画するうえで，慎重に検討される必要がある。

行政内部における検討過程

これまで住民参加を軸とした計画策定プロセスを整理してきたが，あらためて確認しておきたいことは，行政計画としての地域福祉計画は，住民参加だけでは完成しないということである。つまり行政組織として住民参加によって知られた福祉課題をどのように施策化していくかという点において，行政内部の検討が並行して行われてこなければならない。そのためには少なくとも3つの局面からの検討が求められる。

第1は,保健福祉を所管する部局のなかでの検討である。計画策定に現場職員がどの程度関与しているかは大きな課題である。先述したように福祉計画であることの特徴は福祉課題を的確に反映させていくことが求められる。そのために**ソーシャルワーカー**はアドボカシー的な役割を果たしたり,当事者参加を促しながらエンパワーメントを支援していく必要がある。普段の業務や事業評価のなかから生じている課題を明らかにしていくことも必要であるし,最終的には実施計画として責任ある遂行が求められる。そのために当該部局としての検討が不可欠である。

　第2は,現在の地域福祉計画では,医療や生涯学習,住宅や交通,都市計画といった生活関連分野を含むことが求められている。そのために横断的な庁内組織のもとで検討していくことが必要になる。もちろん財政部局との調整は欠かせない。

　第3は住民参加をどこまで進めるかという意思決定である。地域住民の声を聞くという段階から,具体的な施策を住民参加によって検討するという段階まで幅がある。また計画策定後も,住民参加で定期的な進行管理をしていく市町村もある。どのような住民参加を促していくかは,きわめて重要な政策判断を伴うことであるから慎重に検討しておかなければならない。ただし今後の地域福祉の推進のあり方を考えれば,行政と住民の**協働**を具現化していくためにも,地域福祉計画の策定を機会に積極的な住民参加の仕組みを創りあげていく必要があろう。

Summary サマリー

　本章では,地域福祉計画の策定プロセスについて整理を行った。ここでは計画策定のプロセスの全体像をつかんでほしい。計画策定の流

れについては，一般的には plan→do→see という基本的なサイクルがある。地域福祉計画も，この基本サイクルを当てはめて整理することができる。ただし地域福祉計画の最大の特徴は，「住民参加」を計画策定プロセスに位置づけることである。工学的な枠組みに合理的な作業をもって文字や数値を当てはめていくだけのプロセスではない。むしろ計画策定の過程を1つの地域福祉実践としてとらえ，住民自身の主体的な参画を促しながら，地域の生活課題や福祉課題を政策化していくプロセスが重要である。

地域福祉計画の策定では，このプロセスを重視すること。つまり計画策定を通して住民の地域福祉への関心を高め，問題を共有化し，解決にむけた活動や実践が展開されていくことが大切である。計画策定の作業と並行して，住民参加を支援していく視点と方法を併せ持つことが関係者には求められる。

ただし住民参加の視点だけで計画が成立するわけでもない。とりわけ生活関連分野との調整をはじめ従来の福祉計画よりも幅広い関係者の理解と連携が必要になる。そのためにも関係者間の共通理解を図りながら，丁寧に策定プロセスを積み上げていくことが大事である。

● Key words ●

策定プロセス　　住民参加　　plan（現状把握 - 戦略策定 - 指標策定）　　do（事業実施）　　see（検証 - 戦略・指標の再設定）　　PDS サイクル　　計画策定指針　　福祉コミュニティ　　価値形成段階　　計画理念　　福祉課題　　策定委員会　　ソーシャルワーカー　　協働

読書案内

地域福祉の原点を整理するために，岡村重夫『**地域福祉論**』光生館，1974 年。

地域福祉推進の援助技術について知るために，高森敬久・高田眞治・

加納恵子・平野隆之『**地域福祉援助技術論**』相川書房，2003年。

　地域福祉計画の概要と地域福祉実践の推進を図ることの理論を整理したものとして，大橋謙策・原田正樹編『**地域福祉計画と地域福祉実践**』万葉舎，2001年。

　住民参加による地域福祉計画策定のプロセスを丁寧に記録し分析したものとして，土橋善蔵・鎌田實・大橋謙策編『**福祉 21 ビーナスプランの挑戦**』中央法規出版，2003年。

　地域福祉計画策定と地域福祉の人材養成のあり方を整理した調査報告書として，『**住民参加による地域福祉推進にむけた人材養成のあり方**』全国社会福祉協議会，2003年。

———————— 原 田 正 樹 ★

第6章　課題の発見と目標の設定

はじめに　地域福祉計画を，地域社会に存在するさまざまな福祉問題や福祉課題を合理的，科学的に解決するための方法・技術の体系（＝計画）として考えるならば，それは地域住民（利用者も含む）の**生活問題**（福祉問題）と，そこから惹起する**必要**（福祉課題）を的確に把握するところから始まるといえる。つまり，地域福祉計画の策定組織（地域福祉に関わる機関・団体・施設など）にとっては，地域社会の福祉問題や，「必要」（ニーズ）を発見し，それらを解決するために具体的な目標を設定するところから，地域福祉計画への取組みが開始されるのである。

地域福祉実践において，こうした福祉問題や福祉課題の発見と，それらを解決するための具体的な目標の設定に関わる技術や手法は，一般に**地域診断**（community diagnosis）と呼ばれ，ソーシャルワーク（社会福祉援助技術）のなかのコミュニティワーク（地域援助技術）において，これまで定式化されてきている。そして，その知見は，

地域福祉計画における計画実践（planning practice）においても有効なものである。そこで，本章では，この地域診断を中心にして，上述のテーマについて論及することにしよう。

1 地域診断とは何か

　地域診断には，広義と狭義の2つの意味があるとされている。
　①広義の地域診断とは，地域社会のなかに，どのような福祉問題が存在しているかを明らかにするものであり，②狭義の地域診断とは，それを前提として，具体的な必要（福祉課題）を把握し，それらをいかに解決するかを考えるものである。
　ただし，このような2つの地域診断は，あくまでも「理念型」（Idealtypus）であり，実際には広義と狭義の地域診断（①と②）は相互に深く関連している。たとえば，地域福祉計画の策定にあたって，要介護高齢者が抱える介護の必要を把握する場合に，計画策定主体は①地域社会のなかに高齢者の介護問題がどの程度，広範に存在しているかを明らかにしたうえで，②どのような要介護高齢者に，どれくらいの介護サービスを，誰が，いかなる方法・手段で提供するかを考えなければ，真に社会的な必要を充足したことにはならない。その意味で，2つの地域診断は，いわば不可分の関係にあるといってよい。
　また，地域診断には「地域特性」が大きく関わっている。たとえば，農村部のように3世代同居の家族が比較的多く，地域社会の共同性もある程度，機能しているようなところでは，要介護高齢者の介護の必要が顕在化しにくいのに対して，都市部のようにひとり暮らしや高齢夫婦のみの核家族が多く，地域社会の共同性が脆弱化し

ているようなところでは，それが顕在化しやすく，必要となる可能性が高くなる。今日，農村部であれ，都市部であれ，高齢者の介護問題は，わが国で普遍的にみられる福祉問題であるが，狭義の地域診断（②）では，ある一定の価値基準に基づき，何を必要と判定するかが実践的な課題となるので，そこでは地域特性の把握が重要になるのである。

なお，狭義の地域診断（②）における必要の判定には，地域社会の社会資源や福祉サービスの把握も関連するが，その点については本書の第4章で言及されているので，本章では主に福祉問題と必要に限定して論及する。

2 地域診断の基本的視点

地域診断について考える場合の基本的な視点は，誰（主体）が，どのような福祉問題や必要（対象）を，いかなる技法（方法）で把握するかである。本章では，地域診断の「主体」に関しては，地域福祉計画の策定組織，すなわち計画策定委員会や，計画検討協議会などのような「住民合議体」，あるいは地方自治体の担当部課などのもとで，計画関連の業務を担う専門的な従事者（以下，便宜的に「計画者(プランナー)」と記す）を念頭におき，そのうえで主に「対象」と「方法」について論及していく。

| 広義の地域診断 | 広義の地域診断とは，地域社会のなかにどのような福祉問題が存在しているかを正確 |

に把握することである。そのための準備作業としては，「地域特性」，すなわち気候や地理的条件，人口動態，産業構造，地域資源の整備状況，地域組織の活動状況，地域住民の意識・態度などを分析し，

地域の福祉問題の背景に何が存在しているのか，またそれはなぜなのかを明らかにすることがあげられる。そして，この地域特性を踏まえながら，地域住民がいかなる福祉問題を抱えているのかについて，計画者はさまざまな情報をもとに判断していくことになる。

　上記の分析や判断を行うための技法としては，まず既存の関連資料や各種データの利用が考えられる。ここでいう既存の関連資料や各種データとは，国や地方自治体などが刊行している行政報告や行政資料をはじめとして，地域福祉に関わる機関・団体・施設などが公表している資料やデータを意味している。また，最近では国民の福祉問題への関心の高まりに伴って，マスメディアで報道されたり，インターネットでさまざまな資料やデータが公開されることも多くなっている。さらに，こうして得られた情報を実際に地域へ出かけて確認する作業として，**地域踏査**（フィールドワーク）も有力な方法になる。

　なお，上述の関連資料や各種データをもとに，地域特性を分析したり，福祉問題を判断したりするための視点としては，基本属性（性別，年齢，家族類型，居住形態など），時系列（あるデータが時間の経過によってどう変化するか），全国データ（全国の平均値や類似の市町村のデータからの乖離をみる）などで比較をしたり，特定のデータを「マッピング」（地域別のデータを地図に入力していく技法）したりすることも重要になる。

狭義の地域診断　　狭義の地域診断とは，広義のそれで把握された福祉問題をもとに，それらのなかから，何が「必要」となるかを判定することである。その際に，計画者には必要に関する知見が求められるので，ここではその点について説明しておこう。

(1) 必要の種類

まず第1の必要は，**客観的必要**である。客観的必要とは，ある一定の望ましい基準と利用者の現状を比較して，利用者がその基準から乖離している場合に「その利用者には必要がある」と行政職員，専門職（保健師やソーシャルワーカーなど），研究者など（以下，総称して「専門家」と略す）が判断する必要である。また，そうした判断基準は，法律（法解釈や運用規定なども含む），中央省庁（厚生労働省など）からの通知・通達・指針（ガイドライン），専門家などによる価値判断などである。なお，利用者と同一の特性をもちながら，そのサービスを利用していない場合も，この必要の判断基準となる。

　次に第2の必要は，**主観的必要**である。主観的必要とは，利用者がサービスの必要性を自覚したり，実際にサービスの利用を当該の機関，団体，施設などに申請した場合の必要である。たとえば，利用者に対して，サービスの利用を申請したかどうか，あるいはサービスを利用したいかどうかなど，そのサービスの利用状況や利用意向をたずねて把握された必要である。ただし，サービスの利用に関しては，情報の「非対称性」（asymmetry）の問題が存在するので，利用者がそのサービスについて正確に知っていること，またサービスの利用に伴うスティグマが極小化されていることなどが，この必要の前提条件となる。

(2)　必要の類型

　必要の把握に関していえば，客観的必要と主観的必要が一致していることがもっとも望ましいが，それぞれ長所と短所があるので，実際には両者を組み合わせて考えなければならない。図6-1は，上記の2種類の必要をそれぞれ＋（プラス）と－（マイナス）に区分し，4つの象限に分けて図式化したものである。本章ではこの図をもとに，その組合せの特徴などについて説明する。

　第1象限は，客観的必要，主観的必要ともに＋であり，専門家に

図 6-1 客観的必要と主観的必要の関係

```
                    客観的
                    必 要
                      +
   第 2 象限                    第 1 象限
   客観的必要＋                  客観的必要＋
   主観的必要－                  主観的必要＋

                                          主観的
  －                                    ＋ 必 要

   第 3 象限                    第 4 象限
   客観的必要－                  客観的必要－
   主観的必要－                  主観的必要＋
```

──────▶ 利用者の組織化活動（福祉組織化活動）
══════▶ ソーシャル・アクション
------▶ エンパワーメント・アプローチ

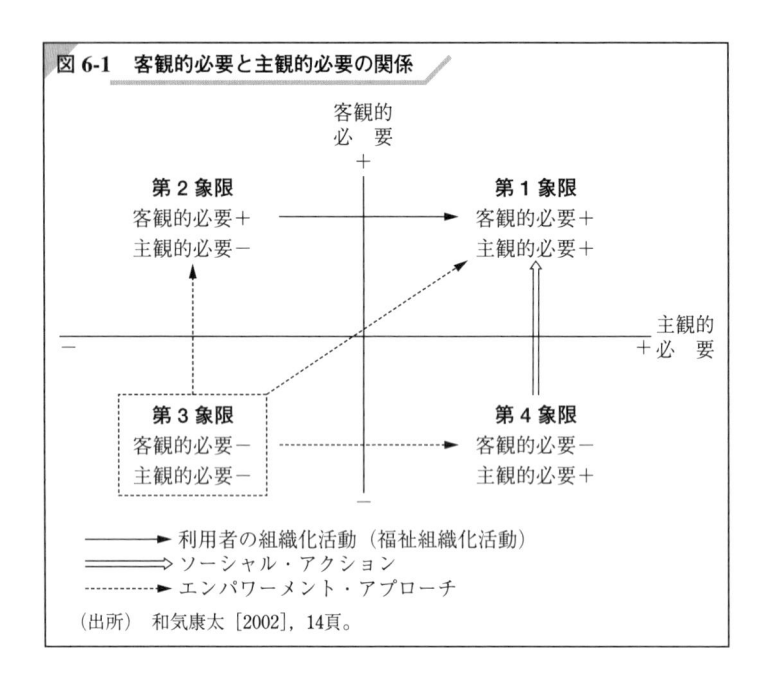

（出所） 和気康太 [2002], 14頁。

よって必要があると判断され，また利用者も必要を自覚し，サービスの利用を申請したりしている場合である。

第2象限は，客観的必要は＋であるが，主観的必要は－の場合である。ここでは，専門家は必要があると判断しているものの，必要が利用者に自覚されていないため，サービスの利用申請に結びついていない。その理由としては，上述のようなサービス情報の不足やスティグマの問題だけでなく，利用者がそうした生活状況に適応している場合や，サービス利用の接近性（accessibility）や利便性（availability）などのシステム上の問題も考えられる。

第3象限は，客観的必要，主観的必要ともに－であり，専門家によって必要がないと判断され，また利用者も必要を自覚していない場合である。ただし，この場合でも実際に必要がないのか，それと

も専門家と利用者の双方が必要を自覚していないのかについては峻別しておかなければならない。

第4象限は,客観的必要は-であるが,主観的必要は+の場合である。ここでは,専門家は必要がないと判断しているものの,逆に利用者は必要があると自覚しており,サービスの利用申請をしている。この場合,専門家と利用者の間には判断基準の乖離があるので,専門家には利用者への**アカウンタビリティ**(説明責任)が求められる。このことは,現在のようにサービスの主な利用方法が措置制度から契約制度へと移行した場合にはとくに重要である。

(3) 必要の類型と地域福祉実践

以上,2種類の必要の組合せを4つの象限に分けて説明したが,地域福祉計画に関わる計画者は,地域診断において上述の第1象限だけを真の必要ととらえればよいかというと,必ずしもそうではない。実はその他の象限も,計画者にとっては意味のある必要であり,そこに行政が策定する「地域福祉計画」においても,ソーシャルワーク,とりわけコミュニティワークが必要とされる理由がある。

つまり,上述の第2象限でいえば,専門家には利用者が必要を自覚できるような援助活動(利用者の組織化活動など)や,利用者の人権を保護する活動(地域福祉権利擁護事業など)が必要になるであろうし,場合によっては専門家がアドボカシーを行う必要も出てくる。また,第3象限では,エンパワーメント・アプローチによって潜在的な必要が顕在化し,他の象限へ移行する可能性もある。さらに,第4象限では,利用者,サービス提供者,地域住民などのソーシャル・アクションが必要な場合もある。

3 必要把握の技法

　では，こうした必要を計画者がいかなる技法を用いて把握するかについて，量的な技法と質的な技法の2つに大別して考えてみよう。

量的な必要把握の技法　量的な必要把握の技法とは，統計調査法を用いて利用者の必要を把握する方法のことである。つまり，多数の利用者，サービス提供者，地域住民などに対して，質問紙調査（留置調査・集合調査・郵送調査），調査票を用いての面接調査，統計的観察法などの技法を用いて，必要に関するデータを収集し，それらを計数または計量して，客観的に必要を分析する方法である。

　このような技法の代表的なものとしては，1980年代以降に主として高齢者保健福祉の領域で，福祉政策科学の視点から開発された**必要（ニーズ）推計**の技法があげられる。

　必要推計とは，文字どおり，利用者や地域住民の必要を何らかの技法を用いて推計することである。必要推計は，基本的には必要をサービスに変換し，そのサービスを資源へ変換し，さらにその資源と必要の適合を評価するという3つの要素で構成されている。具体的には，図6-2のように，利用者や地域住民の，①必要の状況の把握，②必要の類型化と出現率の推定，③必要の類型に対応するサービスの種類と必要量の算出，④サービス資源の整備目標の設定という一連の過程で成り立っている。

　上述のような必要推計の技法は，社会福祉関係8法の改正で法制化された老人保健福祉計画で取り入れられ，計画策定の方法に大きな影響を与えた。また，この技法は，その後の障害者福祉計画や児

図 6-2 必要推計の手順

```
必要の状況の把握
    │
    ├──────────── 必要の類型化の考え方
    │
必要の類型化と出現率の推定
    │
    ├──────────── サービスの必要性の判断
    │
必要の類型に対応するサービス
の種類と必要量の算出
    │
    ├──────────── サービス資源整備の方針
    │
サービス資源の整備目標の設定
```

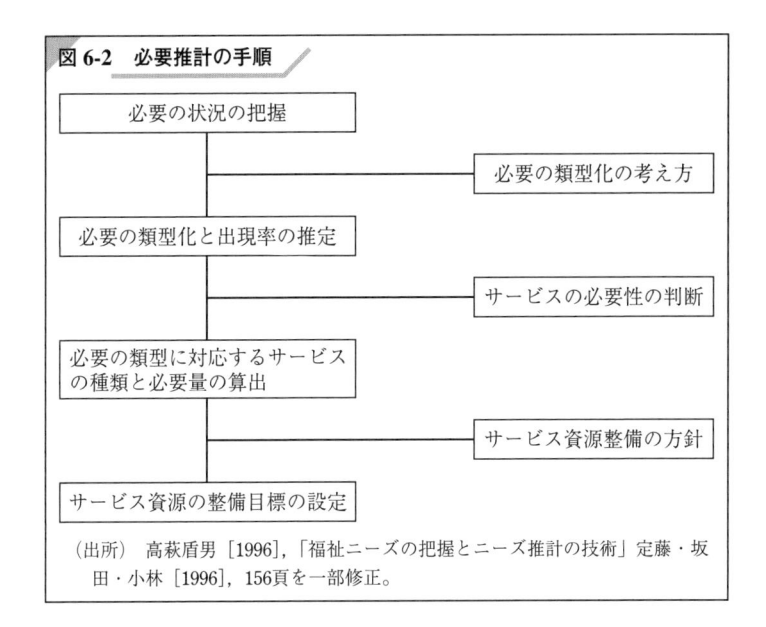

（出所）高萩盾男［1996］,「福祉ニーズの把握とニーズ推計の技術」定藤・坂田・小林［1996］, 156頁を一部修正。

童育成計画でも用いられ，近年の介護保険事業計画や次世代育成支援計画でも積極的に活用されている。

しかしながら，必要推計の技法には，社会福祉調査や必要の類型化の手法，サービス・モデルの設定などにおいていくつかのタイプがあり，現時点で技法が確定しているわけではない。それはむしろ開発途上にあり，今後とも発展させていかなければならないものである。とくに地域福祉計画にとっては，このような必要推計の技法を再検討し，地域社会における利用者や地域住民の必要の実態に近づけていく，より精緻な技法を開発していくことがこれからの課題になっている。

なお，上述の必要推計の技法は，専門家が客観的必要を把握するためのものであるが，主観的必要であるサービスの利用状況調査や利用意向調査なども，地域福祉計画の過程で行われている。また，

主観的必要を把握する量的な方法としては、福祉サービスの「待機者リスト」なども考えられる。

質的な必要把握の技法　質的な必要把握の技法とは、事例調査法を用いて利用者の必要を把握する方法のことである。つまり、少数の利用者、サービス提供者、地域住民などに対して、自由面接法(ヒアリング)や観察法(オブザベーション)(参与観察・非参与観察)などの技法を用いて、必要に関するデータを収集し、それらを主観的、洞察的に分析して、主観的に必要を把握する方法である。

本章ではこうした技法として、次の3つをあげることにしよう。

(1) 利用者への自由面接法と観察法

第1の技法は、利用者およびその集団、団体への自由面接と観察である。なお、この技法では利用者個人だけでなく、要介護高齢者の家族介護者などのように、利用者の生活を支援している人たちへの自由面接や観察も、必要をより正確に把握するために必要となる。それは、認知症（痴呆性）高齢者や知的障害者などのように、自らの意思で主観的必要を表明できない人たちが利用者のなかにいるからであり、また家族介護者なども、やはり利用者と同じように必要を有しているからである。

さらに、利用者やその家族などだけでなく、少人数の集団（グループ）に対する自由面接（この技法は、**フォーカスグループ・インタビュー法**〔focus-group interview〕と呼ばれている）や観察も、必要を把握するうえで重要である。それは、調査者（専門家）と被調査者（利用者など）が面接の場面で必ずしも対等・平等の関係を維持できない場合があること、また利用者同士の力動性(ダイナミックス)によって、利用者自身が主観的必要に気づく場合もあるからである。なお、利用者やその家族などで組織される「当事者団体」への自由面接も、主観的必要を把握する意味で重要になる。

(2) サービス提供者への自由面接法と観察法

　第2の技法は，サービス提供者（ただし，家族介護者などは除く）およびその集団，サービス提供団体，福祉関連団体への自由面接と観察である。ここでいう「サービス提供者」には，福祉事務所の現業員や査察指導員，各種相談所の相談員，福祉施設の生活相談員，介護支援専門員，保健師・看護師，訪問介護員など，保健福祉関係の専門職が含まれる。このようなサービス提供者への自由面接や観察が必要となるのは，彼らが利用者の気づかない客観的必要を把握しているからである。

　また，利用者の場合と同様，サービス提供者の少人数の集団（グループ）に対する自由面接や観察も，必要を把握するうえで重要である。それは，サービス提供者が専門職としてお互いに情報を共有し，議論しあうなかで，利用者の必要に気づく場合もあるからである。なお，サービス提供者によって組織されるサービス提供団体や福祉関連団体（民生委員・児童委員協議会など）への自由面接も，客観的必要を把握する意味で重要である。

(3) 利用者・サービス提供者および地域住民の集会

　第3の技法は，利用者，サービス提供者，地域住民などの集会である。ここでいう「集会」には，市民集会や市民フォーラムなどのように100人単位の大規模な集会から，小地域での住民懇談会などのように10人単位の小規模な集会まで，さまざまなものが含まれる。このような集会が必要となるのは，利用者やサービス提供者の個人，集団，団体への調査だけではわからない必要，すなわち地域社会全体が抱える必要や，そのなかで潜在化している必要を参加者が把握できるからである。

　また，利用者，サービス提供者，地域住民などが集会に参加することによって，地域社会の必要や「地域診断」（地域福祉調査）への

関心や意識が高まり，潜在的な必要が顕在化するという機能も，こうした集会は果たしている。とりわけ，上記のなかで「キー・パーソン」といわれる人たちが集まり，小規模な集会を開催して自由に意見を交換することは，単に必要への理解を深めるだけでなく，相互啓発という意味においても重要である。

なお，上述の質的な必要把握の技法では，量的なそれとは異なり，目標を数量的に設定することが困難な場合も少なくない。その場合には，必要に優先順位（priority）をつけたり，実行可能性（feasibility）を考慮して，具体的な目標を設定していくことになる。

4 地域診断と参加型調査

さて，ここまでは地域診断の対象と方法について，計画者が判定する必要を前提にして論及してきた。必要のなかの客観的必要は，社会福祉サービスが主に保健福祉関係の専門職によって提供されている以上，もっとも重要なものである。しかし，従来の措置制度のもとにおける「パターナリズム」（paternalism）の議論でも指摘されているように，専門家が行う必要の判定は，ややもすると利用者の意向を軽視したり，権力的になりやすく，利用者の視点に立った必要の判定という点では，一定の限界があるとされている。そこで，利用者自らが自覚したり，表明したりする主観的必要が，現在の「契約制度」のもとで，より重要になってきており，計画者は，それを地域診断において重視しなければならなくなっている。

参加型調査とは何か　わが国でも近年，当事者運動の高揚と変化，社会福祉サービスにおける措置制度から契約制度への移行などが契機となり，社会福祉調査の分野で**参加型調**

査（participatory research）の必要性が提起されている。参加型調査は、欧米諸国や、開発途上国の社会開発などの領域で用いられている調査方法であるが、わが国の社会福祉研究の領域では、現在までのところ、十分に理解されているとはいえない概念である。

　従来の社会福祉調査論では、利用者や地域住民をあくまでも調査の対象（客体）と見なし、調査主体（調査者）がそうした対象（者）と直接的に関わらないことによって、調査の「客観性」や「科学性」を維持できると考えられてきた。しかしながら、そのような近代的な思想や科学観に基づく考え方は、今日ではもはや通用しなくなりつつある。

　つまり、社会福祉調査は、専門家である調査者が高度な数量的技法を駆使して一方的に行えばよいのではなく、量的な調査であれ、質的な調査であれ、利用者・地域住民が、専門家と文字どおり、対等・平等な関係のもとで、調査の企画から実施、そして評価というあらゆる局面に参加して調査を進めるべきであり、またそのほうが調査の「信頼性」や「妥当性」も高まると考えられるようになってきている。さらに、利用者や地域住民が自ら行う社会福祉調査も、社会環境の変化に伴って、今日では一定の拡がりをみせており、そうした調査も、参加型調査の範疇に入れて考えることができる。

　上述の視点から、参加型調査には大別して3つの類型があると考えられる。すなわち、①「利用者参加型」（専門家が実施する調査に利用者が参加する）、②「自発型」（利用者や地域住民が自ら調査を行う）、③「専門家参加型」（利用者や地域住民が行う調査に専門家が参加する）という3つの類型である。

　本章では、参加型調査について理解するために、上記のなかから、利用者や地域住民が調査主体になるという意味で、②もしくは③の具体的な「事例」を取り上げてみることにしよう。

● **事例研究**

　東京都世田谷区は，東京の南西に位置し，人口約80万人を抱える都内最大の区である。世田谷区では，「新しい公共」の理念のもと，区（行政），事業者，地域住民の3者がパートナーシップを形成して，福祉施策を推進してきた。具体的には，区内を5つの支所単位にブロック化し，そのもとで各地区ごとに「地区センター」を設置して，そこを拠点にして地域福祉の事業・活動を展開している。

　世田谷区の南部に位置するA地区は，人口は約4万人で，閑静な住宅地である。地区の高齢化率は約15%で，6000人余りの高齢者が生活をしている。世田谷区は，東京の山の手と呼ばれる地域にあり，古くからこの地域に住んでいる人たちが多い一方で，1960年代から70年代にかけて地方から上京し，そのまま区民となった人たちも少なくない。いまそういう世代の人たちが，しだいに高齢者の仲間入りをしている。

　A地区に住むNさん（68歳）は，大学卒業後に上京し，最初は都内の別の区に住んでいたが，10年ほど前に一戸建ての家を購入し，区民になった。Nさんは，定年後まもなく病気（脳梗塞）で倒れ，以後，3回の入退院を繰り返した。右半身麻痺の後遺症は，病院でリハビリテーションを受けたあとも一進一退の状態で，車いすでの生活となっていた。日常生活に関する介護は，長年連れ添った妻が献身的に担っていたが，負担が重いため，介護保険制度の施行と同時に，区に申請を行って「要介護4」の認定を受け，民間の事業者から週に3回，訪問介護サービスを受けていた。

　A地区には，5年ほど前に60歳以上の高齢者で構成する「グランドゴルフの会」が結成され，週に1〜2回，近くのグランドで活動を行っている。Nさん夫妻も，近隣の人に声をかけられ，活動に参加してみた。最初は家に籠もりがちな生活を変え，少しでも気分転換になればと思って参加したが，Nさん自身が「自分もグランドゴルフをやってみたい！」と強く思うようになり，病院でのリハビリテーションや，自宅での生活リハビリテーションにも一生懸命，取り組むよ

うになった。その結果，半年後には右半身麻痺の症状も大分良くなり，妻の介助なしに自分で立って歩けるようになった。いまは，グランドゴルフの会の友人たちと一緒にグランドゴルフを楽しむようになっている。

これが契機となって，グランドゴルフの会のメンバーを中心にして，地域福祉の学習会（A地区の福祉を考える会）が2週間に1度，地域センターで開かれるようになった。「障害などがあって外出できない人が地域にいるのではないか」，「われわれ自身が取り組める福祉活動はないか」など，さまざまな議論が行われた。そのなかで，A地区に住んでいる高齢者の実態調査をしてみようということになった。

そこで，メンバーの代表者が，世田谷区社協に相談をしてみたところ，地区担当の職員（コミュニティワーカー）は，「予算も限られていることですし，あまり大袈裟に考えず，できる範囲で調査をしてみたらどうでしょうか。そこから，少しでも地域の高齢者の生活実態が見えてくれば，その調査活動には意義があると思います」とアドバイスを行った。

このアドバイスを受けて，再度，メンバーで議論したところ，あまり専門的なものではなく，地域の住民が自ら行う良さを生かして調査してみようということになった。具体的には，A地区内でもっとも高齢化が進んでいると思われる地域の自治会長に依頼をして，アンケート調査の用紙を全戸に配布し，調査を行った。(注)また，それにあわせて地域福祉の学習会の案内状も一緒に配布したところ，想像以上に反響があり，学習会への参加者が回数を重ねるごとに増えるようになった。

アンケート調査の結果を分析してみると，高齢者のひとり暮らし，あるいは夫婦のみの世帯が多く，そうした人たちは日常的に交流できる場所を求めていること，またデイサービス（通所介護）を利用したいとは思っているが，そこまでの移動が意外と大変で，住まいの近くにもっと気楽に利用できるデイサービスを求めていること，さらに福祉サービスのなかでは，入浴サービスへの「必要」が高いことなどが

わかった。

そこで、再度、世田谷区社協の地区担当職員に相談したところ、交流の場とデイサービスについては、「ふれあいいきいきサロン」や「ミニデイサービス」を行ったらどうかというアドバイスをもらい、さしあたりメンバーの一人が自分の家を少し改修して、「ふれあいいきいきサロン」を実施する方向で検討が進んでいる。また、入浴サービスについては、地域にある銭湯に協力をお願いをして、銭湯が比較的空いているウイークデイの昼間の時間を使って、希望する人をメンバーが順番に連れていき、世田谷区社協のふれあいサービスの協力会員や地域のボランティアの人たちと一緒に入浴介助を行うことになって、地域福祉活動が拡がりをみせている。

（注） 正確にはアンケート調査の依頼状を全戸に配布し、そのなかで「調査に協力してもよい」と回答した人たちに限定して、「全数調査」の「留置調査法」によって調査を行った。

参加型調査の特徴とその意義

この**事例研究**のように、地域住民自らが行う社会福祉調査は、専門家が行うそれと比較すれば、たしかに調査自体の「専門性」（信頼性や妥当性など）の点では十分でないといえる。しかし、同じ地域社会で生きる「生活者」の視点で、利用者の必要を把握し、それを具体的な目標として設定して、地域住民による「地域福祉活動計画」（地域福祉実践のプランニング）につなげている点、また調査活動自体が、地域住民の地域福祉実践への参加の契機や動機づけになっている点などは、専門家による社会福祉調査にはない、参加型調査の大きな特徴になっている。さらに、専門家の役割も、地域住民が行う調査活動の側面的な支援、すなわち**助力者**（enabler）や**促進者**（facilitator）の役割になっている点が特徴的である。

参加型調査には、調査のプロセスで知りえた利用者や地域住民の個人情報をどのように保護するか、すなわち「守秘義務」の問題を

どう考えるか，あるいは調査に関わるさまざまな環境（調査費用など）をいかに整備するかなどの現実的な課題もあり，専門家が行う社会福祉調査を完全に代替できるものではない。わが国では現在のところ，あくまでもそれを補完するような役割を果たす調査である。しかし，地域福祉計画において，計画者が地域診断を行う際に，このような参加型調査を積極的に支援・活用し，その結果を福祉問題の判断や必要の判定に生かしていくことが，これから不可欠になると考えられる。

まとめにかえて

地域福祉計画は社会福祉法（107条）に規定され，現在，全国の市区町村で計画の策定が進められているが，同じ法定計画でありながら，老人保健福祉計画や介護保険事業計画のように計画の策定が全国一律ではなく，その契機や文脈（context），そして計画の形態や内容などが，全国で多様化しているところに大きな特徴がある。

地域福祉計画には，合理主義的・技術主義的な分析的側面と，社会政治的な利害調整を行う相互作用的側面の２つがあるが，計画が主に後者の契機や文脈で策定されたとしても，分析的な側面に関わる「地域診断」は常に重要な位置を占めている。それは，地域診断によって，地域社会の福祉問題や必要が明らかにされ，具体的な目標が設定されなければ，福祉サービス事業の設計や資源の配分・開発，計画の実施や評価といった一連の計画過程（サイクル）の「原点」がなくなるからである。

地域福祉計画は，直線的ではなく，段階的，螺旋的に進行していくものである。そのため，地域診断も，現実からのフィードバックや計画の進行状況にあわせて，段階別に，そして繰り返し行われる必要がある。その意味で，地域診断は，地域福祉計画にとってもっとも重要な方法・技術である。

地域診断は、その「診断」という言葉が象徴しているように、ソーシャルワークにおける**医学モデル**に基づいており、計画者（専門家）がさまざまな社会福祉調査を通して、地域社会の福祉問題や必要を診断するものである。しかし、これからは地域福祉計画がそうであるように、「地域診断」もまた利用者や地域住民などの主体的な参加に基づいて行われる必要がある。つまり、これからの「地域診断」は、専門家だけでなく、利用者や地域住民も含め、地域福祉に関わるすべての人たちを**エンパワーメント**していくようなものでなければならないのである。

　地域診断から地域福祉調査へ、参加型調査などの新しい「経験」を積み重ねながら、地域住民の抱える福祉問題や必要を的確に把握できるような技法を**研究・開発**（Research & Development）していくことが、「地域診断」（地域福祉調査）の実践的な課題となっている。

Summary サマリー

　本章では、地域福祉計画が対象とする地域社会の福祉問題や「必要」（福祉課題）を発見し、それらを解決するための具体的な目標設定の方法について論及している。このような技術や手法は、地域福祉実践において、これまで「地域診断」（community diagnosis）と呼ばれて、定式化されてきている。そこで、本章ではまず地域診断の概念（広義・狭義）とその基本的視点について説明している。狭義の地域診断で把握される「必要」には、①客観的必要と②主観的必要の2つがあるが、地域福祉計画において重要になるのは、実はその組合せであり、またそこでの利用者の組織化活動（福祉組織化活動）、ソーシャル・アクション、エンパワーメント・アプローチなどの援助活動である。

「必要」を把握する方法としては，量的な技法と質的なそれがある。前者には1980年代以降，福祉政策科学の分野で統計調査の方法を用いて開発された「必要（ニーズ）推計」がある。この技法は1990年の老人保健福祉計画で取り入れられ，それ以降の社会福祉計画の策定方法に大きな影響を与えている。一方，後者には事例調査の方法，具体的には自由面接法や観察法（参与観察・非参与観察）などの技法を用いて，利用者の「必要」を把握する方法がある。近年，社会福祉サービスの主な利用方法が契約制度へと変化したことによって，これまでの専門家による客観的必要の把握だけでなく，利用者の主観的必要も重要になってきている。本章では，そうした変化を視野に入れ，利用者や地域住民が「地域福祉調査」に参加する参加型調査の特徴や課題についても，具体的な事例を挙げて言及している。

● Key words ●

生活問題　必要　地域診断　地域踏査　客観的必要　主観的必要　アカウンタビリティ　必要（ニーズ）推計　フォーカスグループ・インタビュー法　参加型調査　事例研究　助力者　促進者　医学モデル　エンパワーメント　研究・開発（R＆D）

読書案内

　「必要（ニーズ）」については，武川正吾『**福祉社会――社会政策とその考え方**』有斐閣，2001年，定藤丈弘・坂田周一・小林良二編『社会福祉計画』（これからの社会福祉8）有斐閣，1996年の第7章「**問題分析と福祉ニーズ**」および第9章「**福祉ニーズの把握とニーズ推計の技術**」が参考になる。また，地域福祉計画における地域福祉調査については，和気康太「**地域福祉計画と地域福祉調査――ニーズ調査を中心にして**」『ソーシャルワーク研究』第28巻第1号，相川書房，2002年を参照。なお，「地域診断」に関しては，野口定久「**地域把握**

の方法（地域診断①）」右田紀久恵・牧里毎治編『地域福祉講座6 組織化活動の方法』中央法規出版，1985年が体系的な論文となっている。わが国では「参加型調査」に関する先行研究は少ないが，中野敏子「知的障害のある人の参加型研究の検討——支援方法の改善に向けて」『明治学院大学論叢』第713号，2004年を近年の研究として挙げることができる。

──────── 和 気 康 太 ★

第7章 住民参加の技法

本章では、地域福祉計画の策定における住民参加の方法について整理を行う。ただし住民参加の技法といっても、計画策定にあたって、特別に新しい技法が開発されてきたわけではない。むしろこれまでコミュニティワークなどで用いられてきた方法を、計画策定のプロセスのなかで活用していくことで、より住民参加を促進していくことができる。

1 住民の関心を高めるための方法

計画策定の前段階として、まず地域福祉計画について地域住民に関心をもってもらうことから始まる。地域福祉計画の必要性やこれからの策定について多くの人に関わってもらうことができるよう、周知していくことが大切である。そのために広報媒体を有効に活用

したり，情報公開をしていく必要がある。

情報収集と広報活動　事前に必要な**情報**について整理しておくことが必要である。地域福祉計画を策定していくにあたって，地域住民に対してどのような情報を，どういった手段で伝えていくことが効果的か，あらかじめ検討しておく。そのためには情報を収集し，加工して，提供していくという一連の**広報活動**を大切にしなければならない。

広報活動の基本的な展開プロセスは以下のとおりである。

(1) 必要な情報について整理する。
(2) 必要な情報を収集する。
(3) 情報を分析して，整理する。
(4) 情報提供の対象と方法を検討する。
(5) 情報を提供する。
(6) 情報が有効に伝わっているかモニタリングする。

ここでは，次のような場面を想定して実際のプロセスを説明していく。

> 自治体として地域福祉計画を策定することが決まった。今回の計画では，広く地域住民の参加を促して策定していきたい。そこで計画策定が始まることを地域住民に知ってもらい，参加を促すように情報提供していきたい。

(1) 必要な情報について整理する

地域福祉計画について地域住民に知ってもらうためには，どんな情報が必要かを考えてみる。その際に大切なのは，計画担当者として伝えたい項目と，地域住民の立場から知りたい項目の双方の視点から整理していくことである。計画担当者だけの視点では一方的な情報になってしまうことがある。地域住民が知りたいこととピント

がずれていては伝わらない。この段階で大切なのは、地域福祉計画がなぜ必要なのかを丁寧に説明できることである。そのためにどんな情報が必要かを整理することから始める。

(2) 必要な情報を収集する

(1)に基づいて必要な情報を収集していく。情報収集の手段としては、①文献や資料などからの検索、②既存の調査統計やインターネット等データベースによる検索、③関係者からのヒアリング、④地域の社会資源を訪問するなどのフィールドワーク、他の自治体の取組み状況の把握（視察含む）など、さまざまな方法がある。この段階では幅広く情報を収集しておくことが大切である。計画担当者としては、文字や統計のデータだけでなく、地域のなかを歩いて、直接見たり聞いたりしながら地域特性を把握していく作業も、この機会にしておくことが大切である。

(3) 情報を分析して、整理する

集めた情報を、自分の地域で活用していくために、どの情報が必要で、何が不必要な情報なのかを分析していく必要がある。そのときには一次情報と二次情報を区別しながら整理したり、情報と情報を組み合わせたり比較したり、それらの関連性を考えたり、得られた情報の背景を考えてみるといった作業をする。また一度にすべての情報を提供できるわけではない。目的に応じて、情報提供をしていくときの優先度を考えておくことも大事である。

(4) 情報提供の対象と方法を検討する

ある程度の情報を集め、それらの全体像をつかんだうえで、次にどのように情報提供をしていくかを検討する。全戸配布による情報提供が、すべてではない。「私たちはすでに情報提供をしているのだから、情報紙を読まない住民に責任がある」では通用しない。読ませる工夫をどのようにしているか、情報発信側の企画と力量が問

われる。また，ときとして誰にでもわかる情報とは，誰にとってもそれほど重要な情報になりえないということもある。そのために，情報提供の対象と方法を明確にしていくことが重要である。必要な情報を必要な人へ確実に届けることを考えなければならない。地域福祉計画にしても，子育て中の若年層，介護の不安を感じている高齢者層，小学生や中学生，実際に福祉サービスを利用している層など，それぞれ関心も興味も違うわけであるから，それぞれの必要にあった情報提供の方法を考えていく必要がある。また障害の特性に応じた情報提供の方法も用意されなくてはならない。

(5) 情報を提供する

(4)で検討された結果に従って，情報提供をしていく。今日，情報媒体は非常に多岐にわたっている。ホームページやメールマガジンなどのインターネットを活用したものから，紙媒体の「たより」や「通信」，地元の新聞やテレビなどマスコミの活用，そして軽視できないのは「人づて」による情報伝達である。また不特定多数に対して流す情報と，対象を限定して流す場合とは異なる。

なかでも福祉に関する情報に関しては，本当に必要としている人に対して，必要な情報が届いていないという状況も見受けられる。その場合は，直接関係者が該当の人に対して，伝えることをしなければならない。地域福祉計画を策定する場合，とくに福祉サービスを利用している当事者の声は重要である。しかし抽象的な呼びかけだけでは参加を促すことは難しい。より具体的な情報を，必要な時期に的確に提供していかなくてはならない。

(6) 情報が有効に伝わっているかモニタリングする

情報を発信したから，計画担当者の責任を果たしたわけではない。その情報が地域住民のなかに実際に伝わっているか，モニタリングしていく必要がある。アンケートをとってみたり，地域住民にヒア

リングしてみるなどして，情報提供の内容や方法が妥当なものであったのかどうかを評価していくことが大切である。十分でなかった場合，どこに原因があるのかを探り，次回から改善していくことが不可欠になる。

情報公開とプライバシーの保護

地域福祉計画を策定するプロセスは，地域住民に対して開かれたものであることが重要である。そのためにも情報公開が不可欠である。策定を進めていき，住民が疑問に思ったこと，知りたいと思った資料などについてはわかりやすく提供していくことが求められる。毎回の策定委員会等の議事録は速やかに公開していくことはとくに大事である。また可能な限り策定委員会は公開にして，審議の内容を広く地域住民に知ってもらうことが大切である。こうしたプロセスのなかで，地域住民による情報プロジェクトなどを立ち上げ，住民の視点で計画策定の過程を「策定ニュース」として発行するという取組みをした先進地域もある。いずれにせよ，多くの地域住民の参加を得て，課題を明らかにしていくためにも，十分な情報公開が求められる。

ただしその場合には，プライバシーの保護に留意することは言うまでもない。地域課題を探っていく過程で，あるいはさまざまな意見を集約していくときに，それらを個人のものとして扱うと，別の場所でそのことが本人の不利益になることもある。専門職のみならず，内容によっては参加者全員に**守秘義務**があることを確認したり，得られた情報についてきちんと管理していくことは不可欠である。情報公開，情報の共有化といったことが優先される傾向があるが，計画策定に伴いさまざまな情報が錯綜するなかで，計画担当者がその管理を行うことはきわめて重要な役割である。

2 住民参加による検討を促すための方法

　住民参加を促し計画策定を進めていく方法とし，体系的な技法として「コミュニティ・ミーティング」が開発されている。この詳細については第8章で解説されている。ここでは住民参加の主要なプログラムとしてワークショップ，参加型住民懇談会，住民参加型調査について概要を整理する。この3つのプログラムはすべて行う必要はない。それぞれの地域の様子に合わせて組み合せながら活用していくことになる。またこれらのプログラムを推進するときに担当者に求められる力量は，**コーディネート**と**ファシリテーション**である。計画策定のいろいろな場面で「つなげていく」こと，そして「促していく」ことが求められる。

> ワークショップ

　ワークショップは，最近，とくに広がっている方法である。しかし**ワークショップ**という固定化された技法があるわけではない。その場の目的に向かって，進行役（この場合ワークショップのファシリテーターと呼ばれることが多い）の個性を生かしながら，参加者と一緒になって行う共同作業のことをいう。ワークショップでは完成された成果よりも，対話をしながら作業を進めるプロセスを大切にする。

　ワークショップでは，参加する1人ひとりが対等な立場（社会的な地位や役割などに関わらない）であることを大切にする。参加者1人ひとりの意見が大切にされ，全員がその作業を共有し，内容を分かち合うことが優先されるように進行される。この点は従来の「分科会」と異なるところである。しかし，現状では単に小グループをつくり，進行役の指示のもと，ただ作業だけを行い，予定された時

間内に成果物をつくりあげることを優先して、グループ内に対話が起こらず、役割意識の強い参加者の指導性だけが発揮されているような場面が見かけられる。

ワークショップの内容によっては、子どもから高齢者までが参加できるものもある。また何らかの障害があっても、必要な支援があれば同じように参加できるのもワークショップである。技法そのものは決して難しい方法ではないが、ワークショップのファシリテーターを養成していくことが必要である。

参加型住民懇談会

これまでも行政による小地域を単位とした「行政説明会」や「首長と語る会」などは行われてきたし、社会福祉協議会による地域福祉懇談会も開かれてきている。それゆえに住民懇談会は目新しい方法ではないが、ここで強調されているのは「参加型」という点である。そこでは「一問一答」形式ではなく、参加者相互の「対話」を促し、あるテーマについて語り合うことを意図している。しかし最初から対話が成立するわけではない。参加者から行政への不平や不満、要求や要望から始まることが多い。ただその1つひとつに対応していたのであれば、いつまでたっても一問一答形式から先に進まない。住民から一方的に意見を発するだけで終わってしまう。地域における1つの課題を共有し、その解決に向けてどうしたらいいか相談していくことができるように、進行していくことが求められる。

それには、推進役（ファシリテーター）の役割と継続した開催が求められる。推進役は常に職員である必要はない。策定委員会のメンバーなど地域住民であってもよい。また会場も主催者と参加者が対面するような座席の位置ではなく、車座にするなどの工夫が必要である。また開催時間にも参加する住民に対しての配慮が必要である。いずれにせよ、1回の懇談会で終わることはない。可能な限り

回数を重ねるようにしていくことが大事である。

> 住民参加型調査

この**住民参加型調査**の詳細については、第6章で触れられているが、従来のように調査対象として地域住民が位置づけられるのではなく、住民が実態を把握し問題を見つける主体として参加することに大きな意義がある。

　調査を設計する段階から住民が主体的に参加して、自らが作成した調査票に基づいて実施し、その分析と考察を行い、最後には調査結果を発表する。このプロセスが大切であり、この過程を通して、地域住民自らが地域福祉について学習していくことにもなる。これをしていくためには、地域のなかでキー・パーソンを探すことが必要である。このキー・パーソンを支援しながら参加型調査が進められることになる。また具体的な調査方法としては、アンケート調査法やヒアリング調査法が用いられることが多い。調査対象の範囲や規模が大きいもの、複雑な分析が求められるような調査は専門家が実施した方がよい。時間をかけても住民相互で問題を明らかにしていくような取組みにはたいへん効果的な方法である。

3 住民の福祉課題を把握するための方法

> 当事者からの福祉課題の丁寧な把握

地域福祉計画の策定にあたっては、地域住民のなかでも、とりわけ福祉サービスの利用者などから声を聞くことが重要である。とくに「声なき声」であったり、「声になりにくい声」を大切にしていかなければ、少数の意見が反映されていかない。ところがそうした声は、計画担当者がよほど意識的に働きかけない限り聞こえてこない。配慮がなければ、ワークショップや懇談会を開催しても、

会場に来られない状況がある。あるいは「言っても無駄だ」と諦めてしまっていることもある。そうした場合も含めて，当事者からの福祉課題を丁寧に把握するためには，直接出向いていってヒアリングをすることが重要である。たとえば福祉施設に出かけていって，直接職員や利用者から話しを聞くこともある。また可能な場合は自宅へ訪問して介護者や本人から話しを聞くことを丁寧に実施してきた市町村もある。それらは統計的な数値ではなく，1つひとつの事例として積み上げられていく。計画担当者が**アウトリーチ**の手法を用いて，福祉課題を把握していくことが重要である。できるだけ当事者団体（障害者協会や各種の家族会など）と緊密な連携を図ったり，ホームヘルパーや施設の職員など第一線で活躍している職員やボランティアからのヒアリングをすることなどが有効である。

また保健・医療・福祉関係者が一堂に会しての**事例検討会**なども，地域の具体的なニーズを把握していくためには，有効な手法である。ある市では計画策定のため事例検討会を開催し，そこではブレイクスルー手法を用いて，その地域のなかの問題を明らかにし，不足している社会資源を検討し，地域内におけるケアマネジメントのシステムを構築していった。

策定委員会の構成と人選の方法

計画策定をしていく手順として，一般的には策定委員会を設置するための要綱の検討から始める。しかし要綱の検討から始めると，すぐに人数の枠を考えることになり，その定員を埋めるための人選になりかねない。かつては行政にとって都合のいい人たちに声をかけ，限られたメンバーで閉ざされた審議をしていた時代もあったが，今日的な傾向としてはむしろ策定委員を公募したり，会議そのものを公開したりすることが増えてきている。

策定委員の公募は，より多くの地域住民の関心を集め，その意見

を委員会等に反映させていくうえでは大事な仕組みの1つである。しかし現実には，**公募委員**の選出過程はオープンになっておらず，行政の内部だけで作文などの提出を求め審査する場合がある。公募による地域住民の参加の意義を考えると，できるだけ多様な意見を反映させることが目的であるから，異なった立場や意見の住民が参加することが望ましい。一方でこのことは，住民側にも責任がある場合がある。たとえば公募委員が自分の立場からの主義主張だけを繰り返し，他の委員の意見を聞かずに会議を混乱させてしまうなどといった場面も見受けられる。策定委員会における公募委員の役割というものを自覚できるよう，住民側も学んでいく必要がある。

そこで策定委員会を設置する前に，定員にこだわることなく比較的自由な枠組みでワークショップを繰り返し，そこに参加してきた地域住民のなかから策定委員を選出してもらう方法もある。また小学生や中学生を正式な策定委員として選出した市もある。できるだけ若い世代に参加してもらうことを意図して責任者層ではなく，実務担当者層で委員会を構成したところもある。その自治体では選出にあたって「10年先の地域のリーダーに委員になってもらおう」という趣旨で人選を呼びかけた。

こうした取組みは，策定委員会の運営における目標設定によっても異なるといわれる。平野隆之は委員会運営における援助目標として「計画志向」「改善志向」「過程志向」と3つを分類し，それぞれの留意点を整理している（平野隆之［2003］，「計画策定委員会の運営」高森敬久ほか『地域福祉援助技術論』相川書房，247頁）。このことも含めて，地域福祉計画のコンテンツをどのようにつくるかという最初の企画力が問われる。形式的な住民参加に終始するのではなく，この機会に思い切った住民参加の方法を創意工夫してみることが大切である。そのためには計画担当者が従来の形式にしばられない創

造性と改革性をもっておかなければならない。

> **パブリック・コメントの方法**

ある程度の計画素案ができてきた段階で，さらに広範な地域住民に対して意見を求める必要がある。正式に計画が承認される前に，ある一定期間，地域住民から意見を寄せてもらう期間をつくっておくことが望ましい。つまり**パブリック・コメント**を求めるのである。ただしこのときに，単に計画素案を示しただけで意見を求めても十分な意見は出てこない。せっかくの機会が形式的になってしまう。たとえば計画策定のなかで論点になった点を丁寧に説明したり，より具体的な内容について解説を加えたりしながら，地域住民にとってわかりやすい資料づくりをしたうえで，意見を求める工夫が必要である。

パブリック・コメントで寄せられた意見については，1つひとつに丁寧な検討をしていかなければならない。寄せられた意見はホームページなどですべて公開して，それに対して回答していくことによって，全体の意見としていくことができる。

パブリック・コメントによっては，匿名を認めない場合もあるが，それはその目的と地域の状況などを総合的に判断して決定される。地域福祉計画においては，まだ始まったばかりの取組みであることから，ひとりでも多くの地域住民に関心をもってもらい，意見を寄せてもらうことから丁寧に住民参加の力を蓄積していくことが必要である。

4 福祉学習を進めていくための方法

住民参加による地域福祉計画の策定プロセスは，地域住民が地域

の福祉課題について気づき，そうした問題を共有しながら，解決に向けての方策について協議し，自らも地域福祉実践に主体的に関わっていくことが望まれる。こうした一連の活動はまさに地域住民にとっての**福祉学習**そのものである。地域福祉を推進するためのきわめて実践的な学習といえる。

> シンポジウムなど学習プログラムの企画

まず地域福祉について関心をもってもらうことが第一歩である。そのために講演会やシンポジウムを企画する。著名な講師を招いての講演会も関心を高めることはできるが，その場限りで終わってしまうことも多い。ここでは連続してシンポジウムを開催する方法を紹介したい。

最初のうちは，ワークショップなどで出てきた地域のなかで共通する課題をテーマにすると参加者を多く得やすい。その地域のなかでどんなテーマがもっとも住民の関心を集めやすいか，言い換えれば地域住民の学習ニーズを把握することから始まる。しかしテーマだけでは，多くの住民の関心を集めることは難しい。そこで，シンポジストを住民のなかから選出することを試みる。住民が日常生活のなかで感じている生の言葉，あるいは体験してきた想いを素朴に語ってもらうことは，他の住民の共感を得やすく，地域の課題を如実に物語ってくれる。1回だけでは限られてしまうので，何回かの連続した企画として実施していく。そのことを積み重ねることで課題を深めていくのである。

シンポジストは，介護の体験者や，障害当事者，ボランティア活動の実践者や保健・医療・福祉の関係者，小学生や中学生の意見も大切にしたい。この企画で大事なのは，コーディネーターの役割である。この場合，シンポジストは日常のなかで感じていることを自分の言葉で語ってもらうことにする。そのためにコーディネーター

は，シンポジストの真意を引き出しながら，その体験や意見から，地域の全体的な課題として抽象化していく作業をしないといけない。この役割を果たすことと，連続した学習企画を立案することが重要である。

> 参加・体験型の地域発見プログラムの企画

話を聞くだけではなく，自らが参加したり，体験しながら地域の課題について深めていく方法では，先ほど紹介したワークショップや住民参加型調査も，その1つであるが，ここでは**フィールドワーク**の手法を用いた地域発見プログラムを紹介する。すでに社会資源の見学ツアーやバリアフリー・マップ作成などは，広く取り組まれている。

たとえば見学ツアーとは，地域のなかの社会福祉施設や医療機関などを見学する企画である。地域住民にとっては，ふだん訪ねる機会がないところだけに，初めて見学するだけでも意義がある。施設側にしても，地域住民に知ってもらうという意義は大きい。そのことを第一歩にしながら，次の段階は施設の見学から，職員や利用者との交流を組み入れたプログラムにする。さらに次に出かけるときには，事前に参加者の質問事項をまとめて，実際に参加者自らがインタビューしてくるというプログラムにしていく。最終的には，自分たちが見学しての報告書を作成する。そのときには「地域の人たちに施設を紹介しよう」などといった工夫をすると関心が高まる。

バリアフリー・マップの作成も，同様である。障害のある人たちと一緒になって地域のなかのバリアの点検をしながら，その報告書をマップとして作成する。その過程で，いろいろなことを学びあっていくことができる。また「誰にとっても優しいまち」などをテーマにすると視点が広がる。障害のある人にとってのバリアだけではなく，乳児を連れた親にとっても使いやすいとか，外国籍の人にも

4 福祉学習を進めていくための方法 147

親切であるとか,さまざまな視点から地域のバリアを点検していくことが地域の再発見につながる。

> **先進地の視察や情報交換**

計画策定が本格的に始まった段階では,地域住民による先進地の見学や視察が有効である。百聞は一見に如かずと言われるように,実際に先進地を視察することで,地域福祉計画の具体的なイメージをもつことができる。そのときに留意しなければいけないのは,どこに視察に行くかということである。そのためには事前の情報収集や調査が必要なことはいうまでもないが,自分の地域と比較しておくことが大事である。人口構造はもとより,地理的条件,産業構造,財政力,保健・医療・福祉の基本システム,ボランティアなど住民参加の状況など,視察の前に揃う情報から分析しておくことは最低限のことである。そのうえで,視察の目的を明確にしていくことが重要である。このことを重ねて,住民自らが報告会を開催し,問題を提起していくという取組みもある。視察先の決定,実施,報告という一連の過程に住民が関わることで住民自身が力をつけていったという事例もある。

Summary サマリー

ここでは地域福祉計画の策定にあたって住民参加を促すために,①住民の関心を高めるための方法,②住民参加による検討を促すための方法,③住民の必要を把握するための方法,④福祉学習をすすめるための方法を紹介してきた。

具体的には,①情報の収集と分析,そして広報活動を通して住民の関心を高めていくこと。②ワークショップ,参加型地域福祉懇談会,住民参加型調査というプログラム。③ヒアリングや事例検討会,策定委員会の組織化・運営,パブリック・コメントについて。④計画策

定のプロセスを住民にとって学習の機会であるとしたときの企画。これらをすべて実施しなければ計画策定ができないわけではない。これらを組み合わせながら，それぞれの地域特性に見合った進め方をしていくことが重要である。これらを踏まえて体系的な技法としてコミュニティ・ミーティングがあるが，それについては次章で検討する。どのような方法を活用するにせよ，住民参加を促していくためには，担当者にコーディネートやファシリテーションの力量が求められる。

● Key words ●

情報　広報活動　守秘義務　コーディネート　ファシリテーション　ワークショップ　参加型住民懇談会　住民参加型調査　アウトリーチ　事例検討会　公募委員　パブリック・コメント　福祉学習　フィールドワーク

読書案内

福祉情報について体系的に学習するためには，森本佳樹『**地域福祉情報論序説──「情報化福祉」の展開と方策**』川島書店，1996年。

ワークショップについて知るための入門書として，中野民夫『**ワークショップ──新しい学びと創造の場**』岩波書店，2003年。

ファシリテーションについて理解するために，津村俊充・石田裕久編『**ファシリテーター・トレーニング──自己実現を促す教育ファシリテーションへのアプローチ**』ナカニシヤ出版，2003年。

コミュニティワークの基本的理解と技法を理解するために，濱野一郎・野口定久・柴田謙治編『**コミュニティワークの理論と実践を学ぶ**』みらい，2004年。

地域福祉計画策定にあたって具体的な技法について整理した報告書として，『**住民参加による地域福祉推進に向けた人材養成のあり方**』全国社会福祉協議会，2003年。

原 田 正 樹 ★

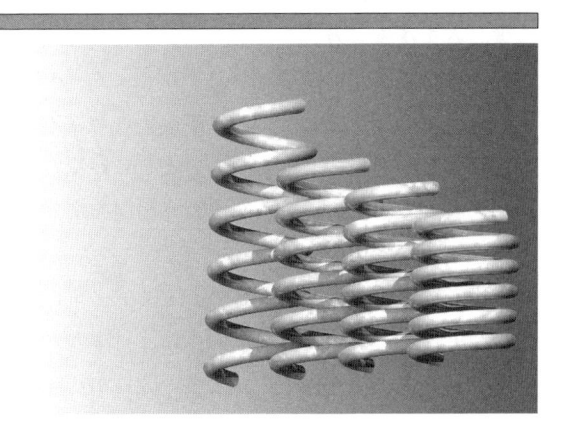

第8章 コミュニティ・ミーティング

 実際の計画策定では住民参加のさまざまな技法（第7章参照）を，いくつか組み合わせて最適な方式に仕組みをつくることが大切になる。もっとも住民参加の可能性が高められる方式としてコミュニティ・ミーティングの技法がある。

1 住民参加の推進
●タウン・ミーティングとコミュニティ・ミーティング

さまざまな住民参加方式

 住民参加方式の技法にはさまざまな方式がある。これを大きく分けると，行政施策に住民の意見を反映するために，住民の意見を収集するワンウェイ方式と，住民同士が自ら討議し，さらに行政と討議の場をもつツーウェイ方式がある。
 ワンウェイ方式には，アンケートによる方法，住民提案による方

法があげられ，場を共有するツーウェイ方式にはタウン・ミーティング（対話集会），公聴会，コミュニティ・ミーティング，シンポジウム，住民会議があり，さらには各種の委員会や検討会に参加する等，さまざまな方式がある。

　大臣等が出席して開催されるタウン・ミーティングは，広く国民から意見を聞き，また，国民に直接語りかけることで，内閣と国民との対話を促進することをねらいとしている。いまの日本では，住民が集まって政治について語り合う場があまりないので，住民との議論の場をつくりたい，というのが「タウン・ミーティング」（対話集会）である。つまり政治家と住民が「同じ目線で語り合う」ことが原則となっている。このように，日本のタウン・ミーティングの特徴は，大地域規模で1回程度の開催が可能な機会づくりで，小地域での度々の開催は不可能である。

　タウン・ミーティング（town meeting）は，主にアメリカの自治体などで多く用いられている住民参加の会議であり，政策決定にも大きな影響をもつものとして理解されている。アメリカの自治体は日本の自治体と比較して広大な面積を有しているので，この方式はアメリカ民主主義を推進するためのきわめて大切な会議といえる。

　アメリカと比べて，自治体の規模（面積・人口等）が小さい日本の市町村では行政が中心となってさまざまな計画の策定が可能であった。そして住民の参加はアンケート調査等のワンウェイ方式によることが多く，ときには選ばれた住民代表が検討委員会に参加するといったかたちで対応できていた。

　アメリカや自治体の制定が明確になっているドイツやフランスと比べて，日本の住民参加による自治体の政策決定のあり方には，さまざまな違いをみることができる。

　しかし，近年になり，日本の各自治体はさまざまな方式によって

住民参加による計画策定を促している。そのなかで学校区，公民館地区，集落単位などにおける多様な**コミュニティ・ミーティング**が注目を集めつつある。

コミュニティ・ミーティングの意義

今日の社会情勢のなかで，市町村が行政の視点のみによって地域の問題や課題を認識したり，必要な対策を検討したりするのでは十分な計画づくりが困難である。まずは住んでいる住民が「このままではいけない」「何とかしなければいけないのではないか」「できそうなことからやってみよう」というような意識をもって，主体的に関わっていくことが不可欠となった。

そのためには，地域住民が協力しながら，地域を取り巻くさまざまな状況を点検し，現状を的確に把握するとともに，将来に向けた課題等について主体的に話し合い，具体的な行動につなげていくことが何よりも重要と考えられる。地域が抱えている問題や課題は，住民にとってきわめて身近なテーマであり，自分たちの将来の生活と直接結びつくことでもあるため，住民の主体性と意欲が何よりも必要となる。

コミュニティ・ミーティングは，住民全員参加が可能となりうる仕組みである。高齢者や女性，子ども，障害者が平等の立場で行うコミュニティ・ミーティングは，これからのユニバーサル社会のまちづくりの原点ともなる。

また，**地方分権**が推進され，地域社会の多様な個性を尊重する「住民主導の個性的で総合的な行政システム」への変革が進んでいるなかで「コミュニティ・ミーティング」が取り入れられつつある。

市町村は，住民のもっとも身近な行政機関として，住民の福祉課題等を的確に反映しうる立場から，地域の特性や住民の福祉課題に根ざした多様な行政施策を推進することが求められている。そのた

め，行政と住民とは，一方が他方に要求するという一方向的な関係から，両者が対等の立場で地域のために協働するという，住民参加による行政システムが求められ，そしてそれは着実に根づきつつある。

　地域福祉計画においても，地域住民や地域のさまざまな組織・団体が参画して計画を策定すること，つまり住民参加による住民主導の計画づくりが義務づけられている。

　この点からして，コミュニティ・ミーティングの機能を十分に生かすことが大切である。

2 コミュニティ・ミーティングの仕組み

住民参加の計画　　コミュニティ・ミーティングは地域福祉計画の策定プロセスのなかで，住民参加の機能として位置づけられている。しかも，地域福祉計画の策定は素案づくりから何度も内容の検討を繰り返してできるものであるから，コミュニティ・ミーティングの機会は，計画プロセスのさまざまな場面に関わってくることになる。コミュニティ・ミーティングは計画策定のプロセスで，その場面に求められた目的に対して有効に機能するようにしなければならない。

　地域福祉計画づくりの作業プロセスでは，従来からの計画策定と同じように，資料収集や整理，課題の抽出とまとめ，計画素案策定，そして計画策定として進められることが必要である。そのためには通常の策定委員会という組織を形成して，そのなかにいくつかのワーキング・グループを構築することになる。

　さらに大切なことは，住民参加の有効な機能を果たすコミュニテ

ィ・ミーティングを，計画策定のなかでしっかり位置づける必要があることである。

住民参加の地域福祉計画の策定にあたっては，計画策定の作業要素（策定委員会等）と住民参加によるコミュニティ・ミーティングの作業要素を有効に関連づける必要がある。

地域福祉の施策立案への住民参加の反映は，**ローリング・システム**による施策づくりによって可能となる。

図8-1は，コミュニティ・ミーティングと施策策定チーム（策定委員会）との関連図である。問題の提起から情報収集，データ分析，総合計画との整合性，地域住民へのアンケート調査やヒアリング等の事前準備段階を経て，行政側において全体構想をまとめる。それを受けて，地区自治会，公民館等の小地域（ミニ地区）によるコミュニティ・ミーティング（図の(1)のステップ）により，計画の素案を検討し，行政側でそれを整理し，課題の抽出，方向性を検討し，次のステップ（図の(2)のステップ）のコミュニティ・ミーティングによって計画案の策定を行い，その素案を策定作業チームは，ホームページや広報誌等により，また可能ならばタウン・ミーティングの実施によって**パブリック・コメント**の実施のプロセスを経る。そして最終段階のコミュニティ・ミーティングによって計画案の修正を行い，最終的に策定委員会において計画の検証を行い，計画の策定をする。そして報告会および報告書を作成して議会認証，予算措置へと移行する。このローリング・システムに基づいたコミュニティ・ミーティングによる方式は，住民参加の行政施策策定（計画の設計と策定）に有効な技法である。

コミュニティ・ミーティングのサイズの決定

コミュニティ・ミーティングは，すべての基礎自治体がまったく同じ仕組みで実施できることはありえない。その主な理由は**市**

図 8-1 住民参加の福祉計画づくりローリング・システム概念：地域福祉計画策定とコミュニティ・ミーティングとの関連

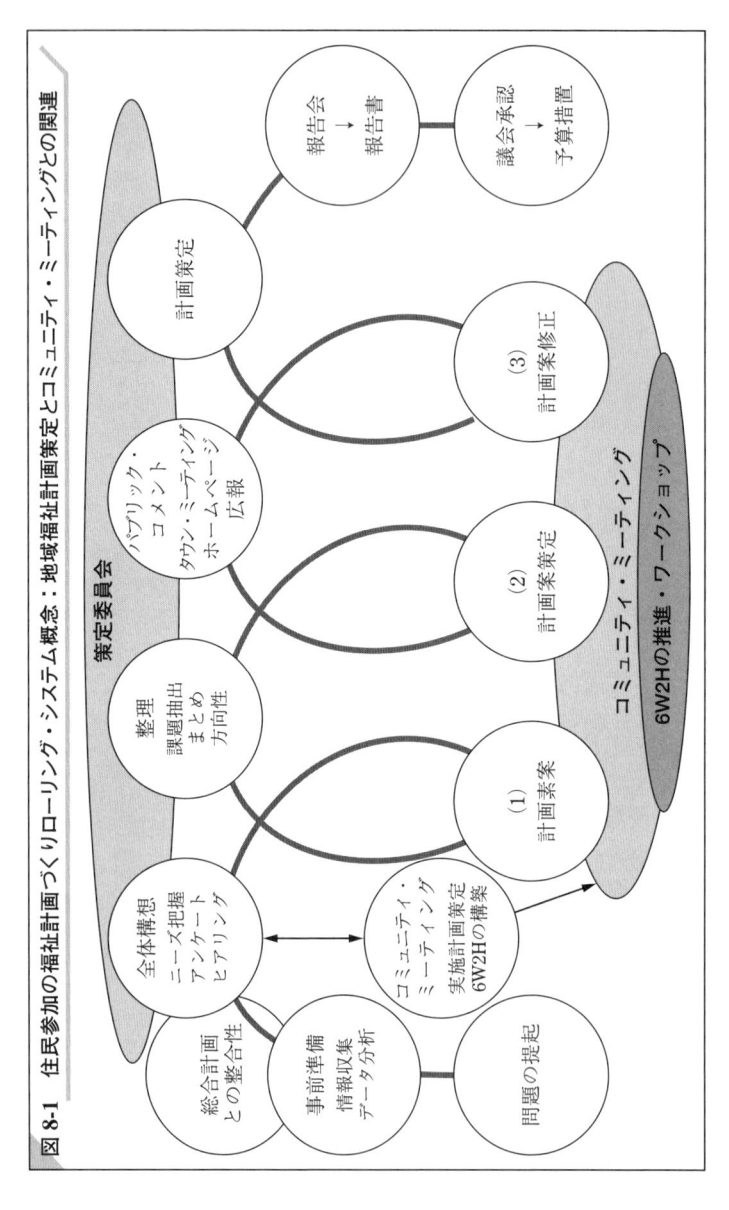

町村の規模（人口, 面積, 地理的条件など），とくに人口規模によって異なってくるからである。コミュニティ・ミーティングを実施するうえでもっとも大切な要素は，住民が参加できる適正な規模（サイズ）の決定にある。

この点を言い換えると，コミュニティ・ミーティングに住民が参加できる要素として，地理的な範囲，また住民の生活実態である昼夜間人口の状態，世帯構成の状態，居住年数の状況などがある。これらの状況によって住民の参加度のバラツキが生まれる。1回のミーティングに参加できる人数に影響がでる一方，ミーティングであるから，重要なポイントは皆が意見を述べられるようなミーティング参加者数の設定であり，1回のミーティングでは100名程度が限度ではないかと思われる。

コミュニティ・ミーティングは，可能な限り住民の全員参加が望ましいから，この視点からすると，小さな町村は望ましい姿でコミュニティ・ミーティングのサイズが決定できる。しかし大規模の市では相当の工夫が必要となる。

日本における基礎自治体である市町村のうち市になれる要件は，地方自治法で人口5万人以上（当面合併市では**合併特例法**〔市町村の合併の特例に関する法律〕によって4万人以上）と定められている。

この点は，フランスのコミューヌやドイツのゲマインデのように法的に基礎自治体を統一していることとは異なる。アメリカは各州で市（city）・町（town）・村（village）と区分されている。この点をみると日本はアメリカと似ている。

日本の市町村は人口規模にしても空間（面積）規模にしても小さい町村から横浜のように大きな市まできわめて多様である。このなかでコミュニティ・ミーティングの対象となるコミュニティの**最適空間規模**の決定は難しいものがある。しかし都市計画の立場では一

般的にコミュニティは house と town の中間領域という考えがあり，それを適用すると小さな市町村には数個，大きな市にはかなりの個数のコミュニティが存在すると考えられる。

このことからして，地域福祉計画の住民参加を促す主要な機能の単位として，コミュニティ・ミーティングの対象としてのコミュニティをどのように設定するかということが大切であることがわかる。

> コミュニティ・ミーティングの組立て

前述のように大きな規模の市になると住民全員参加のコミュニティ・ミーティングの実施がきわめて困難になる。そこでタウン・ミーティングの方式によって，できるだけ住民の考えを反映させるために，各種検討委員会に住民の代表者を選出して参加する方式をとるなどの工夫をしているのが現状である。

しかし，コミュニティ・ミーティングの方式を取り入れて，できるだけ多くの住民の参加による施策づくりをしようとしている自治体が増えつつある。

そこで，コミュニティ・ミーティングがどの市町村でも実施できる方式を検討しておくことが大切になる。

小さな規模の町村はコミュニティ・ミーティングの地区割りは比較的に容易である。ところが，概ね人口3万人以上の規模の町や市はなかなか困難である。

その主な理由は，コミュニティ・ミーティングの開催数が莫大になることになる。たとえば1つのコミュニティ・ミーティングを平均200名とすると5万人規模の市では250回のミーティングを必要とする。まして人口規模50万人となれば2500回が必要となる。

そこで1つの考え方として，コミュニティ・ミーティングを何層かに分けて，住民参加の理想に近づけようとする積上げによる組立方式がある。

この方式は図8-2の**コミュニティ・ミーティングの組織図**に示してある。コミュニティ・ミーティングの対象となるコミュニティを地区ごとに分け、一番小さな規模の地区をミニミニ地区とする。コミュニティ・ミーティングの第1層（第1次ミーティングとする）はミニミニ地区ミーティングである。この場には住民の多数の参加が可能になり、住民全員の参加という理想的な姿が可能になる。小さな町村はこのミニミニ地区ミーティングをいくつか実施することで全体の計画づくりは可能になる。

　コミュニティ・ミーティングの第1次ミーティングは、ミニミニ地区（集落）単位で行われる。その際、集落周辺の**タウン・ウオッチング**（地域の重点調査）を実施し、地域の資源や現状等を把握し、集落住民全員の意識の統一を図ることにより、ミーティング効果は倍増することが実証されている（第4節五ヶ瀬町事例）。

　第2次はミニミニ地区のリーダーによるミニ地区（自治区、公民館等）ミーティング、第3次は、さらにミニ地区リーダーによるミドル地区（学校区、その他行政区分）ミーティング、最終はミドル地区リーダーによる全体ミーティングを実施し、策定委員会や行政への提案を行うという積上げ方式である。

　この方式によるコミュニティ・ミーティングは、障害のある人や小中学生から高齢者に至るまでの地域住民全体の意見が集約できることから、理想的な住民参加といえよう。

　図8-2では4段階に分類しているが、集落単位のミニミニ地区は1集落で、できることならば100名以下が望ましい。さらに自治会活動や公民館活動としてのミニ地区は1自治会単位が100名以上1000名以下、地区や校区のミドル地区は1地区1000名以上1万名以下とする。最終ミーティングでは、30名以下が理想とされる。最終ミーティングは、**意見の交換**だけではなく、**意見を集約**し確定

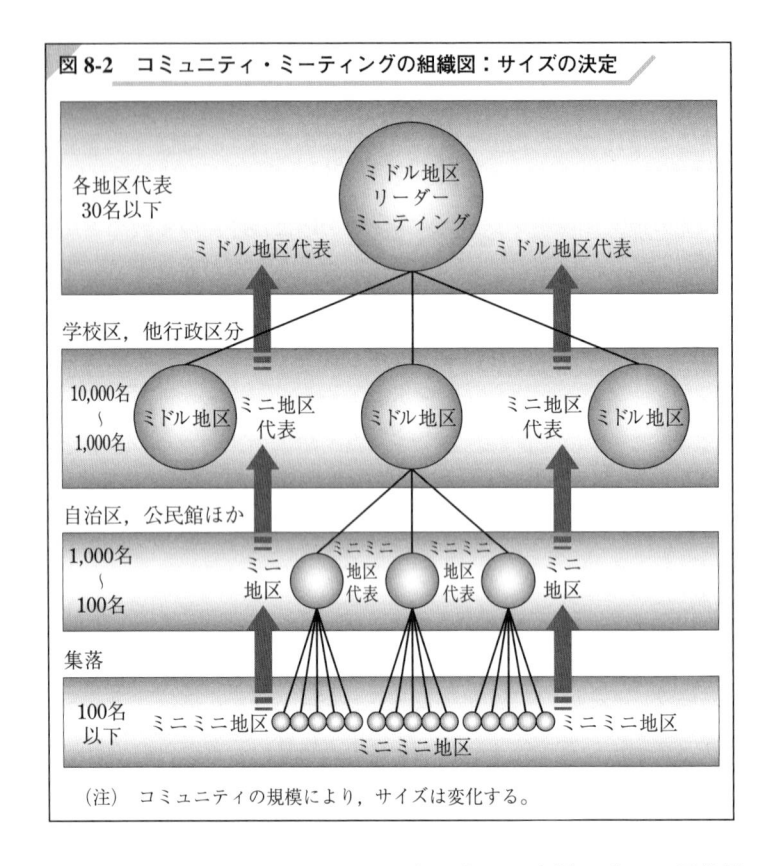

図 8-2　コミュニティ・ミーティングの組織図：サイズの決定

各地区代表
30名以下　　　　　　ミドル地区リーダーミーティング
　　　　　　ミドル地区代表　　　　　　ミドル地区代表

学校区，他行政区分
10,000名
～
1,000名　　ミドル地区　ミニ地区代表　ミドル地区　ミニ地区代表　ミドル地区

自治区，公民館ほか
1,000名
～
100名　　ミニ地区　ミニミニ地区代表　ミニミニ地区代表　ミニ地区

集落
100名
以下　　ミニミニ地区　　　　　　ミニミニ地区　　　　　　ミニミニ地区

（注）コミュニティの規模により，サイズは変化する。

するミーティングとなるため，30名以上では意見が分かれ最終結論につながらない傾向がみられるためである。

　このようにしてみると，このコミュニティ・ミーティングは，最終ミーティングにおける地区代表を30名とすれば，最高で30地区30万人規模の地方自治体までが実施可能の範疇に入ることになる。30万人以上の地方自治体は，この組立構成を数セット用意するか，複数回タウン・ミーティング方式をとることになろう。

　住民参加のこの方式は，時間と費用を要することになる。しかし，

1年で実施しなくても数年にわたって実施することも可能である。

3 コミュニティ・ミーティングの基本的な展開

ミーティングのまとめ方の基本：6W2Hの展開方法

コミュニティ・ミーティングの基本的手法としてワークショップがある。ワークショップを進めるうえでさまざまな方法や技法を用いることになる。その主なものにブレーン・ストーミング，**ブレーン・ライティング，ハイプレート法**などの手法があり，いくつかの手法を組み合わせてコミュニティ・ミーティングを進めることになる。しかし，1つの施策づくりや計画づくり，とくに地域づくりを検討するには基本的な企画・計画策定の8項目の要素による**6W2Hの展開手法**がもっとも有効な方法である。

コミュニティ・ミーティングを進めるにあたっては，まず，現状と課題を整理し，そのなかで取り上げるべき重要課題をテーマとして設定し，その解決に向けてのミーティングを実施することを明示する。その内容を，Why（目的，目標），What（内容），Who（計画実施の主体），To Whom（対象），When（時期・期間），Where（地域，場所等），How to（方法），How Much（予算）の6W2Hの8項目の要素で展開していくものである。ミーティングの進め方は次の手順となる。

(1) 現状と課題整理

資料やタウン・ウォッチング等により，地域の現状，地域の資源，地域の課題は何か，その課題に対し，現在どのような施策が進行しているか，施策推進にあたっての問題点，課題は何か等を整理する。

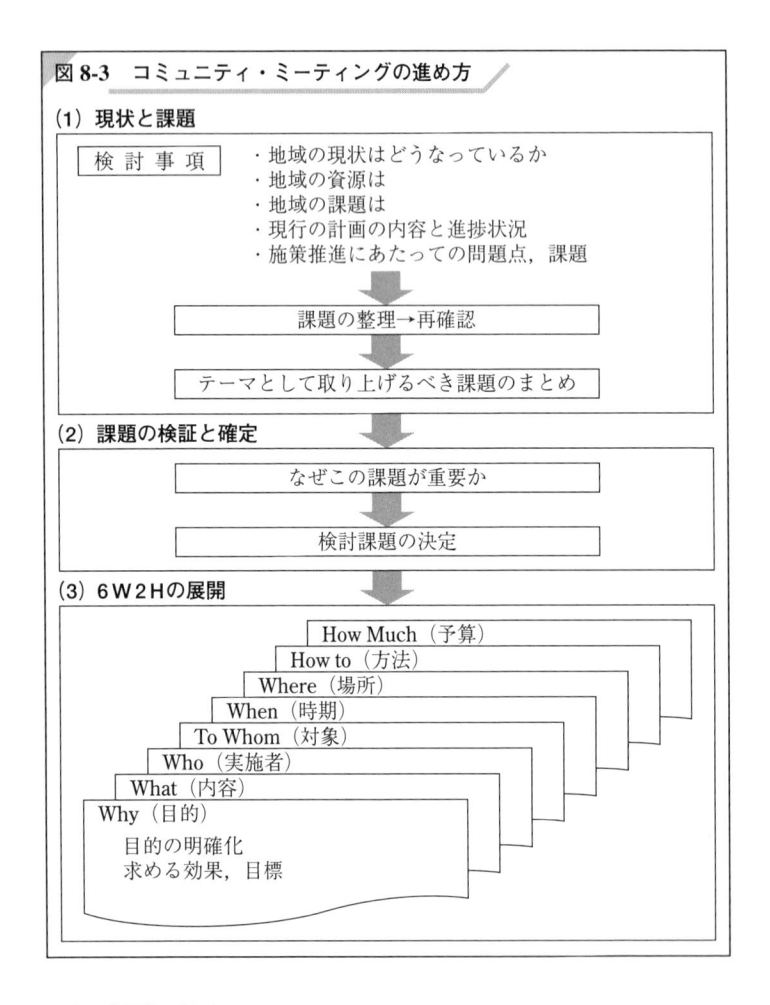

図 8-3　コミュニティ・ミーティングの進め方

(1) 現状と課題

検討事項
- 地域の現状はどうなっているか
- 地域の資源は
- 地域の課題は
- 現行の計画の内容と進捗状況
- 施策推進にあたっての問題点，課題

↓

課題の整理→再確認

↓

テーマとして取り上げるべき課題のまとめ

(2) 課題の検証と確定

なぜこの課題が重要か

↓

検討課題の決定

(3) 6W2Hの展開

- How Much（予算）
- How to（方法）
- Where（場所）
- When（時期）
- To Whom（対象）
- Who（実施者）
- What（内容）
- Why（目的）
  目的の明確化
  求める効果，目標

---

(2) 課題の確定

これ以外に問題点と課題はないかを再確認をしたうえで，ミーティングのテーマとして取り上げる課題を決定する。

(3) 6W2Hの展開

ミーティングのテーマが確定したら次の6W2Hに従いミーテ

ィングを展開する。

① Why（目的）　ミーティングのテーマに従い，このミーティングによって何を求めるのか，ミーティングの目的を整理する。

② What（内容）　このミーティングでは，ミーティングの目的を達成するためには何をなすべきか，住民各位からさまざまな視点に立った意見を集約し，まとめていく。効果は大きいが実現性は少ない意見は宝の山として，いかにしたら実現できるかについてさらに討議を進め，住民が納得できる案をまとめる。

③ Who（実施者）　目的が決まり，何をなすべきかの案が出そろったら，それではこれを誰がするのか，行政か，地域にあるグループか，個人か，さらに，実施する場合の組織は，また，協力者は誰か等の役割を明確化していく。

④ To Whom（対象）　対象は誰なのか，住民全員か，幼児か，高齢者か，女性か，障害のある人かなど，また，対象地域や対象箇所はどこか等を明確にしていく。

⑤ When（時期）　時期はいつか，また期間はいつまでか，短期計画か，中期計画か，長期計画か等の期間目標を定める。

⑥ Where（場所）　この案件の実施場所は，地域全域か，特定地域か，または特定の施設か等を確認する。

⑦ How to（方法）　この案件はどのような方法で実施していくのか，実施する組織体制は，全体的なスケジュールは，住民への情報発信は等々の運営方法について検討する。

⑧ How Much（予算）　この案件を実施する場合の予算はどうなっているか，収入予算，支出予算の概算を検討する。

このような「6W2Hの展開手法」による，コミュニティ・ミーティングの結果を計画案あるいはミーティング報告書にまとめ，計

画策定委員会等への提案書とする。

> コミュニティ・ミーティングの運営の手法と注意点

コミュニティ・ミーティングの基本的な手法として**ワークショップ**があり，設定の仕方としては，茶話会や住民懇談会など，さまざまな手法がある。そのなかでも住民が同じ立場に立ってミーティングに参加し展開する方法として「**ブレーン・ストーミング法**」がさまざまな事例研究の結果もっとも有効な手段と思われる。

ブレーン・ストーミング方式は，1938年頃，アレックス・F.オズボーンが考案した会議の進め方である。何人かが集まって，あるテーマを巡って自由奔放に意見やアイデアを出し合う形式の会議形態で，日本には1950年代半ば紹介され，多くの分野で利用されてきた。今日でも，創造的な問題解決の方法のなかではもっとも基本といわれている。このブレーン・ストーミングをコミュニティ・ミーティングの場で展開することを念頭におくと，コミュニティ・ミーティングの実際がかなり明らかになる。

ブレーン・ストーミングには4つのルールが定められており，このルールを厳守することが必要である。

ルール1は，批判厳禁。出てきた意見に対して良い，悪い，の評価はしない，けちを付けない，つまり，批判されると言いたいことも口に出せなくなるからである。

ルールの2は，自由奔放。他の人の頭脳を刺激するために，自由に意見を出す。

ルールの3は，他人のアイデアに便乗すること。1つの思いつきは，別のアイデアを誘発する効果がある。

ルールの4は，量を求める。量は質を生むことにつながる。

このようなことのなかにコミュニティ・ミーティングの大切なあ

り方が明示されている。

ミーティングの進め方としては，1グループ5〜8人編成とする。年齢，性別等バランスよく編成する必要がある。グループからは，進行役としてのリーダーを1人選出する。前述のルールに従い，グループ員からの意見を多く引き出す役割となる。また，グループ員から出た意見を漏らさず記録する書記を選出する。

グループ員は，恥ずかしい，笑われるといったことはすべて排除し，自分の意見はどんどん発言し，また他人の意見を参考に，新たなアイデアを創り出していく。

進行役のリーダーは，テーマに沿って，できるだけ数多くの意見がでるように進める。書記役は，皆が見えるように，出た意見は漏らさず模造紙やカードに書き込んでいく。意見が出そろったところで，類似意見等を集約し，可能性や効果を評価することにより絞り込んでいく。

提出された意見や提案の優劣を評価することはたいへん難しい作業である。評価の手法もいろいろあるが，どれを採用してみても絶対的というものはない，同じ方向をめざす意見をまとめて，そのなかから「目的の実現にもっとも効果が高いもの」という視点から順位づけを行うこととする。そしてこのようなことを繰り返す。

評価も難しいが，それにも増して難しいのが「最終的な決定」に対する判断である。現実には出てくる意見をすべて採用するわけにはいかないので，必ずどれかを採用し，どれかを落とすという決断をしなければならないことになる。

オズボーンのブレーン・ストーミング法は1つの例にすぎないが，考えられている事項はコミュニティ・ミーティングの運営にとってきわめて大切なことが多いので，あえて紹介し参考とした。

最終のまとめの段階で，6W2Hの各項目別に整理して全体像を

見直し確認したうえで，報告書等にまとめていくことになる。

コミュニティ・ミーティングを成功させるためには，さまざまな手法がある。その主なこととして，事前に**アンケート**などにより，住民の意見をある程度集約しておくことや，各地域ごとにタウン・ウオッチングを実施することによって，自分が住む地域の現状を十分に把握しておくことがミーティングを効果的に進める基本となる。

4 地域コミュニティ・ミーティングの実際（事例）

「佐土原町地域福祉総合計画」

佐土原町は宮崎県のほぼ中央部に位置している。2002年8月1日現在の人口は3万2630人，世帯数1万1548世帯である。

佐土原町では地域福祉計画と地域福祉活動計画を統合化して，町と社会福祉協議会が一緒になって計画策定をした。2002年の5月から8月にかけて地域コミュニティ・ミーティング（当地域名称では，小地域懇談会＝茶話会）を開催した。参加者は地域住民807名余，関係者217名余，44地域，44回の開催となった。この小地域懇談会は，民生委員・児童委員の区割りを「地域」とし，昼間（2時間）に開催したことが特徴となっている。

場所は学習館・公民館で，懇談会には，社会福祉協議会，在宅介護支援センター，その他関係機関・団体も出席し，ミーティングの内容は，社会福祉の問題に限った。

町では，策定委員会に4つの作業部会を設置し，これら懇談会からあがってきた意見をもとに，それぞれの作業部会が役割分担をして計画の策定に努めた。

さらに，パブリック・コメントの一環としてタウン・ミーティン

グの形式をとった。2002年10月19日に，佐土原中央公民館において，「佐土原町社会福祉計画」および「佐土原町社会福祉活動計画」中間報告会を開催した。小・中・高校生も参加して，この中間報告について住民との意見交換を行った。

ミニ地区における計画素案づくり，作業部会における計画策定，パブリック・コメントとして，インターネットホームページ，広報誌のほか，中間報告会（タウン・ミーティング方式）を実施し，計画策定を行うという，地域福祉計画づくりのローリング・システムを取り入れて，最終的に「佐土原町地域福祉総合計画」として2003年3月に発表した。

佐土原町は，宮崎市に隣接していることから，町のなかでも地区（4地区に分かれている）によって大きな特徴がある。宮崎市に隣接した地区はベッドタウン化した都市機能をもった住宅地域である。よって，ほとんどの人は宮崎市への勤務者で居住年数は新しい。

一方，中山間地に位置する地区は，従来から農業地域で高齢化率はきわめて高く，ほとんどの住民がずっと前から住んでいる。

このように，この町でもきわめて多様な状況が生まれている。そのため，住民の声を聞き，適切な地域福祉のあり方を採る必要が生まれた。人口が3万人を超えているため，コミュニティ・ミーティングを44回行った。そしてローリング・システムを使い，タウン・ミーティングなどさまざまな方法によって計画を策定した。

「第4次五ヶ瀬町長期総合計画」

宮崎県五ヶ瀬町は九州のほぼ中央に位置し，標高1200mから1600mの九州脊梁の山々を背にした，人口が5197人，世帯数は1609世帯，高齢化率約30％の町である。

五ヶ瀬町は，1970年に「五ヶ瀬町総合計画」を策定，1990年に「第3次五ヶ瀬町長期総合計画」を策定した。

2001年度からの五ヶ瀬町の第4次長期総合計画は，住民参画によるコミュニティ・ミーティングの実施によって策定された。

　五ヶ瀬町は，集落単位が18区，行政区が鞍岡・三ヶ所・桑野の3地域から構成されている。五ヶ瀬町の第4次長期総合計画は，住民参画を基本とし，住民アンケートをはじめ，ミニ地区である集落単位18地区ごとのタウン・ウォッチングによる地域の課題，隠されていた地域資源（地域の宝）の発見をもとにした地域コミュニティ・ミーティングの開催，ミドル地区である3地域におけるコミュニティ・ミーティング，学童による**子ども議会**の開設，町全体で構成された地域づくり委員会，行政に設置された策定委員会とのローリング・システムによって総合計画が策定された。また，パブリック・コメントの場として，五ヶ瀬町まちづくりフォーラムを実施し，長期総合計画の調整作業が実施された。

　地域福祉総合計画においても，同様の手順によって住民のニーズが即反映されている。

　この町では常にコミュニティ・ミーティングが行われ，グリーンツーリズムをはじめとした新しい時代対応の保健福祉計画の実現を果たしている。

　五ヶ瀬町は3地域があり，その地域は山によって分断されている。このため地域連携に苦労していた。その解決策として，住民の意見を直接くみ取り，それを町全体に，統一あるものにするために，コミュニティ・ミーティングを絶対条件として計画の策定をしている。

　さらに，地域同士の認識をもつために，町の住民が自らの地区は当然として，他の地区の実態を理解するための「タウン・ウオッチング」を実施している。

　ミニ地区におけるタウン・ウオッチングによってミニ地区内の住民意識が統一され，ミドル地区のコミュニティ・ミーティングにお

いて他地区の実情も把握され、リーダー・ミーティングによって町全体を把握する。これらがローリング・システムによりミニ地区まで戻ることによって、住民の意識が統一されていった。

その結果として、五ヶ瀬町の総合計画は、3地域18地区の振興計画まで落とし込み、さらに、ミニ地区単位での行政、地域、住民による役割分担まで策定している。各自治体が策定する長期総合計画において、ここまで落とし込んだ総合計画は類をみない。

Summary サマリー

住民参加による地域福祉計画の技法は第7章でもわかるようにさまざまな方式がある。

住民参加による計画づくりはなかなか難しいものであるが、この章では、1つのモデルを提示した。ここから読み取ってほしいことは、コミュニティ・ミーティングの機能を生かし、その住民参加の結果を全体の計画策定に結びつけることができるということである。

コミュニティの特徴とコミュニティ・ミーティングのあり方そしてさまざまなミーティング技法の基本的な考えを述べた。コミュニティは喪失したのではないかという考え方もあるが、コミュニティ活動が絶対に必要であるということを前提とするならば、住民参加のコミュニティ・ミーティングは計画づくりにも貢献し、同時にコミュニティ活動の復活にもつながるものである。

これからの地域福祉活動は自治体行政と住民が一体となって推進しなければならないということが強く求められてきている。コミュニティ・ミーティングを実施することによって計画策定プロセスを通じて地域資源の利用、新たな創造といった活動につながり、住みやすい地域形成ができる。コミュニティ・ミーティングをできるだけ具体論として考察し、計画策定の全体と部分の統合の視点を述べた。この章ではさまざまな自治体の挑戦の結果を大いに参考にさせていただいた。

● Key words ●

タウン・ミーティング　コミュニティ・ミーティング　地方分権　ローリング・システム　パブリック・コメント　市町村の規模　合併特例法　最適空間規模　コミュニティ・ミーティングの組織図　タウン・ウオッチング　意見の交換　意見の集約　ブレーン・ライティング　ハイプレート法　6W2Hの展開手法　ワークショップ　ブレーン・ストーミング法　アンケート　子ども議会

読書案内

社会福祉への市民参加の理論的な展開として，社会保障研究所編『**社会福祉における市民参加**』東京大学出版会，1996年。

コミュニティの概念について，Hillery, G. A, "Definition of Community," *Rural Sociology*, Vol. 20, 1955.

コミュニティ研究をネットワーク分析につなげているものとしてWellman, & B. Leighton, "Networks, Neighborhoods, and Communities," *Urban Affairs Quarterly*, Vol. 14, No. 3, 1979.

コミュニティの機能について，奥田道大・大森彌・越智昇・金子勇・梶田孝道『**コミュニティの社会設計**』有斐閣，1982年。

都市計画とコミュニティについて，日笠端『**コミュニティの空間計画**』共立出版，1997年。

住民参加の実践例として，茅野市の21世紀の福祉を創る会，日本地域福祉研究所編，土橋善蔵・鎌田實・大橋謙策編集代表『**福祉21ビーナスプランの挑戦**』中央法規出版，2003年。

――――――――― 小坂善治郎 ★

第9章 社会指標と政策評価

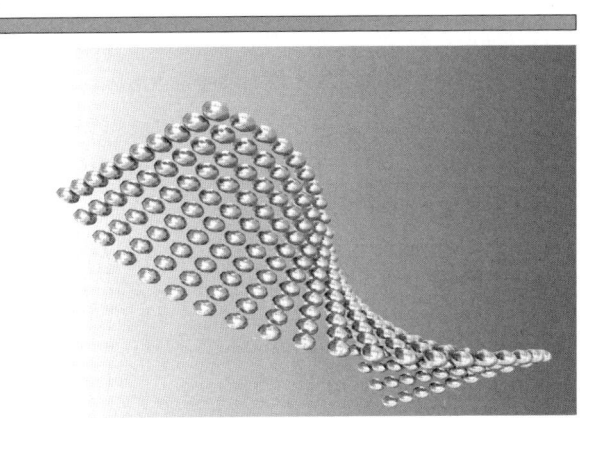

1 指標化をめぐる動向

社会指標　振り返ると，1970年前後，高度経済成長の時代において，環境問題，社会的費用の顕在化，そして，福祉への人びとの関心の高まり，社会的目標の設定といった時代背景のもとで，**社会指標**（social indicators）の作成が注目を集めた。当時，こうした動きは，社会指標運動と呼ばれていた。そこでは，単なる**国内総生産**（GDP），国民所得の増大といった経済的目標に対する批判という問題意識があり，社会指標は，ときとして，福祉指標，生活水準指標，**生活の質**（quality of life：QOL）指標などとも呼ばれていた。社会指標とは，基本的には，福祉（welfare），「生活の質」のための条件，客観的状況を測定する

ものであるが，主観的指標（満足度や切実度など）を含む場合もある。

当初，社会指標の構築は，国際機関（国連や OECD）や欧米諸国により推進された。日本においては，経済企画庁（現，内閣府）により試みられ，東京都など多くの地方自治体へ普及していった。たとえば，経済企画庁・国民生活審議会のさまざまな試みは，「社会指標」(1974年，1979年)，「国民生活指標」(1985年から毎年)，「**新国民生活指標**」(1992年から1999年)へと引き継がれていった。とりわけ，「新国民生活指標」では，合成された総合的な指標により，都道府県のランクづけが行われたが，その結果について異議が唱えられ，公表は取り止めとなった。その後，2002年12月に，「暮らし指数」が内閣府から公表されている。同指標体系においては，構造改革の側面（例，「子育てしやすい社会」「環境にやさしい社会」など）ごとに指標化が行われており，それは，政策志向を表している。他方，海外では，近年，再び，社会指標が見直されており，たとえば，EUでは，人びとが貧困などにより社会的排除されることなく，教育，雇用の機会の確保により当該社会への参加が可能になるという**社会的包摂**（social inclusion）の視点からの指標化に注目が集まっている。

個別指標を社会指標という場合もあるし，それらが体系化されたものを社会指標という場合もある。社会指標は，第1に，マクロな集計された社会統計で（例，「65歳以上就業率」「高齢者のボランティア活動・社会参加活動時間」），第2に，社会的諸活動の効果（直接的な効果，間接的な効果）を測定するものである。そして，第3に，福祉，「生活の質」の観点から，指標項目を選定し，社会的目標を設定し，福祉の達成度を示すものである。さらに，第4として，社会指標は，公共活動のために活用されることが望ましい。これらの

いずれかの特色をもつ場合，それは，社会指標と呼ばれている。実際，社会指標は，社会報告のために活用される場合もあるし，社会計画の用具となる場合もある。

> **政策評価**

その一方で，現在，**政策評価**，**行政評価**が注目を集めている。それらは，**ニュー・パブリック・マネジメント**（NPM）の一環として実施された。NPMは，①企業の手法の公共改革・事業への導入，市場における競争，②業績主義，**成果主義**への着目，③政策部門と執行部門の分離，④**戦略計画**の重視，⑤顧客重視とともに，⑥政策評価を主な要素とするものである。そこでは，公共当局の**アカウンタビリティ**（説明責任）の視点が不可欠になる。

実際，1980年代から先進諸国においては経済的停滞のもと，財政難が顕在化し，行政の効率性の確保，行政改革の推進がなされた。イギリスでの試みは注目に値し，90年代を通して政策評価が実施された。具体的には，1991年に，メージャー政権により発案された「市民憲章」は，さまざまな公共サービスについて，国民に公約するものであったが，そこで，目標水準の設定の必要性が指摘され，中央政府，地方自治体に適用された。また，自治体監査委員会が自治体の業績情報を公開するようになった。そして，2000年に，ブレア政権のもと，**ベスト・バリュー・プラン**という業績指標（パフォーマンス・メジャーメント）による政策の効率性，有効性を評価する計画が地方自治体で制度化されるようになった。

アメリカ合衆国についてみると，地方自治体レベルでは，オレゴン州の政策指標体系（政策の目標の設定，比較＝**ベンチマーク方式**），および，カリフォルニア州サニーベール市のコスト，マンパワー，時間の管理方式が先駆的なものとして有名であった。そして，中央レベルでは，1993年に，クリントン政権時にゴア副大統領のもと

で，予算と事業計画を制御するための **GPRA 法**（Government Performance Result Act）が制定され，2000 年にすべての政策と予算に対して目標設定と指標の対応づけがなされている。

政策評価，行政評価が，欧米諸国で普及したことから影響を受けて，日本では，三重県（事務事業評価システムから政策評価システムへ），静岡県（業務棚卸システム），北海道（時のアセスメントから政策アセスメントへ），東京都（包括的な政策・行政評価システム），青森県（政策マーケティング）などの都道府県レベルの試み，青森市（満足度の大幅な導入），深谷市（総合計画とのリンク），三鷹市（行政サービスの品質の評価）などの市レベルの試みが注目されている。しかし，その有効性の確保は，今後の課題となっている。中央レベルでは，総務省が，「政策評価に関する標準的ガイドライン」を2001 年に作成し，それを受けて，各官庁は，政策評価基本計画を策定するようになっている。

2 アウトカム志向と指標体系

アウトプット，そして
アウトカムへ

実際，公共活動には，政策，施策，事業・事務というレベルがある。近年，注目されている政策評価では，上位の政策に関する評価を意味することもあるし，これら全体を政策評価と見なす場合（例，日本の中央官庁）もある。その一方で，行政評価を施策（プログラム），事業・事務レベルの業績評価と見なす立場や，政策レベルを含む3つの連鎖の全体を行政評価と見なす立場もあり，さまざまである。また，事務事業評価という用語もある。

社会指標の体系と政策評価，行政評価の指標体系は，もともとは，

作成の経緯が異なっている。しかし，それらの指標体系の考え方は類似しており，上位レベルの政策評価の指標は，福祉，「生活の質」を志向すべきであるし，実際，社会指標も使用されている。ここで，福祉とは，制度概念を表し，ハンディキャップを負っている人びとに対する政策を表すものであるが，それとともに，「よりよい暮らし」という理想状態を表す概念でもある。また，「生活の質」においては，個人の「生活者の質」の側面が重視されるとともに，それを取り巻く「環境の質」も重視される。社会指標の構築では，容易に入手可能なデータを体系化する場合が比較的多く，社会統計の整備に重点があったが，政策評価，行政評価のためには，独自にデータを収集，開発する場合も多くなっている。そこでは，社会指標データのみならず，新たな調査結果や業務データも利用するようになっている。

ところで，政策とは，目標－手段のヒエラルヒーから成り立つものである。目標自体にも，より上位の**政策目標**（例，医療の確保と国民の健康づくりの推進），さらに**施策目標**（日常生活圏のなかで必要な医療が提供できる体制を整備すること），**事業目標**（具体的な整備事業に関するもの）などのレベルがあり，それらはヒエラルヒーをなし，かつ，それぞれのレベルは相対的である。それに対して，手段とは，政策当局が動かしうるもので，目標に対応づけ可能なものであり，制度，システム自体の改変から，給付，補助，規制，指導の方法，民間部門との協働の方法，具体的な社会的サービス，そして，個々の事務・事業などさまざまなものをあげることができる。

さらに，当該社会システムにおける**インプット**，**アウトプット**，**アウトカム**の連鎖の考え方も必要になろう。かつて，社会指標においては，アウトプット志向が主張されていた。ところが，現在の政策評価では，アウトカム（成果）指標も設定されるようになってお

り，これは，実際には，かつての社会指標の体系におけるアウトプット指標と対応している。現在の政策評価，行政評価では，インプットとしては，費用，マンパワー，そして，アウトプットとしては，行政の事業量をあげることができる（ただし，かつての社会指標では，施設数はインプット指標の位置づけ）。ここで，事業・事務レベルでは，効率性の確保が望まれ，プログラム（施策），政策との整合性の視点も不可欠となる。さらに，アウトカム（住民，国民に及ぼす成果）は，行政当局を含む各主体（市場，NPO，家族など）の相互連関によりもたらされ，社会的要因，社会変動により，影響を受ける場合もある。

具体的な例として，たとえば，ボランティア関係をみると，ボランティア講座のための予算・マンパワーはインプット，その講座の開催回数・参加人数はアウトプットであり，そして，実際に，ボランティア活動に参加するようになった人数が，アウトカムである。さらに，アウトカムを主観指標で表し，**選好度調査**（満足度や不安度などについての国民の意識を把握）の結果を使用するとか，サービスの**顧客満足度**を取り入れることも必要となっている。ここで，たとえば，全体的な生活満足度（例「あなたは，現在の生活に満足していますか」という質問）や領域別満足度（健康，社会保障，環境，家庭生活など），具体的な公共サービスの成果に対する満足度をみると，「満足，やや満足，どちらともいえない，やや不満，不満」といったカテゴリーにそれぞれ5から1点を与え，平均値を求めるとか，「満足，やや満足」の比率を求めるといった試みが行われている。

指標体系の考え方

社会指標構築では，たとえば，保健・医療，教育・文化，労働，余暇，生活環境，社会福祉，家族などの10個程度の福祉領域，社会的目標，社会的関心などといわれる分類軸を設定し，個別指標を対応づけることになる。

図9-1 指標の体系化（イメージ）

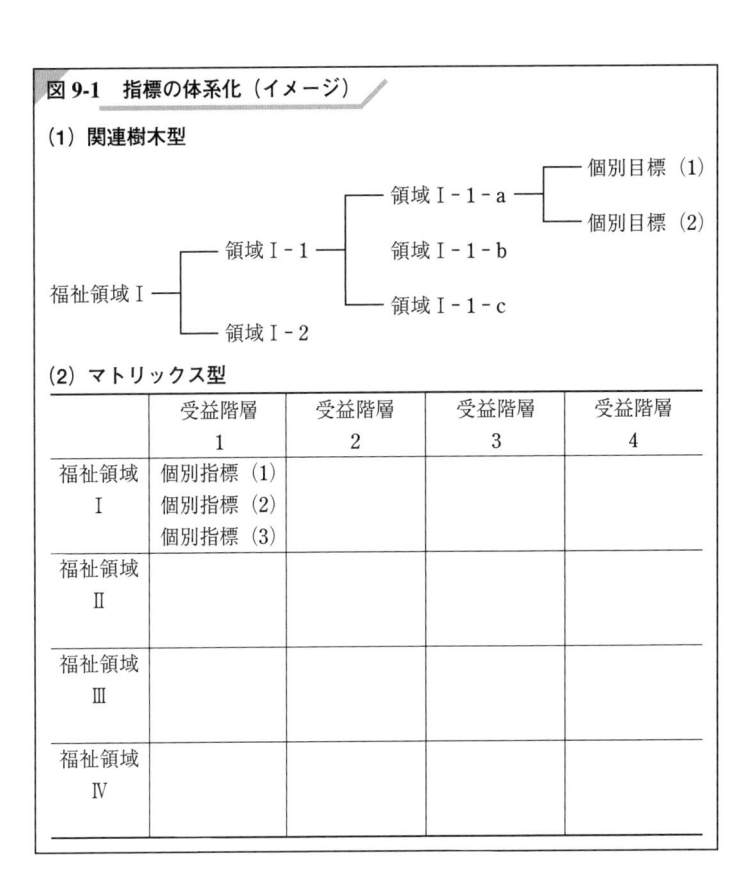

(1) 関連樹木型

```
福祉領域Ⅰ ─┬─ 領域Ⅰ-1 ─┬─ 領域Ⅰ-1-a ─┬─ 個別目標（1）
          │            │              └─ 個別目標（2）
          │            ├─ 領域Ⅰ-1-b
          │            └─ 領域Ⅰ-1-c
          └─ 領域Ⅰ-2
```

(2) マトリックス型

	受益階層1	受益階層2	受益階層3	受益階層4
福祉領域Ⅰ	個別指標（1） 個別指標（2） 個別指標（3）			
福祉領域Ⅱ				
福祉領域Ⅲ				
福祉領域Ⅳ				

その場合，こうした福祉，「生活の質」をめぐる領域をトップダウン形式で細分化し，それぞれに個別指標を対応づける**関連樹木型**と，福祉領域に，たとえば，受益階層（児童，老人，貧困者など）や社会問題の次元（都市化，国際化，高齢化など），評価軸（安全・安心，公正，自由など）などをクロスさせ，個別指標を対応づける**マトリックス型**の方法がある（図9-1）。

ここで，関連樹木型の例として，経済企画庁の「社会指標」（1974年）の健康分野をみると，「健康で長生きすること」「健康を守り，

増進するための社会的条件が向上すること」に分かれ，後者は，「健康を阻害し，または向上させる環境条件が改善されること」「医療水準が高まること」などに分かれ，さらに後者は，「医療ユーティリティが増大すること」「医療供給量が増大すること」「医療の質が向上すること」などに細分化されている。そして，たとえば，「医療のユーティリティが増大すること」の指標として，医療施設数，病床数，医療従事者数（対人口）が設定されている。

数量化，指標化においては，福祉，「生活の質」を表す概念との関わりが重要になり，指標が，その福祉領域や社会的目標の概念（例，「医療の公平さ」）をいかに適切に表しているかという，妥当性の確保が課題になる。これが指標の多重指標の問題である。実際，概念と指標が1対1に対応する場合のほか，多対1や1対多に対応する場合もある。そのなかから，いかなる指標を選択するのかという，いわゆる代表性に注目する必要がある。そのためには，理想的には，当該領域での理論ないしは論理が必要になる場合もあるし，実際の政策に依拠して，概念を特定化する場合もある。

近年の政策指標の体系においても，関連樹木型やマトリックス型の指標体系が構築されている。関連樹木型の例として，その後，都道府県レベル（滋賀県など）に多大な影響を与えたオレゴン州の政策評価体系（Oregon Shines II）では，ビジョンとして，「すべてのオレゴン住民があらゆる生活の側面で卓越した状態」をあげ，それが「I，すべてのオレゴン州民に価値ある職を提供」「II，安全で思いやりと責任感のある地域の創造」「III，健全で信頼できる環境づくり」というゴール（政策目標）に分かれている。そして，Iは，経済実績，教育，IIは，市民と行政，社会保障，公共安全，IIIは，地域開発，環境という具体項目に分かれている。そして，たとえば，社会保障は，健康，保護，貧困，障害者対策関連の指標項目から成

り立っている。

　また，青森県（「政策マーケティング2000」）は，県民が満足した人生を送れるための条件として，①安心，②つながり，③自己実現，④負担の4項目を設定し，(a)健康・福祉，(b)成長・学習，(c)仕事・職場，(d)社会環境，(e)家庭・地域生活という政策目標とクロスさせ（マトリックス方式），各セルに指標を位置づけている。たとえば，①安心‐(a)健康・福祉の指標は，(i)健康診断の受療率，(ii)保健・医療・福祉サービスの満足度，(iii)高規格救急車の普及率，(iv)医療の質・ミスに不満を感じた人の割合，(v)インフォームド・コンセントの徹底度，である。

3　評価の考え方とベンチマーク方式

評価，比較の方法

　ところで，社会指標においては，さまざまな比較がなされていた。その比較については，①時系列的比較，②国際比較，③都道府県，市町村比較，④未来像，「望ましさ」に関する基準との比較，⑤ライフサイクルの各段階（例，高齢期，成人期，青年期）における比較，⑥集団類型（例，「活動的な高齢者」「ひとり暮らし高齢者」「要介護等の高齢者」という類型，低所得者，貧困者などの階層）の比較をあげることができる。こうした評価の区別としては，相対評価と絶対評価（ないしは，規範的評価）が有名である。①〜③は，相対評価，④は，絶対的評価の例である。さらに，⑤，⑥では，それぞれの段階，類型でふさわしい指標を構築することになる。

　時系列的な比較は，その伸びに着目するものであり，たとえば，ある時点を100として，指数化する。たとえば，1990年度の実績

値を X_{1990}, t 年度の実績値を X_t とすると，指数値は，以下のとおりになる。

$$I = \left(\frac{X_t}{X_{1990}}\right) \times 100$$

地域比較として，都道府県比較では，実績値（X）と平均値（$\overline{X}$）の偏差を標準偏差（σ）で割り，50 を中心に共通尺度化する**標準得点方式**（偏差値方式）が採用されている。標準得点を Z とおくと，以下のとおりになる。

$$Z = \frac{10 \times (X - \overline{X})}{\sigma} + 50$$

しかし，社会指標では，貨幣的な指標を一部含むが，一般的には，非貨幣的・実物的で単位がまちまちであるため，そもそも，共通尺度化への合意が難しい。

上記のうち，絶対的・規範的な評価に関するものには，いくつかの系譜があるが，たとえば，1970 年前後に注目された**シビル・ミニマム**の考え方は，その 1 つである。そこでは，生活権かつ，政策公準としてのミニマム水準を，社会指標に付与するということになる。

社会指標の基準点方式も規範的評価の方法である。**基準点方式**には，1 基準点方式，2 基準点方式が考えられる。1 基準点方式では，「望ましさ」の基準との比較で，達成度が評価される。2 基準点の場合は，最低限の目標水準（M）と，十分な目標水準（F）が考えられる。X を実績値とすると，次の式で表される。

$$I = \left(\frac{X - M}{F - M}\right) \times 100$$

もちろん，こうした目標値の設定については，さまざまな方法がある。①国民の価値観を把握して設定する場合もあるし，②専門家

による判断もあるし、③行政官による判断もある。さらに、④たとえば、全国平均とか、先進諸国の水準を目標値とする場合もある。

こうした評価には、その次元に関する問題がある。すなわち、評価が1次元か、多次元か、という点が議論の対象となる。社会指標においては、共通尺度化された個別指標の値を足し合わせて単純平均する場合と、たとえば、主観的ウェイトを算出し、加重平均をする場合がある。後者では、個別指標や福祉領域に、意識調査の結果（不満足度や重要度）によりウェイトづけを行い、総合化するという点が課題になる。その式は、以下のとおりである。

$$U = \sum_{j}^{m} w^*_j u_j$$

$$u = \sum_{i}^{n} w_i x_i$$

ただし、$w^*_j(j=1, m)$ はウェイト

$u_j(j=1, m)$ は福祉領域

$w_i(i=1, n)$ はウェイト

$x_i(i=1, n)$ は個別指標

しかし、福祉をめぐる政策においては、価値の葛藤が生起しやすく、合意の得られる優先順位（ウェイトづけ）の決定は難しい。また、福祉に関する現象は、そもそも、多元的であるという点も指摘できる。一本化された尺度により認識、評価するというのは、複雑な現象を単純化するため、一見、合理的にみえるが、微妙な差異が捨象される。

> ベンチマーク方式

その一方で、近年の政策評価、行政評価では、ベンチマーク方式が有名である。同方式は、もともとは、地域住民の暮らしや、自治体の経営状態を数値で表し、時系列的な比較を行うとか、地域間の比較をするものである。これは、社会指標の考え方に通じるが、企業経営とのアナロジ

ーにより，自治体の経営計画を策定し，**ビジョン**を構想し，政策目標，施策目標を設定し，目標管理を行うことも含意している。

　たしかに，数値指標（ベンチマーク）により目標値を示し，当該地域が，現在，どのような位置にあるか，未来との関係でいかなる位置にあるかを明確にする場合，社会指標における目標値（1基準点方式）の設定の難しさを引き継ぐことになる。ベンチマーク方式では，成果主義との関わりで，目標値を設定することになるが，その値を低く設定したら実現しやすいし，そもそも，成果があがりにくい領域もある。目標値は，あくまでも努力目標であるという点を認識すべきであろう。ベンチマークという言葉は，オレゴン州のベンチマーク方式により有名になり，日本の自治体へ多大な影響をもたらしている。

4 評価の管理と計画問題

政策評価と事務事業評価

　地方自治体における上位レベルの政策評価の指標体系は，社会指標体系と共通するところがあり，住民への公表により，人びとの議論を活性化させる可能性を秘めている。それに対して，狭義の事務事業評価の場合，住民への公表とともに行政内部の管理という側面が，より注目される。上位レベル（政策）での評価を志向する場合も，その前提には，施策，事業の棚卸しによる評価，現場での生産性の向上のための運動が必要になる。そのために，たとえば，以下の構成の**事務事業評価表**を作成することになる。①事務事業名，②上位の政策，施策，③関連施策，事務事業，④当該事務事業の目的，⑤成果（中間的アウトカム）指標名，指数化式，⑥アウトカム，

アウトプット指標の目標値と時系列的な実績値，予算，マンパワーなどのインプット指標の時系列値，⑦事務事業の環境要因（基礎的データ），⑧事務事業の評価，改革の方向性，など。

ところで，政策評価では，アウトカム（成果）の把握が試みられるが，行政のアウトプット，インプットとの因果関係の解明も不可欠になる。そのため，個別の領域ごとに最終的アウトカム，中間的アウカム，アウトプット，インプットの流れを表すこと（ロジック・モデル）により，政策評価，施策評価と事務事業評価をつなげる必要がある。予算についても，事務事業別予算，プログラム（施策）別予算を作成し，人件費などもそこに組み込み，事業と予算の関わりを明示化することが望まれ，公会計の改革が推進される。

日本の都道府県レベルでは総合計画が作成され，市町村計画も作成されている。そこでは，社会指標が活用されていたが，目標値の設定がなされない場合もあり，目標管理，評価，戦略計画の視点が弱かったといえる。行政における情報主導，政策主導の必要性は，しばしば主張されているが，政治的権力により意思決定が歪められることも多く，ここに，政策科学的な方法の活用の限界がある。しかし，たとえば，事務事業評価表のなかの目標値と，総合計画の目標値との整合性を図るといった努力の積み重ねが必要とされるのである。

厚生労働省の指標体系　中央官庁の例として厚生労働省の政策評価（同ホームページ）に着目すると，基本目標は，12項目から成り立っている。ここで，たとえば，基本目標7という政策目標は，表9-1のような施策目標から成り立ち，その目標に関係する実績目標，評価指標が位置づけられている。しかし，実際には，この指標体系において，アウトカム指標，アウトプット指標が混在している。アウトカム指標の開発の困難性により，アウ

表 9-1　厚生労働省の政策評価体系（例）

基本目標 7　利用者の視点に立った質の高い福祉サービスの提供等を図ること

施策目標 1　生活困窮者等に対し必要な保護を行うこと
- 1-Ⅰ　生活困窮者に対し必要な保護を行うこと
  - 実績目標：生活困窮者に対し必要な保護を行うこと
  - 評価指標：被保護者数，給付額，不正受給件数
- 1-Ⅱ　災害に際し応急的に必要な救助を行うこと
  - 実績目標：迅速に，応急救助を実施すること
  - 評価指標：被害発生から避難所設置までの時間

施策目標 2　地域福祉の増進を図ること
- 2-Ⅰ　ボランティア活動等住民参加による地域福祉活動を促進し，地域福祉を推進すること
  - 実績目標：地域福祉活動に参加する住民を着実に増やすこと
  - 評価指標：ボランティアセンターにおいて把握しているボランティア数
- 2-Ⅱ　ホームレスの自立を促進すること
  - 実績目標：ホームレス自立支援センター等を整備すること
  - 評価指標：ホームレス自立支援センターおよびシェルターにおける収容可能人員（定員）

施策目標 3　社会福祉サービスを支える人材養成，利用者保護等の基盤整備を図ること
- 3-Ⅰ　社会福祉事業に従事する人材の養成確保を推進することにより，より質の高い福祉サービスの提供がなされる基盤を整備すること
  - 実績目標：社会福祉士および介護福祉士の着実な養成を図ること
  - 評価指標：社会福祉士登録者数，介護福祉士登録者数，社会福祉施設に従事する介護職員に占める介護福祉士の割合
  - 実績目標：社会福祉事業従事者に対する福利厚生事業を福利厚生センターにおいて実施すること
  - 評価指標：福利厚生センター加入者数
- 3-Ⅱ　利用者の選択を可能にするための情報提供や判断能力が不十分な者に対する援助を行うことにより，福祉サービスの利用者の保護を図ること
  - 実績目標：福祉サービスに関する苦情解決等を行う「運営適正化委員会」の運営を支援すること
  - 評価指標：苦情受付件数に占める解決件数の割合
  - 実績目標：福祉サービスの第三者評価の普及を図ること
  - 評価指標：第三者評価の受審件数（第三者評価の定着後に調査を実施）

（出所）厚生労働省ホームページより。

トプットで代替する必要があるためである。厚生労働省は，こうした実績評価のほかに，事務・事業の導入ならびに規制の新設のとき事前になされる事業評価と，既存の政策を見直し，新たな政策を展開するとき，多角的な視点からより深い分析を行う総合評価も実施している。同省は，評価の基準として，①必要性，②**効率性**，③有効性，④**公平性**，⑤優先性をあげている。

公共的意思決定過程と参加

実際，計画→実行→評価→フィードバック→計画へという公共的意思決定のサイクルにおいて，政策評価，行政評価をいかに位置づけるか，ということは重要な課題となる。現在，地方自治体の総合計画では，これまでの反省を踏まえ，公共活動の**進行管理**において**事前評価，途中評価，事後評価**を実施することが主要な動向となっている。事業レベルの事前評価では，費用対効果の把握が，よりいっそう，重視されよう。上述の厚生労働省の政策評価でも，事前評価，事後評価の考え方が指摘されており，さらに，たとえば，国民の健康水準の向上をめざす「健康日本21」でも，同様な発想がとられている。

しかし，公共当局の内部評価では，お手盛りの評価になる可能性があるため，客観的，かつ中立的な立場からの**第三者評価**が注目されている。そのうえ，公共的な意思決定過程においては，国民，住民の参加の位置づけが不可欠になる。指標項目の選択，目標値の設定のための委員会における住民参加が主要な課題となり，また，福祉課題を把握するための**意識調査**も活用されている。そして，インターネットを通して，住民，国民のコメントを募集するという新しい動向もある。こうした試みは，地方自治体レベルで，とりわけ重視されているが，それは，地域こそが住民の福祉課題が発生する「場」にほかならないからである。

現在，財政難のなかで，数量的認識，および，それに基づく合理性の確保が期待されている。そこでは，指標による政策評価，行政評価の考え方が不可欠になっている。もちろん，成果主義では，アウトカム（成果）に関する数値のつじつま合わせに陥る可能性もある。しかしながら，政策評価，行政評価の一応の制度化を踏まえ，今後，効率性と公平性をいかに両立させるか，という点が課題となろう。

Summary　サマリー

　数量的認識，指標化は，古くて新しいテーマである。かつて，社会指標の作成が注目されたが，社会統計の整備とともに，その関心は相対的に弱まっていった。また，費用効果分析を，事前に厳密に行うという伝統的な政策科学の考え方は，公共活動の効果測定の難しさ，そして，閉じた分野のなかでの部分的最適化に陥りやすいという理由により，十分には普及しなかった。

　しかし，たとえば，アメリカ合衆国では，プログラム（施策）評価の流れのなかで，指標化の考え方が脈々と生き続け，世界的なニュー・パブリック・マネジメント（NPM）の動きとともに，注目を集めた。実際，NPMにおいては，財政的な逼迫化による行財政，会計改革への試みとともに，事前—途中—事後評価を体系づけ，それを計画，実行，評価からなる意思決定過程に位置づけるという点に特色があり，指標化が大きな役割を担っている。

　指標とは，複雑な現象に標識づけを与え，認識，評価し，さらに，何らかの制御を行うためのものであり，広義には，定量的なものと定性的なものがある。指標論は，データ論と言い換えることも可能であり，いかにデータを収集し，加工するかという方法論であるともいえる。そのためには，理論的，行政的研究の蓄積が望まれる。合理化の試みには，数量を媒介した議論が必要になるが，それはあくまでも1

つの操作的な手続による指標に基づくものである。そのため，指標構成の方法について，徹底的な議論がなされ，社会的文脈のなかで，指標がいかに有用性を発揮するか，検討がなされることになる。

● **Key words** ●

社会指標　　国内総生産（GDP）　　「生活の質」（QOL）
新国民生活指標　　社会的包摂　　政策評価　　行政評価
ニュー・パブリック・マネジメント（NPM）　　成果主義
戦略計画　　アカウンタビリティ（説明責任）　　ベスト・バリュー・プラン　　ベンチマーク方式　　GPRA法　　政策目標　　施策目標　　事業目標　　インプット　　アウトプット　　アウトカム　　選好度調査　　顧客満足度　　関連樹木型　　マトリックス型　　標準得点方式　　シビル・ミニマム基準点方式　　ビジョン　　事務事業評価表　　効率性　　公平性　　進行管理　　事前評価　　途中評価　　事後評価
第三者評価　　意識調査

読書案内

社会指標，「生活の質」については，三重野卓『**「生活の質」と共生（増補改訂版）**』白桃書房，2004年を参照されたい。政策評価，行政評価についての包括的な解説は，上山信一『**「行政評価」の時代——経営と顧客の視点から**』NTT出版，1998年，上山信一『**日本の行政評価——総括と展望**』第一法規出版，2002年，島田晴雄・三菱総合研究所『**行政評価——スマート・ローカル・ガバメント**』東洋経済新報社，1999年が参考になる。NPMについては，たとえば，大住荘四郎『**NPMによる行政革命——経営改革モデルの構築と実践**』日本評論社，2003年。政策評価の具体的な手法については，龍慶昭・佐々木亮『**「政策評価」の理論と技法（増補改訂版）**』多賀出版，2004年，会計改革については，石原俊彦『**地方自治体の事業評価と発生主義会**

計──行政評価の新潮流』中央経済社，1999 年が詳しい。評価論一般については，三好皓一編 『**評価論を学ぶ人のために**』世界思想社，2008 年が詳しい。

———————————— 三重野　卓 ★

第10章 地域福祉計画における評価

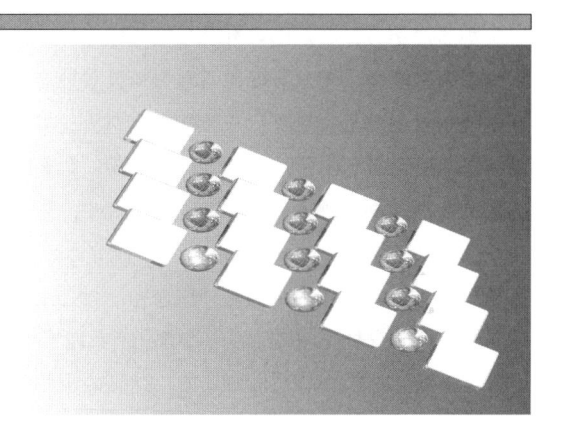

はじめに

社会福祉の領域で「評価」という場合，通常，次の2つの意味で考えられている。すなわち，1つは「事前評価」(assessment) であり，もう1つは「事後評価」(evaluation) である。前者の事前評価については，すでに第6章「課題の発見と目標の設定」で論及しているので，本章では後者の事後評価の意味に限定して，「評価」(エバリュエーション) という言葉を用いる。

一般に計画のプロセス・モデルは，計画の策定（plan）→実施（do）→評価（see）→〈フィードバック〉→計画の再策定（rolling）という一連の過程（プロセス）としてとらえることができるが，このモデルからもわかるように，評価は計画の1つの構成要素となっており，計画全体のなかで重要な位置を占めている。つまり，いかに立派な計画を策定し，実施したとしても，評価の仕方によっては，文字どおり，その計画の成果が正当に評価されないばかりか，その後に再策定さ

れる計画の内容や成否も大きな影響を受けるのである。その意味でいえば、評価は、計画の策定や実施と同じように、あるいはそれ以上に重要な機能をその過程において果たしているといえる。

しかしながら、わが国の社会福祉の領域では、長らく「計画は策定するものであって、評価するものではない」という意識が研究者や実践者などの間に強く、また評価自体が、これまで**アカウンタビリティ**（説明責任）として、社会的に厳しく求められることがなかったため、計画の評価に関する先行研究や、先駆的な実践活動は少なく、その方法論（methodology）が確立されていないのが現状である。そして、地域福祉計画の場合も、たとえば厚生労働省の研究報告書（「市町村地域福祉計画及び都道府県地域福祉支援計画策定指針の在り方について」）などにおいて、評価の重要性については言及されているものの、地域福祉計画をどのように評価するのかについては、具体的に詳述されていないため、今後の実践的な研究課題となっている。

そこで、本章ではこうした現状を踏まえ、試論的ではあるが、地域福祉計画における「評価」に焦点をあてて論及することにしたい。

1 評価とは何か

評価という行為の日常性

人が何かを評価するという行為は、われわれが日頃の生活のなかで日常的に行っていることである。たとえば、われわれは、就寝前に1日を振り返り、「今日はとても充実した、いい1日だった」とか、「あのときにこうしておけば、もっとうまくいったはずだ」とか、その日1日をさまざまな角度から評価している。また、几帳

面な性格の人のなかには,それを日記という形で記録している人もいるだろう。

しかし,そのような広い意味での「評価」を,もし仮に公的な機会や場所で発表することがあれば,少なくともその多くは,単なる個人的な意見にすぎないなどと言われ,特殊な場合(たとえば,大統領や首相などの回想録)を除いて,公式には相手にされないはずである。なぜならば,評価とは,最終的には誰もが納得できる,科学的,合理的,客観的なものでなければならないからである。そして,本章で論及する「評価」とは,まさにそうした意味でのそれであり,評価者の日常的な感覚に基づくものではないのである。

評価の難しさ

さて,評価を科学的,合理的,客観的に行うといっても,それは決して容易ではない。われわれにとって,評価という行為が難しいのは,それ自体がきわめて多元的かつ相対的なものだからである。つまり,「いつ,誰が,どのような立場で,何を対象として,いかなる方法で評価するか」によって,その結果が大きく異なる場合があるのである。

たとえば,地域福祉計画では「住民参加」が重要になるが,ある市の地域福祉計画の策定過程で,地域住民の地区懇談会への参加人数が急激に増加したとしよう。計画の策定主体である計画策定委員会や,事務局の役割を果たしている市の担当部課は,それを地域住民の地域福祉計画への関心の高まりと考えて,住民参加を達成できたと評価するであろう。

しかし,その一方で市の別の部課は,「住民参加を達成した」といっても,それは全住民のわずか数%にも満たない規模であり,地域住民の過半数以上が参加する「住民投票」などと比較して,住民参加を達成したとはいえないと評価するかもしれない。この場合,前者は時系列的な評価,後者は比較に基づくそれであるが,評価と

して考えると，両者のうち，どちらかが正しいのではなく，どちらも「正しい」のである。

このように評価の結果は，視点を変えれば異なるのであり，この点に評価のもつ本質的な難しさが存在している。

2 社会福祉援助技術における評価方法

前節で述べたように，評価という行為は難しいものであるが，それでも社会福祉の領域では，これまで社会福祉援助技術（ソーシャルワーク）の分野を中心にして，いくつかの専門的な評価方法が開発されてきている。本節では，まずその点について簡潔に説明することにしよう。

シングル・システム・デザイン法

シングル・システム・デザイン法とは，ケースワークのような直接援助技術の効果を評価する方法として，第1に援助を受けている利用者の行動に変化が現れたかどうか，第2に変化が現れたとすれば，その変化は援助者が提供した援助（介入）によってもたらされたものかどうか，という2つの問いに答えようとする方法である。

この方法は，「シングル」という言葉に象徴されているように，個人や1つの家族・集団のように，単一の利用者（対象）に焦点をあてて評価する方法であり，1960年代のアメリカで，心理学の学習理論の研究者たちの間で用いられるようになったものが，70年代以降に社会福祉の領域でも応用されるようになって定着した方法である。

シングル・システム・デザイン法は，利用者に起きた行動の変化を数量的に評価するため，適用できる範囲が限定されるという問題

があるものの，今日，社会福祉援助実践の評価方法として，ソーシャルワーカーの間で広く用いられるようになっている。なお，この方法には「ABデザイン」をはじめとしていくつかのタイプがあるが，その基本的なアイディアは同じである。

実験計画法　シングル・システム・デザイン法は，援助を受けている単一の利用者（個人・家族・集団）への直接援助技術の効果を評価する方法としては有用であるが，間接援助技術（コミュニティワークなど）のように，利用者の規模が大きい場合は必ずしも有効な方法とはいえない。そこで，そのような集団（対象）に対しては，別の評価方法（アプローチ）が必要になる。社会福祉サービスのプログラム（事業）評価の分野でよく用いられる**実験計画法**は，そうした評価方法の代表的なものである。

社会福祉サービスのプログラム評価の主な目的は，そのプログラムが全体として利用者に対して効果的であるかどうかを明らかにすることにある。つまり，それは，あるプログラム（たとえば，介護保険制度に基づく介護サービス）において，「介護サービスの利用」という原因と「利用者（要介護高齢者）の生活の質の向上」という結果の関連性（因果関係）を明確にすることを意味している。

この因果関係を分析するには，利用者が介護サービスを利用する前と後の具体的な変化（利用者の生活の質が向上したかどうか）を調査すればよいが，その場合，さまざまな外生変数の影響によって「内部妥当性」を確保できないという欠点が生じる。たとえば，上記の「介護サービスの利用」と「利用者の生活の質の向上」との関係において，もし利用者が介護サービス以外の社会福祉サービス（住民参加型在宅福祉サービスなど）を利用していた場合（外生変数）は，生活の質の向上が介護サービスによるものなのか，それともそ

れ以外の社会福祉サービスによるものなのかを判断するには、緻密な調査が必要になる。

実験計画法は、こうした欠点を是正するために考えられた方法であり、2つ以上のグループを意図的にコントロール（統制）して分析する方法である。ただし、実験計画法は、利用者（対象者）をコントロールするため、社会福祉の領域では倫理的問題（たとえば、あるグループにはサービスを提供し、別のグループには提供しない、など）が生じる可能性がある点には十分に注意が必要である。なお、実験計画法にも、シングル・システム・デザイン法と同様、いくつかのタイプ（疑似実験デザイン、サービス比較デザインなど）がある。

3 地域福祉計画の評価方法

地域福祉計画の概念についてはいくつかの考え方があるものの、社会福祉法（2000年）で規定された地域福祉計画は、地方自治体（市区町村）が地域福祉を実現するために策定する計画であるので、それは地域住民（利用者を含む）の個別的必要（individual needs）を対象とする援助計画ではなく、それらを集合的にとらえた必要、すなわち集合的必要（collective needs）を対象とした社会計画（social planning）であると考えられる。そこで、地域福祉計画を評価する場合に重要になるのが、**プログラム評価**と呼ばれる方法である。以下、この方法を中心にして、地域福祉計画をいかに評価するかについて論及することにしよう。

社会福祉サービスの
プログラム評価

社会福祉サービスのプログラム評価の構成要素には、図10-1のように**投入資源、過程、効果、効率**の4つがある。ここでいう

「投入資源」とは，サービスを実施するために投入された物的・人的資源およびそれらがサービスとしての具体的な形態をとったサービス活動量のことである。また，「過程」とはサービスの実施過程およびそこで利用者に対して用いられる「方法・技術」（ソーシャルワーク実践）を意味している。具体的な過程評価としては，W.ウルフェンスバーガーらが開発した福祉施設の評価方法「PASS 3」や，東京都老人総合研究所が開発した「特別養護老人ホームサービス評価法」などを先駆的な方法として挙げることができる。

　次に，「効果」とは，サービスの目標として設定された必要（ニーズ）がどの程度，充足されたか，あるいはサービスを実施した結果として利用者やその家族，地域社会などにどのような便益（benefit）をもたらしたかを意味している。さらに，「効率」とは，上述の投入資源と効果を関連させて，資源の投入がいかに効率的に行われたか，つまり具体的な目標として設定された「効果」を達成する複数のサービス・プログラムのなかで，投入資源がもっとも少ないものを選択することである。なお，この効果と効率を組み合わせた評価方法が**費用－効果分析**（cost-effectiveness analysis），すなわち「あるプログラムを実施するために必要とする費用と，その事業の実施によって達成された効果を関連づけて分析することによって，効率性という基準に基づいて，そのプログラムを分析・評価する方法」である。

　ただし，社会福祉サービスは，第1に問題の解決が望めないもしくはその可能性が低い人たち（認知症の高齢者など）を対象にしている，第2に利用者の日常生活の代替・補完機能を果たしているため，その効果が潜在的，間接的，長期的に現れることが多い，第3にサービスの効果の判断が個別的，主観的にならざるをえないため，一般的，客観的な評価指標を設定しにくい，という特質があるため，

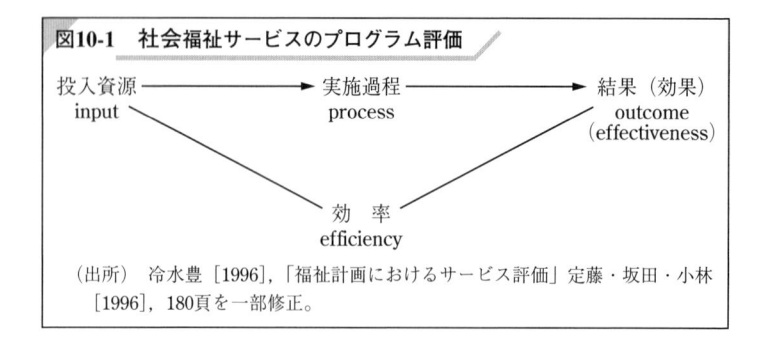

図10-1 社会福祉サービスのプログラム評価

投入資源 ──────→ 実施過程 ──────→ 結果（効果）
input　　　　　　process　　　　　　outcome
　　　　　　　　　　　　　　　　　　（effectiveness）

　　　　　　　　　効　率
　　　　　　　　　efficiency

（出所）　冷水豊［1996］,「福祉計画におけるサービス評価」定藤・坂田・小林［1996］, 180頁を一部修正。

4つの構成要素のなかで，とくに「効果」の評価が難しくなっている。

地域福祉計画の評価の視点と方法

このような社会福祉サービスのプログラム評価の基本的視点は，地域福祉計画を評価する場合にも有用である。そこで，以下，それを踏まえて，地域福祉計画を評価する際の視点と方法について論及する。なお，本章では投入資源を前提として，「過程評価」と「効果・効率評価」の2つに分けて説明していく。

地域福祉計画の評価の視点と方法は，理論的には図10-2に示したとおりである。

地域福祉計画を評価する場合，まず計画（プランニング）と，計画の実質的な内容（プログラム），すなわち計画に基づいて実施されている，あるいは計画で新たに開発された具体的な社会福祉サービス・プログラムを区別して考える必要がある。なお，ここでいうプランニングとは，地域福祉計画が策定・実施されていく過程（プロセス）と，そこに関わるさまざまな行為主体（専門家や地域福祉関係の機関・施設・団体など）およびそこで用いられる方法・技術（コミュニティワークなど）の総体を意味している。

いうまでもなく，実際の地域福祉計画では，プランニングとプロ

図10-2 地域福祉計画の評価の視点と方法

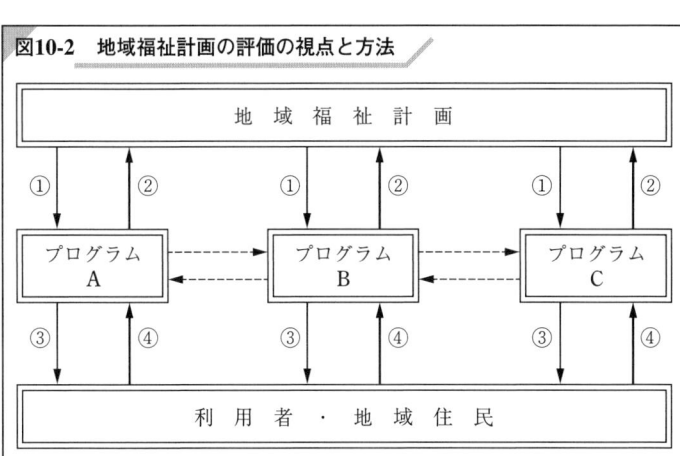

```
┌─────────────────────────────────────────────────┐
│              地 域 福 祉 計 画                    │
└─────────────────────────────────────────────────┘
   ①↓ ↑②        ①↓ ↑②        ①↓ ↑②
┌───────┐    ┌───────┐    ┌───────┐
│プログラム│ ---→│プログラム│←--- │プログラム│
│   A   │←---│   B   │---→│   C   │
└───────┘    └───────┘    └───────┘
   ③↓ ↑④        ③↓ ↑④        ③↓ ↑④
┌─────────────────────────────────────────────────┐
│           利 用 者 ・ 地 域 住 民                  │
└─────────────────────────────────────────────────┘
```

①プログラムの実施・開発　　②プログラム評価
③サービス提供　　　　　　　④サービス評価

(注) 1) この図は理論モデルのため，3つのプログラムを例示しているが，実際の地域福祉計画は数多くのプログラムで構成されている。なお，この図ではプログラムが相互に「外生変数」として機能する場合を便宜的に捨象し，破線で示している。

2) ②プログラム評価は，利用者・地域住民の集合的必要に，また④サービス評価は，同様にその個別的必要に対応するものであるが，いずれにおいても，評価の視点としては「過程評価」と「効果・効率評価」がある。プログラム評価では，「実験計画法」が，サービス評価では「シングル・システム・デザイン法」が，専門家による評価方法として用いられる。

3) 実際の評価では，この図に示したような利用者・地域住民による利用者評価だけでなく，ソーシャルワーカーが自ら行う自己評価，第三者の評価機関や評価者が行う第三者評価なども行われる。

グラムは相互に密接に関連しあい，いわば不可分の関係にあるが，評価の際にはさしあたり両者を区分したうえで，その関連性を考えるべきである。

具体的にいえば，プランニングについては，たとえば第5章の表5-1で示されているようなモデルの1つひとつのステップを評価基準（criteria）として設定し，それに従ってその過程を評価すべき

である。また，プランニングの最終的な評価としては，サービス・プログラムの評価結果を踏まえたうえで，地域福祉計画の目的や目標を実現するのに，より効果的かつ効率的な「代替案」（alternatives）がなかったかどうかを評価すべきである。

サービス・プログラムの評価についても，プランニングと同様に「過程評価」と「効果・効率評価」を個別のプログラムに関して行うことになるが，その際に効果・効率の評価では，既述の「実験計画法」が有効な方法となる。

以上の2つの評価の関係は，たとえていえば，プロ野球球団における①チーム全体の評価（優勝という目的に向けての基本的な戦略や戦術は妥当であったか）と②選手個人の評価（どの程度，与えられた役割を果たし，チームの勝利に貢献したか）に似ているといえる。つまり，地域福祉計画では，前者がプランニングの評価であり，後者がプログラムの評価なのである。

4 地域福祉計画における評価の実際

前節までは，地域福祉計画の評価方法に関する理論について論及してきた。たしかに，地域福祉計画の内容を構成している1つひとつのプログラムを，実験計画法などの方法を用いて評価することは，理論的には不可能ではない。しかしながら，実際の地域福祉の実践現場（市区町村や市区町村社協など）には，それを行うだけの余裕がないのが現実である。その意味では，「確定的評価」（summative evaluation）によってプログラム評価を行い，それをもとに地域福祉計画を評価していくことには，現状ではやはり一定の制約と限界があると考えられる。

そこで，本節ではわが国で実際に行われた社会福祉サービスのプログラム評価と「地域福祉計画」の策定事例について紹介し，その特徴や可能性などについて考察することにしよう。

● 事例研究
(1) 「地域福祉計画」の概要

宮城県柴田町は，同県の南部に位置する人口約4万人の町である（2002年4月現在）。柴田町の高齢者（65歳以上）人口は6724人で，高齢化率は17.2%である。宮城県全体でいえば，柴田町は高齢化率が相対的に低い市町村ではあるものの，地域（校区）によってはそれが28.3%に達するところもあり，高齢化が急速に進んでいる。その一方で，柴田町でも，過疎化，核家族化，女性の社会進出，出生率の低下などが進み，これまで家族が果たしてきた福祉（扶養・介護）機能が低下してきている。その結果，①利用者（要介護高齢者など）の増大，②福祉ニーズの多様化と重層化，③在宅福祉サービスの量的・質的拡大，④在宅福祉サービス提供主体の多様化・多元化，⑤在宅福祉サービスの総合化・体系化，⑥マンパワーの養成と確保および質の向上の6つが新たな地域福祉の課題となっている。

柴田町社会福祉協議会は，このような地域社会の変化に的確に対応するには，よりきめ細やかな福祉活動の展開が必要であると考えて，社会福祉協議会の基盤強化を図りながら，地域住民の自発的な福祉活動を促進するために，「地域福祉活動推進計画」（しばたの福祉みらい計画）を2002年度に策定した。この計画は，もともと1997年度から開始された地域福祉活動計画（10ヵ年の長期計画）の「後期計画」（2003年度～2006年度）に相当するものであり，2000年の社会福祉法の成立を受けて，その構成と内容を見直すことを目的として策定されている。

地域福祉活動推進計画には①福祉ニーズ・情報の把握，②当事者の仲間づくりと支援体制，③福祉意識の啓発とボランティアの育成，④住民参加型在宅福祉サービスと地域福祉活動の促進，⑤社会福祉協議会の基盤整備という5つの「基本目標」があり，そのもとに基本計画・

実施項目が設定されている。さらに，実施項目ごとに具体的な事業・サービスが示されている。

柴田町の地域福祉活動推進計画の場合，大きな特徴となっているのは，計画の見直しの際に具体的な事業の評価，すなわちプログラム評価を行い，それを次の計画の策定に活用している点にある。そこで，以下，その評価方法の概要について述べることにする。

(2) 「地域福祉計画」の評価方法の概要

柴田町社会福祉協議会は，地域福祉活動推進計画の見直しに向けて「社会福祉協議会に関する意識調査」（以下，柴田町社協調査）を実施した。その概要は，下記のとおりである。

・調査目的：地域福祉活動推進計画（後期計画）を策定するにあたって，現在，実施している社協事業について「柴田町社協調査」を実施し，その結果から，今後，重点的に取り組むべき方向性を模索する。
・調査主体：柴田町社協・地域福祉活動推進計画策定委員会。
・調査対象：柴田町在住の満 20 歳以上の男女 613 人。なお，調査対象者は，同町の選挙人名簿から無作為抽出法により選定した。
・調査方法：郵送法（郵送配布・郵送回収）。
・調査期間：2002 年 6 月 15 日から 28 日まで（14 日間）。
・回収率：613 人中，223 人から回答を得ることができた。回収率は 36.4% である。
・調査項目：柴田町社協が取り組んでいる地域福祉活動計画の基本計画，基本目標，および具体的に実施している事業について，地域住民の周知度，期待度，満足度を測定している。

柴田町社協は，この調査を地域住民に対する広報活動の一環として考え，社協が実施している各種事業について知らない住民でも回答しやすいように，図 10-3 の様式でまず事業の説明を行い，その認知度を高めてから回答するようにした。また，「周知度」「期待度」「満足度」について，図 10-3 のような評価スケールを作成して，数量化して調査結果を分析している。

データの分析にあたっては基準値（60点）を設定し，各事業ごとの周知度，期待度，満足度の記述統計（平均値など）を算出して，当該の事業に対する地域住民の意識を析出している。また，期待度と満足度については，基準値をもとに図10-4のような分析枠組みをつくり，計画的に取り組むべき事業の優先順位や改善すべき重点事業，あるいは投入資源の適切な配分を判断するための基礎資料として活用している。なお，地域福祉活動推進計画では，柴田町社協調査以外に社協職員による自己評価や指標値による事業評価もあわせて行っている。

　柴田町社協の地域福祉活動推進計画では，社会福祉法の施行に伴い，社会福祉サービスの主な利用方法が，それまでの措置制度から契約制度へと変更されたことによって重要になってきた利用者（地域住民）の満足度に着目し，「利用者調査」（満足度調査）を実施している。そこでは，「コミュニケーション調査」の手法を用いることによって，社会福祉調査を地域住民に対する広報活動の一環してとらえ，社協の周知度を高めようとしている。また，社協が実施しているプログラム（事業・活動）に対する期待度と満足度を調査し，その乖離を分布関数の技法を使って分析することによって，プログラム評価を行っている。そして，その結果を計画の再策定における優先順位や資源配分の決定に活用している。

　このように柴田町社協の事例は，社協がその事業・活動の一環として，比較的よく実施している地域住民の福祉意識調査を利用し，それをプログラム評価や地域福祉活動推進計画の策定に結びつけている点で，実用性と汎用性の高い実践的な評価方法になっていると考えられる。ただし，この方法は，あくまでも利用者（地域住民）の**満足度調査**を用いたものであり，評価方法の１つである点には留意が必要である。そのため，柴田町社協では，職員が各プログラムの現状と課題に関する質的な評価を行い，それを補完している。

図10-3　柴田町社協調査

説明と回答記入例のページ

福祉ニーズと情報の把握

社会福祉協議会では地域福祉活動推進のために，福祉ニーズと情報の把握に対する計画と目標を立てています。次の説明を読んで，右ページの質問にお答えください。
（下図の記入例を参考にしてください）

福祉ニーズと情報の把握に対する計画と目標

少子高齢化や社会情勢の変化により，地域福祉を取り巻く環境が一変し，地域での福祉に対する住民の要望も緊急かつ多様化してきています。

社会福祉協議会では，住民ニーズ（必要としていること）を的確に把握するため，民生委員協議会と連携して要援護者（さまざまな福祉の制度やサービスを必要とする人）の問題把握に努めるとともに，行政サービスと併せ，さらにきめ細かな福祉サービスを提供するため，行政区を単位とする小地域福祉活動を推進しています。

また，住民の生活に関わる問題や不安を解消するために，身近なところで気軽に相談できるよう地域福祉センター内相談室において「生活相談所」を開設しています。

さらに住民の生活に密着した「いつでも・どこでも・誰にでも」提供できる柔軟な体制整備を図るため，社会福祉協議会長が支援ネット協力員※注を委嘱し「社協だより」に対する意見や，住民の要望など情報の把握を行っています。

※注　住民からの生活支援に対する要望があった場合，社会福祉協議会の総合相談窓口に連絡したり，地域の調査員的役割を担う人

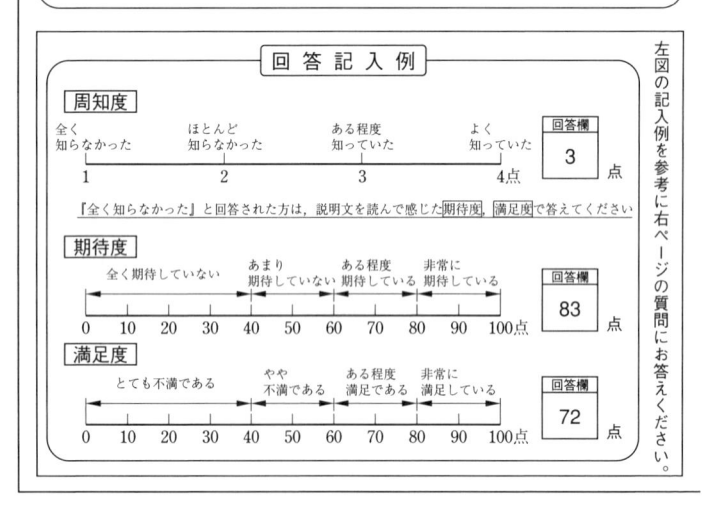

回答記入例

周知度

全く知らなかった	ほとんど知らなかった	ある程度知っていた	よく知っていた
1	2	3	4点

回答欄　**3**　点

「全く知らなかった」と回答された方は，説明文を読んで感じた期待度，満足度で答えてください

期待度

全く期待していない　あまり期待していない　ある程度期待している　非常に期待している

0　10　20　30　40　50　60　70　80　90　100点

回答欄　**83**　点

満足度

とても不満である　やや不満である　ある程度満足である　非常に満足している

0　10　20　30　40　50　60　70　80　90　100点

回答欄　**72**　点

左図の記入例を参考に右ページの質問にお答えください。

質問と回答のページ

> 質問1 左ページの，社会福祉協議会が計画している「福祉ニーズと情報の把握」の説明文を読んで，計画と目標に対するあなたの周知度，期待度，満足度をお聞かせください。
> ※周知度（どれだけ知っていますか），期待度（どのくらい重要だと考えますか），満足度（どのくらい満足していますか）

《回答欄》

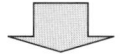

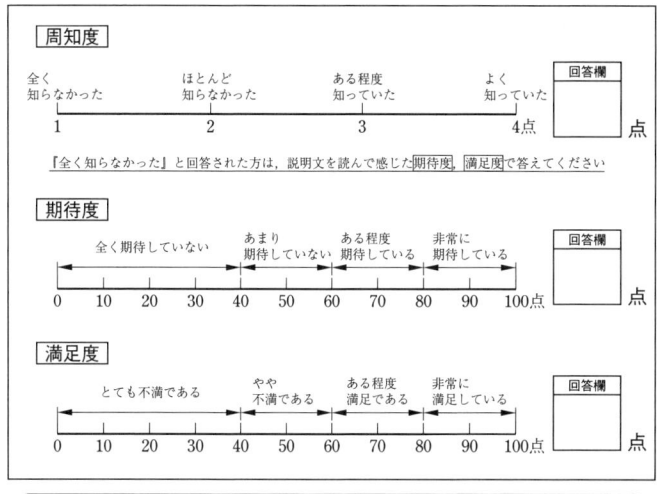

周知度

全く知らなかった	ほとんど知らなかった	ある程度知っていた	よく知っていた
1	2	3	4点

回答欄 □ 点

『全く知らなかった』と回答された方は，説明文を読んで感じた期待度，満足度で答えてください

期待度

全く期待していない／あまり期待していない／ある程度期待している／非常に期待している

0　10　20　30　40　50　60　70　80　90　100点

回答欄 □ 点

満足度

とても不満である／やや不満である／ある程度満足である／非常に満足している

0　10　20　30　40　50　60　70　80　90　100点

回答欄 □ 点

> 質問2 福祉ニーズと情報の把握に関してのご意見，ご要望があればご記入ください。

《記入欄》

_____
_____
_____
_____
_____

4　地域福祉計画における評価の実際

説明と回答記入例のページ

※福祉ニーズと情報の把握に関する社会福祉協議会の具体的な取組み
　社会福祉協議会では、福祉ニーズと情報把握の計画と目標を達成するために、具体的に次の1～6の項目に取り組んでいます。それぞれの項目の説明を読んで右ページの質問にお答えください。

1. 地域における福祉課題の把握

　　福祉の制度やサービスを必要とする人が、もれなくサービスを受けることができるよう、民生委員協議会と連携して、情報の把握に努めています。

2. 地域モニターの設置

　　行政区ごとに「支援ネット協力員」を委嘱して、地域の福祉課題や社協の事業やサービスに対する意見・要望を提案していただき、より住民の立場に立った社協事業・サービスを展開しています。

3. 支援ネットアドバイザーの配置

　　各行政区長さん宅を巡回し、福祉活動の参加促進や福祉活動の啓発を行う、支援ネットアドバイザー※注を配置しています。　※注　社協職員の職名

4. たすけあいチームの設置

　　在宅での生活が困難になった方を対象とする「たすけあいチーム」を結成するための調整役となり、住み慣れた地域の中で安心して生活できるように相談活動を行っています。

5. 小地域活動展開のための条件整備

　　たすけあいチームでは対応が困難なケースや保健福祉サービスを総合的に提供していく必要がある場合は、専門機関や関係機関とのパイプ役となります。

6. 生活相談所（ふれあい福祉総合相談センター）の開設

　　町地域福祉センター内において生活相談所（毎火曜日）を開設し、生活上のあらゆる相談に応じるとともに、問題解決に向けた、専門機関の紹介を行っています。

※上記の福祉ニーズと情報の把握に関する社会福祉協議会の具体的な取組みの説明文を読んで、右ページの質問にお答えください。
（下図の記入例を参考にしてください）

《回答記入例》　　下記回答記入例を参考に右ページの質問にお答えください。

項　目	評　価	期待度の点数（点）	満足度の点数（点）
1. 地域における福祉課題の把握		83	72
2. 地域モニターの配置		75	78
3. 支援ネットアドバイザーの配置		90	80

[質問と回答のページ]

> **質問3** 具体的に社会福祉協議会が取り組んでいる福祉ニーズと情報の把握のための項目に対して、あなたの気持ちをお聞きいたします。
> それぞれの項目に対するあなたの期待度（どのくらい重要だと考えますか）と、満足度（どのくらい満足していますか）を回答欄に100点満点でご記入ください。

《期待度と満足度回答の目安》

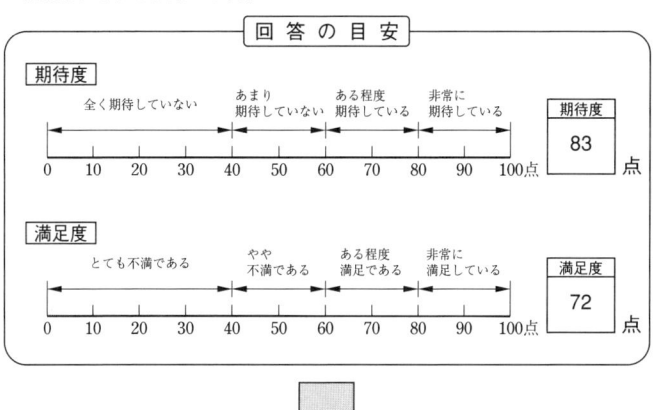

―― 回 答 の 目 安 ――

[期待度]

全く期待していない　あまり期待していない　ある程度期待している　非常に期待している

0　10　20　30　40　50　60　70　80　90　100点

期待度
83

点

[満足度]

とても不満である　やや不満である　ある程度満足である　非常に満足している

0　10　20　30　40　50　60　70　80　90　100点

満足度
72

点

《回答欄》

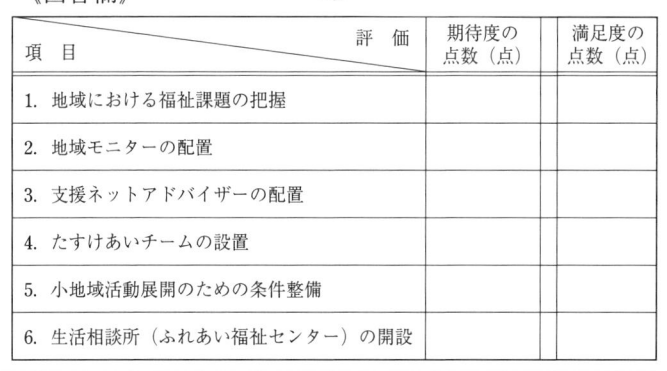

項　目　　　　　　　　　　　　　　　評　価	期待度の点数（点）	満足度の点数（点）
1. 地域における福祉課題の把握		
2. 地域モニターの配置		
3. 支援ネットアドバイザーの配置		
4. たすけあいチームの設置		
5. 小地域活動展開のための条件整備		
6. 生活相談所（ふれあい福祉センター）の開設		

4　地域福祉計画における評価の実際

図10-4 「期待度と満足度の相関図」における各象限の説明

	事業に対する期待度 低い ← 基準値 → 高い	
事業に対する満足度 高い ↑ 基準値 ↓ 低い	現状維持事業 第2象限	現状強化維持事業 第1象限
	経過監視事業 第3象限	重点改善事業 第4象限

第1象限 現状強化維持事業:社協事業に対する満足度が高く,その期待度も高いとされる分野です。
(住民は現状で満足しているが,さらなる展開を望んでいると思われる分野)

第2象限 現状維持事業:社協事業に対する満足度が高く,その期待度は低いとされる分野です。
(住民は現状に満足しており,さらなる展開を望んでいないと思われる分野)

第3象限 経過監視事業:社協事業に対する満足度が低く,その期待度も低いとされる分野です。
(住民は現状に満足していないが,さらなる展開も望んでいないと思われる分野)

第4象限 重点改善事業:社協事業に対する満足度は低く,その期待度は高いとされる分野です。
(住民は現状に満足しておらず,さらなる展開を望んでいると思われる分野)

(出所) 柴田町社会福祉協議会[2003],『しばたの福祉みらい計画』(柴田町社会福祉協議会地域福祉活動推進計画後援計画),20頁を一部修正。

> まとめにかえて

地域福祉計画を科学的,合理的,客観的に評価するために,具体的な評価指標を設定し,ベンチマーク法などの技法を用いて量的に評価する方法は,その他の行政計画,社会計画と同様,必要不可欠なものである。しかし,地域福祉計画が評価の対象とする「必要」やサービスにはそうした量的な方法だけではとらえることができない特性があるので,質的な方法(過程評価など)によって補完されている必要がある。

つまり,社会福祉の組織(機関・団体・施設など)やその従事者(ソーシャルワーカーなど)が行う**自己評価**,サービスの利用者が行う**利用者評価**,そして両者とは直接的に関わりをもたない評価機関や評価者が行う**第三者評価**において,量的な方法と質的な方法をいかに組み合わせて,地域福祉計画や,そのもとでのさまざまなプログラムを総合的に評価するかが重要になるのである。

地域福祉計画の評価は,わが国では端緒についたばかりである。そのため,その方法論は,いまだに確定しているとはいえない状況にある。しかし,21世紀に入り,社会福祉が社会福祉法(2000年)によって新しい段階(ステージ)に入った今日,わが国の社会福祉においても「評価」がますます重要になると思われる。

地域福祉計画についても,本章の事例研究で言及したような新しいアイディアに基づいた評価方法を**研究・開発**(Research & Development)して,それを数多くの地域福祉計画で実践し,その信頼性や妥当性を高め,より普遍的な方法として定着させていくことが,これからの地域福祉実践における喫緊の課題となっている。そして,そのためには地域福祉計画の評価方法を単なる技術論に矮小化することなく,それを基底から支える理念や価値が必要になるであろう。結局,地域福祉計画の評価とは,誰が,何のために行うのか。そこでは,文字どおり,評価という行為のレーゾン・デトール(存在理

由)が,常に問われているのである。

Summary サマリー

　本章では,地域福祉計画の過程において重要な機能を果たしている「評価」(evaluation)について論及している。評価は,われわれが日常生活のなかでよく行う行為であるが,それを科学的,合理的,客観的に行うのは,評価自体が多元的かつ相対的であるために難しくなっている。本章では,そうした点を踏まえて,まず社会福祉援助技術(ソーシャルワーク)のなかで開発されてきた「シングル・システム・デザイン法」と「実験計画法」の2つの評価方法について説明している。また,地域福祉計画の評価方法として,社会福祉サービスの「プログラム評価法」についても説明している。具体的には,プログラム評価の①投入資源,②実施過程,③効果,④効率という4つの構成要素のうち,投入資源を前提とした「過程評価」と「効果・効率評価」の基本的視点と方法について言及している。

　上述のプログラム評価法を,地域福祉計画を構成している1つひとつのプログラムに適用して評価していくことは理論的には可能であるが,現状では無理があり,現実的ではない。そこで,本章では,利用者(地域住民)を対象とした「満足度調査」を用いてプログラム評価を行い,その結果を計画の策定に結びつけている実際の事例(宮城県柴田町社会福祉協議会の地域福祉活動推進計画)を,地域福祉計画の1つの評価方法として紹介し,その特徴や可能性などについて論及している。地域福祉計画の評価は,わが国ではまだ端緒についたばかりであるが,新しいアイディアに基づいた評価方法を研究・開発し,それをより普遍的な方法として定着させていくことが,これからの地域福祉実践の喫緊の課題となっている。

● **Key words** ●

アカウンタビリティ　シングル・システム・デザイン法　実験計画法　プログラム評価　投入資源　過程　効果　効率　費用-効果分析　満足度調査　自己評価　利用者評価　第三者評価　研究・開発（R&D）

読書案内

社会福祉計画における「評価」については，定藤丈弘・坂田周一・小林良二編『**社会福祉計画**』有斐閣，1996年の第11章「**福祉計画におけるサービス評価**」および第12章「**費用-効果分析**」が参考になる。また，シングル・システム・デザイン法や実験計画法などの評価技法については，平山尚・武田丈・藤井美和『**ソーシャルワーク実践の評価方法——シングル・システム・デザインによる理論と技術**』中央法規出版，2002年，および坂田周一『**社会福祉リサーチ**』有斐閣，2003年を参照。なお，事例研究で取り上げた満足度調査に基づくプログラム評価と計画策定の手法に関しては，増子正・三浦輝美ほか「**地域福祉活動計画策定における社会福祉協議会の事業評価に関する研究——住民ニーズ把握の方法としての活用**」日本地域福祉学会編『日本の地域福祉』第16巻，2002年に詳述されている。

———————— 和気康太 ★

第11章 地域福祉計画と財政

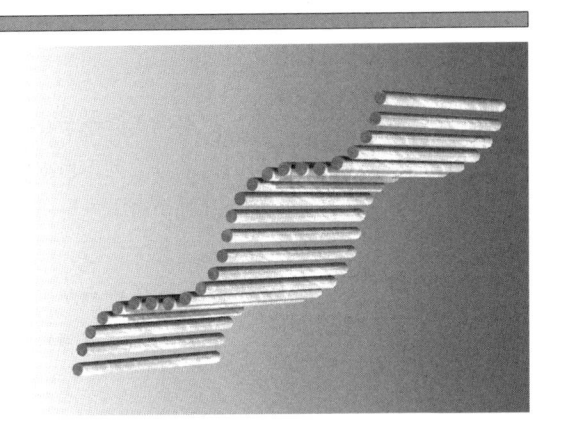

　行政計画と財政は，どのように関係するのだろうか。両者の関係をみるには，計画そのものがどのような過程を経て策定されるのか，またどのような要素が計画を決定するのかを理解する必要がある。

　第1に，それは地方自治体の意思決定のあり方に左右される。その自治体の意思決定はトップダウンなのか，ボトムアップなのかを知る必要がある。第2に，将来の自治体像を過去からの延長線上に描くのか，あるいは変革を意図するのかが問われてくる，第3には，住民参加や職員参加の程度により，計画の中身は異なってくる。

　少子高齢社会の到来は，地方自治体の財政，とくに市町村財政に大きな負荷をもたらしている。なぜなら，それは福祉や医療サービスの増加と結びついて固定経費の増加をもたらす要因となっており，また労働人口の減少により自治体歳入の減少につながっているからである。

　本章では，計画を実施に至らしめる財政の仕組みについて学ぶこ

とにする。

1 行政計画と財政

行政計画と予算との関係

地方自治体の歳出予算は，款，項，目，節に区分され，地方自治体施行規則の別表に具体的科目が示される。総合計画中の実施計画と予算書の事項別明細が対応することが望ましいとされている。

しかし，すべての地方自治体の実施計画が当該自治体の事項別明細と対応するわけではない。この場合，実施計画－事項別明細において齟齬が生じる場合がある。つまり，事項別明細においては，省庁別ないし法別に整理されているのに対し（補助金等特定財源の関係等），実施計画ではこれらのいくつかを別の視点（法別ではなく対象別等）で総括する場合がある。

この点について，ホームヘルプの場合で考えてみよう。事項別明細では，高齢者，身体障害者，知的障害者，精神障害者，障害児ごとに記載されているホームヘルプサービスが，実施計画では居宅生活の充実という体系下で一本化（ないし高齢，障害，児童等に総括）されることがある。

いずれにしても，進捗管理および地域住民に対する説明責任の観点から，また事務事業単位での行政評価の必要性の観点から，個々の事業をどこの課で担当しているかがわかる工夫が自治体計画，予算において必要である。また，総合計画のなかでもっとも具体的な施策を示しているのが実施計画であることから，予算とのリンケージという場合には，実施計画に対する予算措置の有無が問題となる。

次に，行政計画は予算と連動するのか，という点を考えてみたい。

まず，実施計画と予算をリンクさせる場合のメリットとデメリットを理解しておく必要がある。たとえば実施計画において，予算措置の有無を問わずに基本構想から導き出される事務事業と，基盤整備等の現状と（希望的な）将来予測に基づいた事務事業を列挙した場合，これはもはや計画とは呼べない。

　一方，すべての事務事業に**予算措置**がなされた実施計画は，実効性の高い計画に思われるが，予算措置が計画初年度に見送られたり，必要性の認識が高い事業が実施計画に掲載されていない場合，基本構想に掲げる自治体像・基本理念を具体化するには十分な実施計画と呼べない。

　基本構想の具体化のために策定される実施計画が，その具体化に必要な事務事業を網羅しえない場合，実施計画内部で自己矛盾を起こすこともある。その矛盾は計画の後年度になるに従い顕著となる場合が多い。

　事務事業に予算措置がなされた実施計画は，実際には自治体レベルでは少ない。計画行政の浸透に伴い，計画策定に関するスキルの向上，連携・調整および財政的視点を踏まえた実施計画となることが一般的である。誘導的目標として予算措置を伴わない事業が掲載されることはありうるとしても，それはきわめて例外的な場合に限られる。

　このように事務事業に予算措置がなされる実施計画はむしろ少なく，しかもそれが矮小化した実施計画であるとも限らないのである。なぜなら，限られた財源を効率的に投入し，最大限の効果をあげるためには，短期〜中期間の実施計画策定時において事務事業に優先順位をつけ，当該実施計画のなかに取捨選択してそれらを掲載し，これを繰り返すという手法により計画行政の効率性を高めることが可能だからである。この手法は自治体レベルで一般的に採用されて

いる。

　ただし，この手法には以下の課題があることを忘れてはいけない。

　第1の課題として，実施計画策定の主管課がすべての事業を鳥瞰したうえで，これに優先順位づけができるような情報収集・分析・判断能力を備えていなければならない。第2には，実施中ないし実施後の事務事業の効果測定および評価を的確に行い，次期実施計画に反映させなければならない。

　今後の実施計画の課題としては，単に策定時の技術的側面だけでなく，進行管理時の評価手法，経済社会情勢の変化を将来予測につなげられる能力，市民の福祉課題の的確な把握とその充足を図ることが必要である。

財政（予算）局と企画局との関係

　では，計画と**財政フレーム**とはどのように関係するのだろうか。次の2点を留意する必要がある。第1は，将来の財政フレームの設定に当たり，大規模な地域開発や産業構造の変化等の特殊要因がない限り，歳入がもはや右肩上がりで増加すると見込むことは困難なことである。第2には，少子高齢化および生産年齢人口の減少を特徴とする人口構造の変化は不可逆的に進行していることである。

　このため経常的経費，とくに人件費と公債費については，財政の健全化を維持しうる程度に抑制する必要がある。他の経常的経費についても，効率的な運用の観点から常に整理統合を視野に入れなければならない。

　一方，経常的経費のうち扶助費ないし扶助費的要素の高い経費については，先の不可逆性の進行等を踏まえ，その確実な増加額への準備が必要となる。

　このほかには，地域基盤の整備，地域の活性化のための投資的経費についても，その有効性を十二分に検証したうえで算定しておく

必要があろう。

　最後に，行政計画における財政主導型と企画主導型という2つのパターンをみておきたい。

　予算局と企画局との関係は地方自治体によりさまざまである。一般的にいえば企画局は，総合計画がその目標を達成するものとして，将来ビジョンを描く傾向がある。これに対し予算局は，より現実的ないし投機的傾向の少ない将来像や財政収支を見込む傾向にある。

　行政機構においては，計画はもとより事務事業の実施に至るまで，「財政主導型」「企画主導型」というパターンで語られることがある。そのパターンはいずれか一方に偏ることは少なく，同じ自治体であっても時代や財政状況等によって，また首長の判断によって変化する。

　第1の財政主導型においては，実施計画策定の段階ないし各課の予算要求の段階で，財政事情に応じて厳格な査定を受けたものが実施される。場合によっては計画初年度に予算と計画が整合しているものの，後年度になれば，その計画に掲載された事業そのものの予算が凍結され，必要な予算が措置されない事態も起こりうる。

　ただし財政主導型といっても極端に偏った計画はなく，主要施策として企画が位置づけたものについては，優先的に予算配分される。こうして基本的には，総合計画との整合性を配慮する傾向がみられる。

　第2の企画主導型においては，企画の描く自治体像の実現のために財政担当がその予算配分を行うことがある。ただし，これも極端に偏ったものは少なく，企画といえども限られた予算を無視して実施不可能な計画を策定することはありえない。

　このほかに，企画部局と財政部局が融合した企画財政部（課）制という形態をとり，相互連携を図ろうとする自治体もある。ただし

両者が牽制しあい，支出 (spending) と収入確保 (revenue raising) という異なる観点をもつために，担当レベルでの両立が困難になることもある。

では，財政主導型計画と企画主導型計画のどちらが適切なのだろうか。この問いに対して，安易な答えを示すことはできない。それは担当課の力量に左右されたり，緊急的な財政出動を要する事態が生じるからである。あるいは市町村の範囲を超えた基盤整備の必要性も生じるなど，全体・個別ともに状況は複雑に変化するからである。いずれの場合においても，その判断が市民の福祉課題の把握とその充足に向けたものでなければならない。

2 福祉計画と財政

計画行政の展開　社会福祉の充実に対する国民の要望は，時代や社会の変化とともに変化する。それらに有効に対応するためには，将来展望をもった長期・中期・短期の社会福祉計画の策定と実施が求められる。たとえば，老人保健福祉計画，エンゼルプラン，障害者福祉計画，介護保険事業計画はその基盤整備に努めてきた。社会福祉の基礎構造改革以降，地域福祉や在宅福祉の重要性が増しており，当然地域福祉計画の策定にもその意義が認められる。

福祉計画を具体化するためには，計画の考え方と住民参加，計画やプログラムの策定，財源の確保，計画の評価と見直しといった手順を適切に進めていくことが重要となる。とくに財源の確保なしには，目標値の達成はありえない。

地方自治体の福祉分野に計画行政や計画整備の考え方が導入され

たのは，最近になってからである。この端緒となったものは1992年から93年度に全国の地方自治体で策定された高齢者保健福祉計画（いわゆる自治体版ゴールドプラン）である。数値目標を設定するにあたり，住民の実態意向調査に基づくことや住民参加による計画策定が基本とされた。

また高齢者福祉の基盤整備については，老人保健福祉計画が生まれる1990年代になって初めて「目標量」「計画的整備」という具体的な計画手法が採用された。この段階に至って，市町村は市民生活の現状や課題を把握し，住民のサービス利用意向に関する調査に着手したのである。また担当部局はこれらの結果を予算獲得のためのデータとして活用した。

では，なぜ1990年代に高齢者福祉サービスが飛躍的に拡充したのだろうか。その背景には，ゴールドプランに対する財源付与があったからである。ゴールドプランのもとで，福祉需要と財源とのリンケージが意識されたのは画期的な出来事であった。そして老人保健福祉計画でとられた手法が，98年度前後の子育て支援計画（同エンゼルプラン）や，障害者福祉計画でも採用されることとなったのである。

さらに福祉の分野に大きな変化をもたらしたのが介護保険制度であろう。介護保険制度の具体像が地方自治体に示されたのは，1997年6月の厚生省全国課長会議であった。それ以降，各地方自治体において介護保険制度の準備が始まり，これは同時に事業計画の策定の始まりでもあった。

1998年から99年前半には，ほぼすべての市町村が大規模な利用意向調査を実施し，その結果に基づいて住民を交えた介護保険事業計画の検討委員会が発足した。各地の策定委員会は，1〜2年の歳月をかけて，介護保険事業計画を検討したのである。

当初の介護保険事業計画（第1期計画）では目標数値化が重要となり，この数値を得るためには住民の必要の把握が不可欠となった。さらにはこの計画策定を通じて，住民参加による計画策定が当然の認識として広まったのである。

　介護保険制度の実施に伴い，行政に生じた変化がある。それは情報の開示である。給付と負担との関係が比較的明確になる**保険方式**は，従来の税制に基づく措置制度と比較して，計画策定のプロセスにおいて「透明性」が出始めた。**公的財源**の場合では，行政内部で財源配分を行い，また財政規律を保とうとするために，地方自治体は財政に関する情報を外に出すことを極力避けてきた。しかし，介護保険料の算定に当たって，地方自治体は地元の高齢者（第1号被保険者）に対して保険料算定の根拠を示す義務が生じたのである。ここに，情報開示の圧力が生まれたと考えられる。

　その意味で，公的財源で実施される福祉サービスは，依然として行政内部の財政コントロールが強く働いている。支援費制度において予算コントロールは依然として重くのしかかっており，地域福祉計画でも同様と考えられる。

| 地域福祉計画と財政 |

　地域福祉計画の策定において財政との関係に言及する地方自治体は皆無に等しい。その理由は，財政局とのすり合わせが十分ではないことと，地方自治体の財政事情がきわめて厳しく，財政に関して楽観的な将来展望がもてないからである。ここでは数少ない例であるが，財政に言及している地方自治体を取り上げてみたい。

> 地域福祉計画策定の財源

● 事例① 滋賀県の場合

　地域福祉計画策定の予算に関して、国は特定の国庫補助をつけていない。滋賀県の場合でみると、レイカディア振興財団が実施する「介護予防・地域支え合い事業」に計画策定費が含まれており、「在宅福祉事業費補助金」として交付されている。同県では補助金総額が450億円であり、レイカディアがその配分を決定している。したがって、県健康福祉部は補助金に対して関与することはない。国庫補助金は他府県でも同じ条件で配分されている。なお、県費には、在宅老人福祉事業補助金が含まれている。

　国庫補助事業費の配分は市への300万円、町への200万円の合計500万円が上限となっている。滋賀県の場合では、これらの事業費について県が市町村に紹介・通知を行い、「手挙げ」式で補助の対象地域を決定した。その結果、近江八幡市、石部町、日野町の1市2町が申請を行い、県は地域福祉に関するヒアリングを通してモデル市町村を選定している。なお、大津市・愛東町もモデル地域であるが、これらは国レベルであり、県ではなく国が管理している。国庫補助ベースの交付（申請）については、近江八幡市が75万円、石部町が87.5万円、大津市250万円、愛東町140万円となっている。

　なお、事業費ベースの申請額は上限が500万円のうちの150万円である。事業費の申請額は事業予定内容や企画などが厳しく査定されるため、初期よりも減少する場合が多い。補助率は2分の1である（通知「在宅福祉事業費補助金の国庫補助について」を参照）。

● 事例② 阪南市地域福祉推進計画の場合：実施を意識した計画づくり

　阪南市は大阪府最南部に位置し、北は大阪湾に面し、南は和泉山脈と接している。人口は約6万人、高齢化率は約16％である（2004年4月1日現在）。

　同市は、地域福祉計画ではなく「地域福祉推進計画」という名称を掲げて、実施段階を意識した計画づくりを進めてきた。地域福祉計画

の役割について，高齢者保健福祉計画，介護保険事業計画，障害者福祉計画，母子保健計画，児童健全育成計画をさらに推進するものとして位置づけている。したがってこれらの個別計画に予算がついていることから，個別計画こそが地域福祉計画の中身と認識している。

計画と財政については，阪南市では，地域福祉推進計画そのものに単独の予算を計上していない。先にも述べたように，個別計画に予算がついているからである。近年同市の財政は逼迫しており，政再建計画を立てている。したがって個別計画の予算も限られており，計画実施の進捗は芳しくない。経費削減を迫られるなか，2002年度において市民福祉課は72事業のうち13事業を廃止し，16事業の見直し案を打ち出している。これらの廃止・見直しについては，これまで市民には行政リストラ策の決定後にその情報を公開してきた。しかし，地域福祉推進計画の策定後は，可能な限り早く情報を市民に伝え，議論するという方針を立てている。その結果，2003年度から情報開示に踏み切っている。同市は，将来構想としては個別計画の一本化を図り，各小学校区に委員会を設置し，生活者の立場で地域福祉を充実させたいとしている。

● **事例③ 三重県名張市の地域福祉計画：予算を明らかにした計画づくり**

名張市の地域福祉計画の特徴は，「地域予算」というものを提案していることである。つまり，地域福祉計画の財政措置として，従来の補助金を廃止して地元の福祉委員会に予算を与え，各地域で独自に使途を決定する仕組みを提案している。同市は，地域の実情を熟知する地域住民のもとで，特色あるまちづくりの展開を期待している。

名張市は，三重県の西部に位置し，近畿・中部両圏の接点に位置する。市制発足時3万人であった人口は約8万5000人に増え（2003年3月31日現在），伊賀地区最大の都市になっている。高齢化率は16.4%である（同上）。同市は，これまで人口急増に伴う都市基盤整備を最優先し，生活環境の整備に取り組んできた。今後は，地域の分

野や伝統，自然環境の保護を優先したいと考えている。

　名張市にも市町村合併の話があった。同市と上野市を中心とする合併により，「伊賀市」をめざす協議が進められてきたのである。しかし2003年の住民投票の結果，住民は財政の厳しさを認識しつつも，合併反対の意思を示した。その結果，同市は住民投票に反映された意思を尊重して合併協議から離脱している。しかし，合併に伴う国からの支援がない状況となり，行財政改革をめざした「市制一新プログラム」を策定している。2003年度から04年度にかけて集中的に取り組む予定である。

　名張市の財政状況としては，総合計画を2000年度に策定しているが，10年度まで市の人口と税収が増加し続けるとの将来予測を立てていた。しかし，2000年をピークとして両者ともに減少する傾向をみせている。

　庁内体制をみると，庁内計画検討チームがつくられており，そこに健康福祉部や企画財政部（総合企画室）等々が参画している。名張市が財政面で積極的であるのは企画と財政が統合された企画財政部の存在が関係しているのかもしれない。いずれにしても，このように地域福祉事業の予算見込みを示す自治体はきわめて数少ない。

　同市は，住民自治の確立への具体策として，2003年度に市内全域を14のブロックに分けて住民による「地域づくり委員会」を発足させている。この仕組みを内実あるものにするために，財政支援策として「ゆめづくり地域予算制度」を創設している点がユニークである。この制度は，各地域で組織される「地域づくり委員会」に対して，市からの一定の金額を「ゆめづくり地域交付金」として交付する方針である。この交付金は，従来の補助金と異なり，事業を限定せずに地域に委ねて，地域が自主的に行う福祉増進や地域づくり推進のために自由に活用することができるものである。

　このように住民の自主的な地域づくりの機運が高まるなかで，市側から予算措置を提案しており，行政と住民とのパートナーシップと呼ぶにふさわしい枠組みを明らかにしている。

以上からわかるように，計画と財政をめぐる情勢は厳しい。そのため，全国的にみて地域福祉計画のなかでその事業費を明らかにする自治体はきわめて少ない。むしろ，行政側には財政出動を抑えたいという願望さえ見受けられる。行政にヒアリング調査を行っても，財政に関する情報開示には消極的である。現状において地域福祉予算が不明確な理由は，実務上市町村行政が（タテ割行政のなかで）これまで地域福祉に着手したことがなく，包括的な地域福祉行政を展開してこなかったからである。さらには，長期の経済不況が影響を及ぼしており，国と地方の税財政改革（いわゆる「三位一体改革」）のゆくえも含めて自治体財政の見通しが不透明だからである。今後，財政緊縮の状況は避けられないが，地域福祉充実のために行政の工夫と努力が求められている。

3 福祉関係3計画の公的財源

　本節では，主な福祉制度の公的財源について，介護保険制度，障害者支援費制度を中心にして，みていくことにする。

介護保険制度の公的財源

　介護保険サービスに必要な財源は利用者の1割負担分を除き，半分を国と地方の税金，残りを保険料で賄っている。保険財源については，65歳以上が支払う第1号保険料と40～64歳が支払う第2号保険料で構成されている。

　では，介護保険制度の下での介護費用はどの程度の額に達しているのだろうか。図11-1をみると，介護費用総額の推移がわかる。2000年度（実績）は総費用が3.6兆円で，2004年度（予算）には6.1兆円に倍増している。

図11-1 介護保険総額の推移

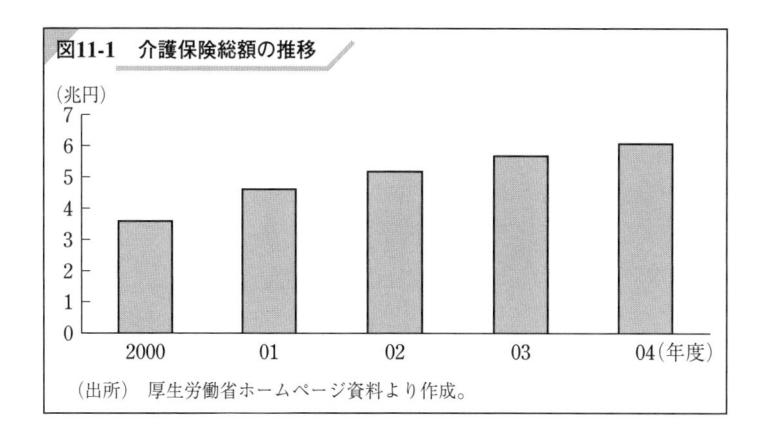

(兆円)

(出所) 厚生労働省ホームページ資料より作成。

やや詳しくなるが，介護保険制度の財政的仕組みをみておきたい。

まず，先にも触れたように，介護費用全体の8割強は公費と医療保険者の拠出金で賄い，市町村が徴収する高齢者の保険料は全体費用の2割弱をカバーする。そして，現役の第2号被保険者の保険料を全国プールし，それぞれの市町村の介護給付費に応じて交付し，高齢化率の高い市町村を支援する。

赤字対策としては，都道府県に財政安定化基金を設置し，給付の見通しを上回って生じた給付費の増加や保険料未納による赤字に対処するための資金を交付する。その財源は，国・都道府県・市町村（第1号保険料）が3分の1ずつを負担する（国民健康保険中央会『介護保険データブック2004』参照）。

なお，介護保険法に定められた5年後の見直しに当たって，国は制度のサスティナビリティ（持続可能性）を掲げ，ポジティブなイメージの打ち出しとして「明るく活力のある高齢社会」の構築をめざし，社会保障の総合化を戦略として打ち出している。また介護予防と費用の合理化を全面に押し出して，①介護予防の導入と家事援助制限，②施設入居者の居住費，食費の自己負担化，③介護事業者

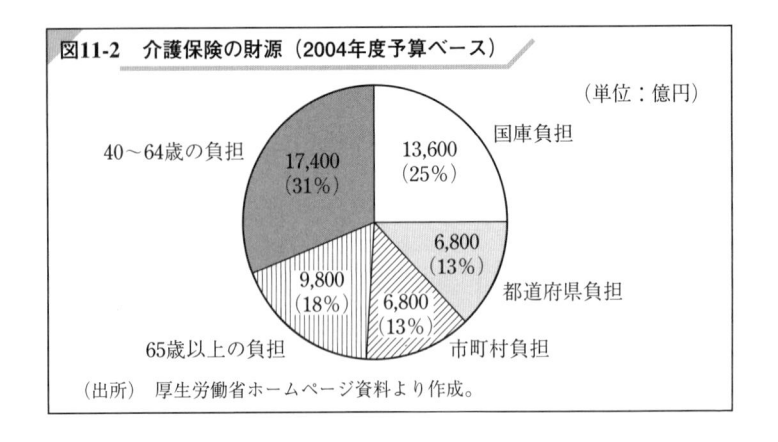

図11-2　介護保険の財源（2004年度予算ベース）

（単位：億円）

- 40〜64歳の負担　17,400（31%）
- 国庫負担　13,600（25%）
- 都道府県負担　6,800（13%）
- 市町村負担　6,800（13%）
- 65歳以上の負担　9,800（18%）

（出所）　厚生労働省ホームページ資料より作成。

への市町村の指導権限の強化，④サービスの質の向上（すべての介護事業者への情報開示の義務化）を提案している。

　第1号保険料は3年ごとに改定されるが，2003年度の全国平均基準額は月額3293円である。一方，現役世代の第2号保険料は医療保険料に上乗せして徴収されるが，会社員の場合，健康保険組合などが従業員の給料に応じて決め，毎年の給付に応じて見直すことになっている。2004年度は前年度に比べ14%増える見通しである。

　制度施行後サービスの利用増を受けて，保険料負担の増勢が続いている。そのため，厚生労働省は2005年の制度見直しにおいて，保険料の徴収対象を20歳以上に広げることを検討している。

障害者福祉の公的財源　2003年4月から障害者支援費制度（以下，支援費制度）が施行されている。支援費制度では，障害者が市町村に支給を申請し，市町村は障害の程度などを考慮してサービスの支給量などを決定する。その後は，障害者自らが事業者・施設を選んで契約する仕組みとなっている。

　財源は，国や地方自治体の障害者福祉予算で賄われる。4分の1を負担する市町村が予算を決め，それにあわせる形で都道府県が4

分の1,国が2分の1を支出する。このため,市町村の予算が事実上の利用限度になる。市町村によって利用度合いや事業者の参入にばらつきがあり,予算の規模も異なっている。

障害者支援費制度では財源不足がきわめて深刻になっている。年間費用は約7000億円で,利用者数は約32万人である。介護保険が社会保険方式によって財源を確保しているのに対し,支援費の財源の仕組みは税金による予算方式であるために,予算の枠内でサービスを供給しなければならない。

国レベルにおいては,在宅サービスの利用が伸びたために,国の補助金の不足額が2004年度では約275億円に達した。厚生労働省によれば,不足額のうち173億円は一般会計の補正予算で賄い,102億円は同省関係の他の予算を流用して穴埋めしたという。

サービス利用が最も多かったのはホームヘルプサービスで,2004年度当初予算の342億円に対し,国の補助金の必要額は536億円であった。差額の194億円は補正・流用分で賄われた。

一方,地方自治体においても予算不足が深刻化している。当然地方自治体でも予算枠で支援費が運営されるために,利用者が想定額を上回った場合には補正増額を準備することになる。また,**支援費制度では支給に関する統一基準がない**ために,自治体の支援費申請の受付が厳しくなったという声もある。

このような財源不足のなかで,さらに問題を深刻化させているのが国の「三位一体改革」である。2003年に国は,国の税財源を地方に移す一環として,今後3年間で4兆円の補助金削減を各省庁に指示した。この補助金の削減については,支援費も例外ではない。その損失分は市町村の一般財源として税ないし交付金で補塡されることになる。もし市町村の一般財源で支援費の多くが賄われる場合,市町村の政策方針(主に首長や議会の判断)が大きく影響してくる。

表 11-1　重点施策実施 5 か年計画（新障害者プラン）

2004 年度概算要求 1,472 億円

(1) 在宅サービスの推進

区　分	2003 年度予算	2004 年度概算要求	2007 年度目標
訪問介護員 （ホームヘルパー）	291 億 1300 万円 （約 5 万 1560 人分）	341 億 7400 万円 （約 5 万 3480 人分）	約 6 万人分
短期入所生活介護 （ショートステイ）	46 億 1400 万円 （約 4920 人分）	50 億 4900 万円 （約 5060 人分）	約 5600 人分
日帰り介護施設 (デイサービスセンター)	130 億 2400 万円 （約 1230 カ所）	148 億 3600 万円 （約 1300 カ所）	約 1600 カ所
重症心身障害児 （者）通園事業	25 億 9700 万円 （約 230 カ所）	26 億 8400 万円 （約 240 カ所）	約 280 カ所
精神障害者地域生活センター	41 億 1000 万円 （約 410 カ所）	47 億 2600 万円 （約 430 カ所）	約 470 カ所

(2) 住まいや働く場または活動の場の確保

区　分	2003 年度予算	2004 年度概算要求	2007 年度目標
地域生活援助事業 （グループホーム）	85 億 5400 万円 （約 1 万 9920 人分）	104 億 1400 万円 （約 2 万 3000 人分）	約 3 万 400 人分
福祉ホーム	8 億 8500 万円 （約 3910 人分）	11 億 7100 万円 （約 4240 人分）	約 5200 人分
通所授産施設	456 億 6100 万円 （約 6 万 8240 人分）	504 億 5100 万円 （約 6 万 9590 人分）	約 7 万 3700 人分
精神障害者生活訓練施設（援護寮）	62 億 8600 万円 （約 5700 人分）	66 億 3000 万円 （約 5960 人分）	約 6700 人分

（出所）　厚生労働省ホームページ資料より作成。

そうなれば，将来において自治体間の格差が拡大する恐れがある。

なお，障害保健福祉関係の 2004 年度概算要求をみると，前年度の 6659 億 4100 万円から 04 年度の 7128 億 1300 万円と増えており，対前年比で 7.0％ 増となっている。主な予算項目をみると，支援費

制度関係の予算が増額されている。

　また障害者の地域生活の支援を進めるため，ホームヘルプサービス，デイサービス等の基盤整備を図るほか，障害者の生活支援，相談について充実を進めている。表11-1にみられるように，在宅サービス予算は障害者ケアマネジメント関係以外は増額になっている。ただし，上記の介護保険費と比べると，予算規模において桁違いの差異がある。2005年5月現在，障害者自立支援給付法が国会で審議されている。

子育て支援策の公的財源

次に，子育て支援策について触れてみたい。1994年に，国は子育て支援を社会全体として取り組むべき課題と位置づけ，「エンゼルプラン」を打ち出した。その後99年には，「少子化対策推進基本方針」に基づいて「新エンゼルプラン」を策定している。さらに2001年には，「待機児童ゼロ作戦」を掲げて，子育ての負担軽減をめざした少子化対策を実施してきた。しかし出生率の低下が改善される気配はなく，このような深刻な状況を受けて2002年に，①男性を含めた働き方の見直し，②地域における子育て支援，③社会保障における次世代支援，④子どもの社会性の向上や自立の促進，の4つを柱とする「少子化対策プラスワン」を国は策定している。

　なお，予算については，2004年度厚生労働省男女共同参画関係予算で，子育て家庭支援対策の充実費が2235億円，多様な保育サービスの推進費が5085億円計上されている。また費用については，市町村が設置する場合，国が2分の1，都道府県が4分の1，市町村が4分の1を負担する。働く母親や子育てに不安をもつ母親への育児支援事業に対して，より多くの予算が確保されることを望む。

地域福祉のための基金づくり

総務省は2004年度に地域住民が実践する「コミュニティ・ビジネス」の育成に乗り出す方針である。地方自治体は事業を支えるファンド（基金）を創設し、国は資金の一部を地方交付税などで補塡する。2年から3年のうちに全国で3000の事業化をめざしている。

同省の構想によると、都道府県ないし市町村が「コミュニティ・ファンド」を創設し、支援の対象となる事業を選ぶ。事業主体は企業またはNPOで、形態を問わず自治体がファンドの資金を使って各団体に融資や利子補給、債務保証などの財政支援を進める。総務省は市町村ごとに少なくとも1つの新事業を立ち上げてもらう方針である。

また総務省は地方自治体が拠出する基金への出資金などを地方債で賄うことを認めており、返済費用の一部を地方交付税で賄えるようにする。基金設置額は、自治体が支援する事業規模に応じて自由に求められるが、同省では50万円から1000万円程度と想定している。

ファンドを通じて支援する事業は、ひとり暮らし高齢者への給配食サービス、保育サービス、過疎地でのバス運行、不用品のリサイクル等である。こうした事業は地域住民によるNPOなどが担っており、「コミュニティ・ビジネス」として全国に広がっている。しかし、金融機関の経営難もあって、資金繰りが難航しており、事業の継続が困難になるケースも目立っている。総務省は財政支援により各地域が住民に密着したサービスを続けられるよう支援する方針である。

4 地域福祉の民間財源

　地域福祉の民間財源については，**共同募金**を中心にして，市民バンク，福祉財団，コミュニティ財団を説明していきたい。

> **共同募金**

　共同募金は民間財源の中心である。それは，社会福祉法を根拠にして，民間の社会福祉事業に必要な資金を集めるための全国的な募金運動である。募金の期間は，10月1日から12月31日までの3カ月である。

　共同募金は，国や市町村ではなく，共同募金会によって都道府県を単位として行われている。都道府県内で共同募金に寄せられた寄付金は，県内の社会福祉に使われ，県外や国外の事業に充てることはできない。広域的には社会福祉施設や県域で活動している団体などに配分されることになっている。また，市区町村においては，市区町村社会福祉協議会，高齢者や障害者を支援する福祉団体，福祉施設，ボランティア活動資金に充てられている。

　共同募金の特徴は事前に使い道や寄付目標額を定め，地域福祉のための，募金と配分に関する計画を立てることにある。寄付額が集まってから使い道を決める募金とは異なっていることに留意する必要がある。

　では，実際に寄せられた寄付金をどのように配分するのだろうか。配分方法については，公正を期して，県民の代表者からなる配分委員会で配分案を立てることになっている。そのため都道府県共同募金会は，社会福祉法に基づいて配分委員会の設置を義務づけられている。

　個人や企業が共同募金に寄付した場合，税制上優遇措置された取

図11-3　募金額（一般募金・歳末たすけあい募金）の推移

(単位：1000円)

(出所)　中央共同募金会 [2003]，『新共同募金ハンドブック』より作成。

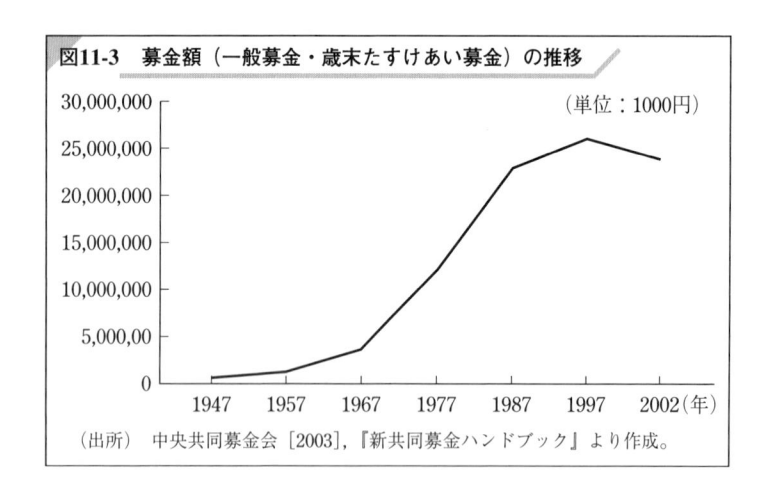

表 11-2　募金方法別の募集額に占める割合の年次推移

(単位：%)

年	戸別	街頭	法人	職域	学校	その他
1947	80	3	4	2		11
1957	81	6	5	4		4
1967	71	4	18	3		4
1977	69	4	18	4		5
1987	66	3	17	4	3	7
1997	69	3	17	5	2	4
2002	73	2	11	4	2	8

(出所)　中央共同募金会 [2003]，『新共同募金ハンドブック』より作成。

扱いが受けられる。寄付文化をもつ諸外国では優遇税制が進んでおり，わが国でも検討の余地がある。

　　募金額の推移　　共同募金はどの程度の額に達しているのだろうか。2002年度の募金総額は237億7944万7549円で，うち一般募金が162億4969万8579円，歳末た

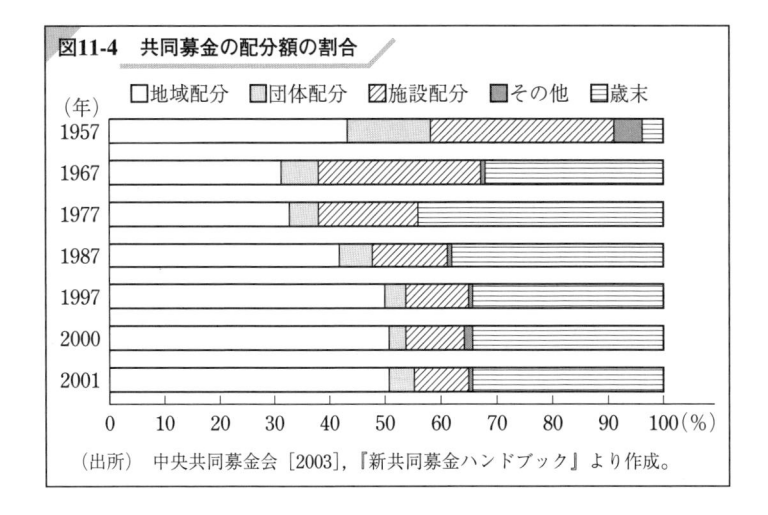

図11-4 共同募金の配分額の割合

（出所）　中央共同募金会［2003］,『新共同募金ハンドブック』より作成。

すけあい募金が75億2974万8970円となっている。図11-3にみられるように，寄付額（一般募金および歳末たすけあい募金）の推移をみると，最近では募金額が減少している。

募金方法別にみると，戸別募金の占める割合が高い傾向は，運動が始まって以来ほとんど変わっていない。また法人募金の占める割合は，1990年代からの不況の影響を受けて，最近低下している（表11-2）。

配分額の割合の推移　次に，共同募金配分額の割合の推移をみると，戦争直後の昭和20年代では，戦災孤児，引揚者などを対象とする援護施設への配分が大きな比重を占めていたが，昭和30年代から40年代になると，心身障害児（者）問題，児童の健全育成，地域福祉活動に配分されるように変化した。

昭和50年代に入ると，施設配分の割合は減少し，これに対して在宅福祉の活動や社会福祉協議会などが行う活動のための地域配分の割合が増加した。

4　地域福祉の民間財源

昭和 60 年代においては，施設の地域開放事業や，障害者の小規模作業所への支援が行われるようになり，また高齢化社会への移行とともに，配分対象が在宅の高齢者事業へと広がった。

　そして平成の年代に入ると，少子高齢社会を迎えて，在宅の要介護者に対する支援や，住民やボランティアが参加して行う福祉活動に配分されるようになっている。

> 市民バンク，福祉財団，コミュニティ財団

(1) 市民バンク

市民バンクは，地域社会への貢献を基本理念として，環境・福祉・女性の社会進出等に資する事業を支援する制度である。無担保で最高 1000 万円まで融資し，金利は長期プライムレートを適用している。1989 年に地域の金融機関として活動を始めて以来，地域社会の担い手となる社会企業家（social entrepreneur）を支援している。

(2) 福 祉 財 団

　福祉財団は，主に企業の出資や寄付金等によって設立された財団法人である。財団法人とは，社会福祉，医療，育英等の公益目的のために提供された財産を，個人の権利に属さないで，独立した組織として運営する法人である。

(3) コミュニティ財団

　コミュニティ財団は，それぞれ独立した複数の基金を一括して管理・運営する新しいタイプの財団である。寄付者は，自分が寄付した基金に名前をつけることができ，基金が生み出す運用収益を社会貢献活動に充てるように財団に希望や意見を述べることができる。

5 自治体財政の展望

> **地方自治体の厳しい財政事情**

　地方自治体の歳入は伸び悩みの状態が続いており，自治体は深刻な財源不足に直面している。その理由は税収の落込みである。しかも今後，**地方交付税**や**地方債**はともに大幅に減る見通しとなっている。この余波を受けて，さらなる人件費削減や住民サービスの見直しを迫られる自治体が相次いでいる。都道府県に比べ，交付税の依存度が大きい市町村への影響はさらに深刻になっている。

　総務省は人件費をいっそう削減するなどの抜本的改革を地方自治体に求めており，支出の削減を要請している。そのうえで今後数年間に職員削減や給与引下げ等の行政改革案があれば，「財政健全化債」の増発も弾力的に認める方針である。

　一方，少子高齢化の進展により福祉や医療の経費を中心に経常経費の増加は避けられない状況になっている。市町村にとって，福祉や医療の予算を抑制することは容易ではない。

　かつて公共施設の建設などハード事業を重視した時代から，いまは福祉などソフト事業への転換が必要となっている。そのため固定費の増加は避けられない。しかもその変化が急速であるため歳出の増加が著しく，歳入の増加を保証する措置が不可欠になっている。

　福祉など対人サービスの供給主体の中心は市町村であるが，市町村は住民にもっとも近い基礎自治体として，少子高齢化の影響を受けやすいのである。とくに福祉や医療などの経費の増加が著しく，民生費，扶助費の増加として現れている。

地方への税源の移譲

今後，地域福祉計画に基づいて福祉施策の総合的な推進を図るためには，どのような戦略が必要となるのだろうか。それは財源の問題を抜きにしては議論できない。

現在，国と地方の税財源をめぐって「三位一体改革」が進められている。これは国から地方への税源移譲・国庫補助金の削減・地方交付税の見直しを同時に進める地方改革である。具体的には，地方の一般財源の割合を引き上げ，地方税の拡充を図り，交付税への依存を低下させるという改革アジェンダとなっている。

じつは，この改革プロセスが地方自治体に及ぼす影響はきわめて大きい。地方への補助金は2006年末までに約4兆円が削減され，それに伴う税源移譲額の数値目標については，義務的経費は全額，その他の経費分は8割を移譲することになっている。その際，税源移譲は基幹税とされている。また地方交付税については，算定方法の簡素化，段階補正の見直しを進め，不交付団体の人口の割合を大幅に高めていくことにより，総額を抑制し，財源保障の機能を縮小していく方針である。

国の地方税財政改革を受けて，地方自治体は予算編成作業において深刻な財源不足に直面している。2004年度では，国から配分される地方交付税や，財源補塡のために国が発行を許可する地方債は，ともに大幅に削減されている。その結果，人件費削減や住民サービスの見直しを迫られる地方自治体が相次いでいる。

将来の地方財政を安定したものにするためにはどうすればよいのか。それには一般財源の使途の見直し，すなわち公共工事等の大胆な見直しが必要となる。また，従来の行政区域内における財源の配分といった安易な考えに従った施策の見直しも求められてくる。これらの点は今後の地域福祉計画の実施段階においても議論されるべ

きであろう。

　地方分権の意義は，住民に生活社会を形成する権限を与えることにある。分権型の福祉システムは，住民がもっとも身近な自治体である市町村において，住民の共同意思決定を尊重し，福祉サービスの負担と供給を決定できる仕組みをつくりだすことである。そうであるから，地方分権の実施過程において，権限だけを国から自治体に分けても地方の自立が進むわけではない。権限にふさわしい財源を確保して初めて自立した地方自治体が生まれるのである。

　最後に，今後の戦略的課題を列挙しておきたい。それらは4点である。すなわち，①所得税と住民税を共通税化し，地方自治体が課税・徴税すること，②課税ベースや税率の決定については当初は国と地方による共同決定方式によるが，しだいに地方に権限を移すこと，③共通税の配分は地方6対国4の割合とし，地方自治体から国に逆配分すること，④法人住民税についてはすべて国税化し，その7割を地方交付税の財源として地方に再配分することである（ただし法人事業税については，自治体サービスに対する応益課税として存続させ，何らかの外形標準課税化を図るなどの措置が必要である）。

　今後，地域福祉計画に潤沢な予算がつけられない現状があるにせよ，予算内容に関しては住民と共に民主的に決定していかなければならない。行政は地域福祉計画を住民の生活問題の解決手段としてとらえ，一方，住民も計画と財政を両立させる契機として地域福祉計画を活用していく必要がある。

Summary サマリー

　行政計画は必ずしも財政と結びつけて策定されるわけではない。その理由は，企画志向型計画と財政志向型計画の2つがあり，オーソラ

イズされたプロジェクトが後に財政を誘導する形態もみられるからである。

　地方自治体の財政状況はきわめて厳しく、財政再建計画を立てるところが多い。地方自治体が経費削減を迫られるなかで、多くの事業を廃止したり、事業の見直し案を打ち出すところもある。そのような結果、福祉関係の計画につけられる予算も限られており、地域福祉計画においても財政を計画内容に反映させるような積極的な方向性を示す市町村は少ない。

　今後、地域福祉計画に潤沢な予算がつけられない現状があるにせよ、予算内容に関しては住民と共に民主的に決めていかなければならない。行政は地域福祉計画を住民の生活問題の解決手段としてとらえ、一方、住民も計画と財政を両立させる契機として地域福祉計画を活用していく必要がある。

● **Key words** ●

予算措置　　財政フレーム　　保険方式　　公的財源　　支援費制度　　共同募金　　市民バンク　　地方交付税　　地方債

読書案内

　政策科学の視点から社会福祉の制度・政策を解説しているものとして、山本隆**『福祉行財政論——国と地方からみた福祉の制度・政策』**中央法規出版、2002年が参考になる。また、高齢者福祉を中心にイギリス福祉行財政を政府間関係の視点から分析した、山本隆**『イギリスの福祉行財政——政府間関係の視点』**法律文化社、2003年は、イギリスの福祉改革を学ぶのに最適。措置制度と介護保険の意義と課題を実証的に考察したものとしては、山本惠子**『行財政からみた高齢者福祉——措置制度から介護保険へ』**法律文化社、2002年が参考になる。

山　本　　隆　★

第12章 ガバナンスの時代と地域福祉

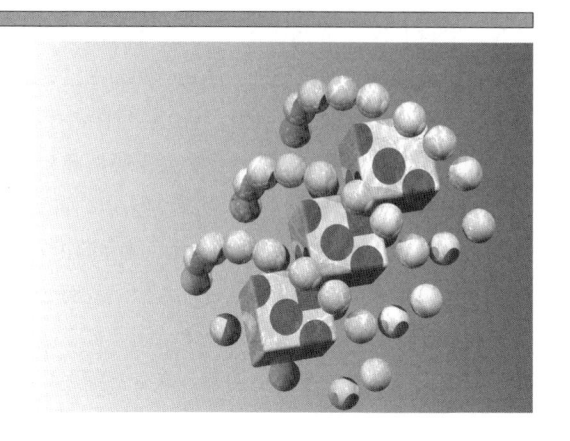

1 ガバナンスの意義

社会保障制度の見直し　住民を重要な一方の主体として地域福祉計画を策定し、またその実践の担い手としても主体として位置づける、そのような形で社会福祉政策を再構築するという動きは、じつは従来の「政府」の役割や機能を見直すということでもある。

世界的にみると、1979年の英サッチャー政権、81年の米レーガン政権の登場にみられるように、80年代初頭にそれまでの拡張的な政府支出による公的な社会保障政策の推進を、政府の過剰な肥大化とみる思潮が優勢となった。このことは、アングロ・アメリカ社会において最初に明瞭な形をとったが、ドイツやフランス、イタリ

アなどのヨーロッパ大陸諸国，さらにはスウェーデンなど北欧諸国においても時間のずれと，その現れ方は異なるものの波及することとなった。それに伴う社会保障財政の見直しが進んだ80年代の変化は，しばしば「福祉国家」の動揺と後退，あるいは「福祉国家のゆらぎ」と指摘されてきた（右田［2000］）。その基礎にある最大の要因は，「財政危機」と「政府への不信」である。

このうち**財政危機**はとりわけ社会保障財政の危機として議論された。この危機は大きくいえば経済の停滞に伴う税財源の伸びの鈍化に対して，年金，医療，失業保険，社会福祉という20世紀の福祉国家が築いてきた社会保障システムが，政府として給付しようとする給付額を，それまでの延長上では賄えなくなるというようにとらえられる。つまり，政府が約束してきた国民の生活を保障するという機能が，財政的な制約から，それまでのシステムのままでは機能不全に陥るという局面が，20世紀の最後の10年間に明瞭になってきたのである。

日本の場合は，1981年3月に設置された第2次臨時行政調査会（土光敏夫会長）が，「増税なき財政再建」を掲げて，国鉄，電電公社などの民営化とともに，「日本型福祉社会」という，家族と企業に福祉機能の多くを委ねる施策を推進しようとしたことが，このような思潮の流れを汲んだものと見なされた。つまり第2次臨調が，先進諸国における財政危機と社会保障見直しの日本的表れとなったともいえる。

なお，主にこのような財政制約からの社会保障制度の見直しは，グローバリゼーションの浸透とともに，21世紀になると各国でより先鋭になってきている。たとえばドイツでは2003年の3月に，社会民主党政権であるシュレーダー内閣によって「アジェンダ21」という失業給付の見直し，健康保険制度改革や支給開始年齢の引上

表 12-1　主要国の社会保障財源の対 GDP 比（EUROSTAT 基準, 1998 年）

(単位：％)

	社会保険料	事業主拠出	被保険者拠出	税	目的税	一般税	その他	合　計
日　　　本	10.69 (61.6)	5.57 (32.1)	5.12 (29.5)	4.27 (24.7)	— (—)	4.27 (24.7)	2.38 (13.7)	17.34 (100.0)
イギリス	15.03 (51.4)	7.90 (27.0)	7.13 (24.4)	13.99 (47.9)	0.04 (0.2)	13.95 (47.7)	0.21 (0.7)	29.23 (100.0)
ド イ ツ	19.94 (66.1)	11.29 (37.5)	8.65 (28.7)	9.32 (30.9)	— (—)	9.32 (30.9)	0.89 (3.0)	30.15 (100.0)
フランス	20.31 (66.4)	14.22 (46.5)	6.09 (19.9)	9.38 (30.7)	4.97 (16.3)	4.41 (14.4)	0.89 (2.9)	30.58 (100.0)
スウェーデン	17.52 (48.3)	14.17 (39.1)	3.35 (9.3)	16.60 (45.8)	— (—)	16.60 (45.8)	2.13 (5.9)	36.25 (100.0)

(注)　1)　( ) 内は，合計に対する構成比（％）。
　　　2)　原表は，ヨーロッパ諸国については，EUROSTAT. *Social Protection Expenditure and Receipts*。日本については，EUROSTAT 基準により国立社会保障・人口問題研究所が算出したもの。
(出所)　林健久・加藤榮一・金澤文男・持田信樹編 [2004]，『グローバル化と福祉国家財政の再編』東京大学出版会，180 頁。

げや保険料の引上げなどの年金制度の改革の提案が行われている。フランス，イタリア，オーストリアでも 20 世紀末からの議論を踏まえて 2003 年に同様な動きがあった。

　ところで，日本の場合，財源的にみて政府が担う社会保障機能は決して大きいわけではないことには注意が必要である。表 12-1 にみるように，1998 年の水準でも，政府の**社会保障財源の規模**は，対 GDP（国内総生産）比で，17.34％ であり，80 年代から 90 年代の改革をくぐってきたイギリスの 29.23％ よりも 10％ ポイント以上低く，エーデル改革などを経たスウェーデンの 36.25％ よりも 18 ポイント以上低い水準である。

ガバナンス論の台頭

一方で，政府の機能をその政治的機構として反省するトレンドが，1990年頃からヨーロッパやアメリカ諸国などで強くなってきたとされている（中邨[2003]，18-20頁）。**ガバメント**という政治的機能に対する批判といってもいい。「ガバメント」とは，英語圏では行政と議会が市民を管理する，支配するという意味合いが強く「政府統治」という言葉に近い。基本的にはこの20世紀的な政府システムに対する不信感が強まってきているのが世界的な傾向であることは指摘のとおりであろう。

中邨によると，まず20世紀の終わりに近づく頃から，主に2つの要因によってガバメントとしての政府機能が低下してきている。第1には，経済のグローバル化である。経済のグローバル化はとくに金融経済のグローバル化が顕著だが，国際企業の経済活動を国境によって管理することが非常に困難になるという形で現れている。政府の規制を超えて流通と生産，そして金融取引と資本の移動が激しく行われ，ガバメントはその力を大きく制限されてきている。

第2の要因は，情報技術の発展である。とくにインターネットを通した情報のグローバル化によって，政府の情報管理能力は著しく制限されるようになった。同時に情報独占と秘匿による政府の統治機能の維持も，情報公開とその早い流通によってきわめて難しい状況になりつつある。

これらの条件もあって，政府機能の限界が明瞭になり，それが「政府への信頼」をゆるがせ，**政府不信**を広げてきているとされている。

この政府不信は，次にみるように**代表民主制**への批判である側面をもつが，同時に行政国家としての福祉国家を運用してきた**官僚制支配**に対する批判であるということもできる。国際比較調査による

と，そうした政府不信はヨーロッパ全土に一般化しつつある。「代表民主制は，環境問題や人口の爆発的増加，あるいは貧困や失業，それに移民の急増や国家間の敵対意識の増幅など，今日の社会が直面している数々の難題になす術を知らない。民主制はそれらの困難に対して，解決策をみいだせない状況にある。政府や自治体が非力であるということは，国民一般の目に一段と鮮明になった」（中邨 [2003]，31 頁）。

このようなガバメントに代わって，**ガバナンス**という考え方に関心が集まるようになっているのである。この「ガバナンス」という言葉は，1988 年にピッツバーグ大学のガイ・ピーターズとジョージタウン大学のコリン・キャンベルとが学術雑誌『ガバナンス』を発刊したことによって注目されるようになった。その後，90 年代の金融危機の際に世界銀行や IMF が対象国の「ガバナンス」の確立を議論するなどして広まっていったとされている（中邨 [2003] など）。

現在，「ガバナンス」という言葉が意味するものは，縦系統の支配としての「ガバメント」に対して，たとえば中央政府と地方自治体が「**対等な関係に立つ**」という意味合いをもつ。そして市民と政府も，対等な，水平な関係にあるという意味で使われる。和訳として「協治」とか「共治」などとされる所以である。もう 1 つは，「ガバナンスと市民社会」というように，**市民社会**を再構築する手段として「ガバナンス」を議論する傾向が強い。

このように政府と政府，政府と市民や企業が水平的な関係に立ち，協力するということは，**情報公開**をキーとした「参加」ないしもっと積極的に「参画」ということを不可欠なものとする。そしてこの政府の意味の転換を表す「ガバナンス」から生まれ，各国で進行している「行政改革」の特徴としては，次のような規定が比較的よく

その特質を表している。

　先ほどのガイ・ピーターズ教授によると，政府への不信を除去するために各国で進行している行政改革の枠組みとして，4つのパターンをあげている。それは第1に「市場原理モデル」(market government)，第2には権限の下方への移譲などに力点をおく「参加志向モデル」(participative government)，そして第3には行政運営にパートタイマー職員を雇用するなど柔軟性をもたせようという「柔構造モデル」(flexible government)，そして第4に，規制緩和や撤廃を求める「規制緩和モデル」(deregulated government)，である（中邨［2003］，44頁）。

　ただ「ガバナンス」の実現のためには，行政の透明性，行政の執行過程を担う市民活動，その市民的**政策評価**など，現状を超える行政と市民，事業者の「**協働の仕組み**」が追求され，「行政の過度の市場化」を「説明責任」の確立によってコントロールする必要がある。

　現在のガバナンス論は，社会的に解決すべき課題，すなわちアジェンダの複雑化とその量的拡大に対する政府の解決能力の機能低下を批判しつつ，その政府機能を補完するとともに，その官僚制の改革をも展望する。すなわち「ガバナンス論」は，そのために市民のエンパワーメントを通じて市民社会を再構築し，行政と市民とが協力しつつ新しい公共空間をつくることをめざすという方向で議論される傾向が強いといえる。

　それは，福祉国家と福祉社会の新たな連携を追求する作業（武川［2001］）の1つでもある。

2 日本政府統治のパラダイム転換

日本における地方分権改革

前節にみたような政府統治における世界的なガバメント重視からガバナンス重視への転換という動きは、日本の場合も、同様に進んでいるといってよい。日本の政府統治の転換は、市民参加の流れとして、また当事者参加の流れとして概ね1970年代からゆっくりと進んできた（篠原［2004］，34-50頁）。

国内のさまざまな動きに基本的には支えられて、市民が直接に政府活動などに参加する領域は拡大してきたといってもよい。同時にそれは国連のいくつかのキャンペーンに支えられてきた側面もある。たとえば障害者の完全参加10年のキャンペーンや、女性の10年などがそれにあたる。

そして制度的には、これらの動きを決定的に加速させうる改革が1990年代に行われた。いわば政府間関係における**パラダイム転換**が行われたのである。それは**地方分権改革**である。ガバナンス概念の重要な要素として、縦系統の関係を、水平的な関係に変える改革があるのは前述したとおりである。すなわち、中央政府と地方政府が、水平的で対等な関係として再編成されるなかで、ガバナンスが有効に機能するという考え方である。

2000年の4月1日にいわゆる「地方分権一括法」が施行された。この一括法は560本以上の法律を一括して改正ないし制定したものである。中心は、それまで都道府県の事務の7割から8割、市町村の事務の5割から6割を占めるといわれた「国の機関委任事務」（地方自治体の機関である知事や市町村長に執行するよう法律またはそれ

に基づく政令によって命令された国の事務）制度を廃止し，地方自治体が処理する具体的な事務は，原則として自治体の**自治事務**とされた点である。その「自治事務」のいわば例外として，国の関与がより強い**法定受託事務**として整理される事務が規定されるという構造をしている。

なお自治事務とは，自治体の代表である知事，市町村長の定める規則，および議会の定める条例によって，すなわち自治体の裁量でその事務を執行することができる事務である。

福祉行政では，「保育に欠ける児童」を保育所などで保育することは，分権改革以前は国の機関委任事務から団体委任事務に移され国から団体に委任された事務と観念されていた事務であった。これが2000年4月以降は市町村の責任で実施すべき事務であるが，自治事務とされている。介護保険を含む高齢者福祉施策も，市町村がその責任で行うことを求められるが，自治事務である。法定受託事務としては生活保護事務があげられる。この生活保護事務でも，自治事務部分を含んでいる。また，「法定受託事務」も地方自治体が実施すべき事務ではあるが，「国の事務」ではなく，「自治体の事務」であることには変わりがなく，したがって，法律の定め方にもよるが，法定受託事務に関してそれを運用する「条例」を制定することができる（地方自治法14条および2条2項）。

この地方分権の政府レベルでの流れは，1994年12月の自社連立の村山富市内閣での閣議決定，「地方分権大綱方針」のとりまとめから始まり，95年5月の「地方分権推進法」成立と同年7月の「地方分権推進委員会」の設置に至る。

6人の委員（諸井虔，堀江湛，長洲一二，桑原敬一，西尾勝，樋口恵子）からなる「地方分権推進委員会」は，地域づくり部会（成田頼明部会長），くらしづくり部会（大森彌部会長）を設置して精力的に

官僚との論議を進め，1996年2月に「中間報告」をとりまとめた。その第2章において，次のように述べられている。「地方分権推進法の趣旨に即して，国と地方公共団体との関係を抜本的に見直し，地方自治の本旨を基本とする対等・協力の関係とする行政システムに転換させるためには，この際機関委任事務制度そのものを廃止する決断をすべきである」と述べた。この趣旨は，その年の12月に行われた「第1次答申」にそのまま引き継がれている。

国と地方自治体は対等・平等な関係に

この分権推進委員会の諸答申に基づく地方分権改革によってもたらされた，国と都道府県，国と市町村，都道府県と市町村との対等・平等な関係とは，制度上の改革としては以下のとおりである。

① 国と地方自治体，都道府県と市町村の間には，「指導する，指導される」という関係がなくなった。あるのは「**技術的助言，勧告，資料の提出の要求**」（地方自治法245条の4）のほかには，「是正の要求」や「是正の勧告」等である。

② したがって，国が地方に対して**通達**によって「指導する」ことはできない。国と地方自治体の間には通達による関与は原則として廃止されている。事務次官通達，局長通達，課長通知，などはいずれも法的な拘束力をもたない「参考としうる文書」以外のものではない。

③ **法令の解釈権**は現場にあり，市民と利用者にある。したがってまた，法律や政令，それに各省の命令である省令などを解釈する権原は，地方自治体にもある。市町村と都道府県にも「法令解釈権」が付与されたということができる。

④ ということは，地方自治体は自らの責任において，法令を解釈し，その地域において適切に執行する責任があるということでもある。これこれの問題について，国にお伺いを立て，その

指示に従う，という態度は許されないこととなった。自らの責任において積極的に法令を運用すべきなのである。

このようなガバナンスを構築するための取組みは，厚生行政のなかにおいても1980年代から進んできたともいえる。もちろん内容は，国の関与の強い行政内分権と，主たる介護者の存在を前提とした民間活力の利用という財政制約のもとでの矮小化された形ではあるが。その例が，1990年の「社会福祉関係8法改正」である。**福祉8法改正**とは，社会福祉事業法，老人福祉法，児童福祉法，身体障害者福祉法，精神薄弱者福祉法（当時。現在は知的障害者福祉法），母子及び寡婦福祉法，老人保健法，社会福祉医療事業団法を改正したものだが，その主な内容は，①在宅福祉サービスの積極的展開，②福祉サービスの権限を原則として市町村に一元化する方向に踏み出したこと，③高齢者保健福祉計画の策定を市町村に義務づけたこと，などであった。

ここでは，財源的な支えが貧弱なまま権限を一元化するというレベルで，その権限の市町村への付与も，細かい規制を伴い，市町村の裁量権を認めないような「分権化」だったといえる。とはいえ，地方分権の大きな方向性は大きくは時代の流れと一致していたともいえる。

なお，この制度的な改革は，実際の政府間の関係として実現しているわけではない。行政の実務では，なお多くの場合，国が都道府県を「**指導**」したり，都道府県が市町村を「指導」していたり，また市町村が「指導」を仰いだりしているのが実状である。人びとの観念を変えることは短時間には難しいので，この状態はなお続くであろうから，引き続き地方分権改革の意義を提示し続けることが重要なのである（澤井［2002］）。

3 市民参加, 当事者参加の展開

社会福祉法における住民の位置づけ

すでに指摘されているとおり, 社会福祉事業法を改正した社会福祉法では, その4条で,「地域住民, 社会福祉を目的とする事業を経営する者及び社会福祉に関する活動を行う者は, 相互に協力し, ……地域福祉の推進に努めなければならない」と規定している。この規定では,「地域福祉の推進に努めなければならない者」は, 第1に,「**地域住民**」であり, 第2に「**社会福祉を目的とする事業を経営する者**」(本法の2条にいう第1種社会福祉事業者と第2種社会福祉事業者のほか, 社会福祉事業を経営する立場での市町村や都道府県, 国などと, 介護保険事業者のようにそれ以外の株式会社やNPOなどもここにいう事業を経営する者である), 第3に「**社会福祉に関する活動を行う者**」, すなわちボランティアなどとされている (社会福祉法令研究会編 [2001], 109-11頁)。

このように社会福祉法は地域福祉について地域住民に努力義務を課すことで, 地域福祉の責任ある主体として位置づけたのが最大の特徴であるということもできる。さらに, **ボランティア**についても地域福祉の担い手として積極的に位置づけているが, そのボランティアも多くが地域住民であることを考えれば, 地域住民はこの法律で二重に責任ある主体として位置づけられていることになる。

なお, 公権力を行使すべき主体としての, 国, 都道府県, 市町村については6条で,「国及び地方公共団体は, 社会福祉を目的とする事業を経営する者と協力して, 社会福祉を目的とする事業の広範かつ計画的な実施が図られるよう, 福祉サービスを提供する体制の

確保に関する施策，福祉サービスの適切な利用の推進に関する施策その他の必要な各般の措置を講じなければならない」と定める。この条文は，国と地方自治体が福祉サービスの確保についてその公権力を行使して適切な措置を講じる義務を課し，行政責任を明確にしているとされている。つまり地方自治体も，事業者であるとともに行政責任を明確にもった公権力，という形で二重に規定されているのである。

| 協働とパートナーシップ |

この社会福祉法の規定から，直接に，「行政と住民，事業者の協働」という考え方が導かれてくる。これら三者は，「相互に協力して，地域福祉の推進に努めなければならない」のであるから，共に地域福祉を進める，対等な協力関係をつくっていくことが求められる。この「協働」という考え方は，**パートナーシップ**の確立という形でも主張され，すでに多くの地方自治体の総合計画やまちづくり施策のなかに取り入れられている。

この「協働」ないし「パートナーシップ」という政策志向の事例をあげてみよう。まず，**グラウンドワーク**（groundwork）という手法がある。これは日本の成功例としては，静岡県三島市の「NPO法人グラウンドワーク三島」がある。そのキャッチコピーは「市民が主役」であり「右手にスコップ・左手にビール」である。1992年9月から市民のイニシアティブで河川の再生や，公園の造成などを行ってきた。グラウンドワークとは，81年12月にイギリスで設立された「グラウンドワーク・トラスト」に始まる実践的な環境改善活動で，住民が行政や企業とパートナーシップをとりながら，環境改善に取り組むことである。この三者を仲介するトラストという専門組織をもっている。日本では，この三島から始まり，1995年には「財団法人日本グラウンドワーク協会」が設立されている。

また，多くの市町村の総合計画やそのもととなる基本構想にも，「協働」という概念が導入されている。2001年3月に策定された大阪府枚方市の「総合計画」では，次のように述べられている。「今，ごみ処理をはじめとする環境問題や福祉の問題など様々な課題がありますが，これらはすべて行政だけで解決できる問題ではなく，行政と市民とがパートナーシップを確立し，それぞれの役割と責任を分担しながら，ともに知恵を出し合い，汗を流して取り組むことが大切です。こうした考えのもと，本計画では，行政と市民，事業者が協働してまちづくりに取り組む必要性を明確にしました」。

介護保険における参加と公開の進行　2000年4月に施行された介護保険制度は，保険事業者として市町村を位置づけた。そして，すでに策定されていた各市町村の高齢者保健福祉計画と一体のものとして，介護保険事業計画を策定し，第1号被保険者（65歳以上の住民）の保険料を算定することとされた。その際，とくに重視されたのは**当事者**の審議への参加である。ただ介護を要する高齢者の討議への参加が直接には望めない現状から，介護を要する高齢者を現に介護するか，介護した経験をもつ「当事者」の審議への参加が必須要件とされた。そのために，介護保健事業計画策定委員会に，**公募の市民**を参加させることが推奨された。実際に，この公募委員制度は相当数の自治体で採用され，議論の活性化に大きく役立ったといえる。

　また，会議の内容の公開もかなり広がった。議事録の公開，審議の傍聴（報道機関を含む），資料の公開（インターネットのホームページなど）など，それまでにない取組みが各地でみられた。「情報なくして参加なし」という標語が，相当に重みのあるものとして生かされた。さらに鳥取県西伯町や秋田県鷹巣町，東京都調布市などのように，「福祉を考える100人委員会」など，広範な住民を主体と

表 12-2　NPO 法認証団体

全国の認証団体数		増加率
2000 年 1 月 28 日	267	
2001 年 1 月 26 日	1,869	700.0%
2002 年 1 月 25 日	4,502	240.9%
2003 年 1 月 31 日	8,679	192.8%
2004 年 1 月 31 日	15,151	174.6%
2005 年 3 月 31 日	21,286	140.5%

（出所）　内閣府ホームページ掲載資料から作成。

する討論の輪を拡大する試みも注目された。

NPO 法人の登場　住民が主体となるという場合，個々の力ある住民が議論に参加するばかりではなく，むしろ実施主体としての住民を考えると，何らかの形で地域において「組織された住民」がどの程度活動しているかが重要な意味をもつ。その観点からすると，1998 年 3 月に成立した特定非営利活動促進法（いわゆる NPO 法人法）による **NPO 法人** の拡大が大きな意味をもちうる。この特定非営利活動促進法は，その後の改正で NPO 支援税制を組み込んだ改正が 2002 年 12 月に行われ，2003 年 4 月から施行されている。

内閣府の調べによると，この法律による認証団体は，表 12-2 のように増加している。

このように，法に基づく認証団体は，6 年で 79 倍に激増している。都道府県別では，最小の鳥取県でも 77 団体が，島根県で 99 団体，徳島県で 102 団体が 2005 年 3 月までに認証を受け活動している。なお，人口当たりにするともっとも団体数が多いのはこれら人口が少ない県であり，東京都（4,135）や大阪府（1,665）は相対的に少ない。

図12-1 福祉NPOの増大

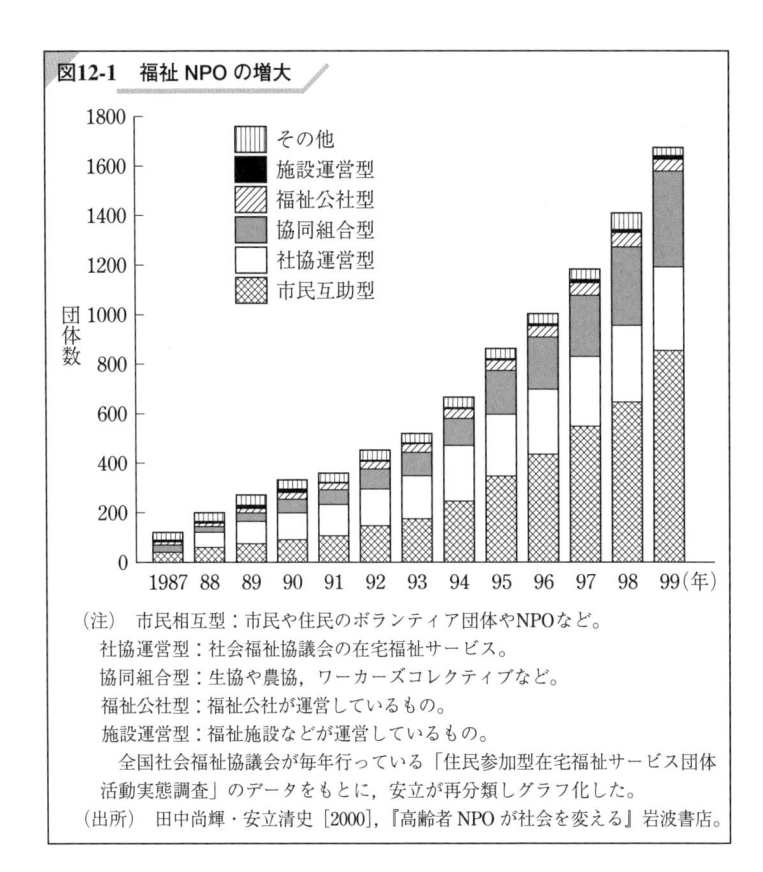

凡例：その他／施設運営型／福祉公社型／協同組合型／社協運営型／市民互助型

縦軸：団体数（0〜1800）、横軸：1987〜99（年）

(注) 市民相互型：市民や住民のボランティア団体やNPOなど。
社協運営型：社会福祉協議会の在宅福祉サービス。
協同組合型：生協や農協，ワーカーズコレクティブなど。
福祉公社型：福祉公社が運営しているもの。
施設運営型：福祉施設などが運営しているもの。
　全国社会福祉協議会が毎年行っている「住民参加型在宅福祉サービス団体活動実態調査」のデータをもとに，安立が再分類しグラフ化した。
(出所) 田中尚輝・安立清史［2000］，『高齢者NPOが社会を変える』岩波書店。

　ところで，これらのNPO団体のうち，福祉活動をその主な目的とする団体の動向をみると図12-1のようになる。全国社会福祉協議会の行っている「住民参加型在宅福祉サービス団体実態調査」から作成されたもので，NPO法人法制定以前からのNPO活動をも対象としているので，厳密には比較できないのであるが，傾向としてみれば大きく伸びてきていることがわかる。

4 多様な主体によるガバナンスと「新しい政府機能」

市民参加と「協働」

前節までにみたように、NPOなどのような形で、新しい市民的な福祉事業の担い手が育ちつつある。それは消費生活協同組合を母体とした**ワーカーズコレクティブ**といった形をとることもあり、必ずしも法人形態をとらない。また障害者団体が各地の**自立生活センター**（JIL）のように自ら事業運営主体として登場してきている。

そして、介護保険制度の施行によって、株式会社や有限会社など商法法人が積極的に、かつ大量に福祉産業の領域を形成しつつある。このなかには、コムスンやニチイ学館のような全国的な事業展開を行う事業者も登場しつつある。

このために、自治体のほうから、これらの民間事業者への委託事業を積極化する動きが強まっている。とくに**指定管理者制度**の導入によって、「公の施設」の管理が、公共団体等に限定されていたものが、「法人その他の団体であって当該普通地方公共団体が指定するもの」に改められたことも大きく影響している（地方自治法244条の2の改正で、03年9月に施行されている）。つまり、従来は認められなかったNPO法人などにも、条例による規定をもって福祉施設の運営を任せることも可能になったため、民間セクターの活動が従来の公共の領域にいままで以上に浸透しやすくなっている。

このために、行政側に安易な「民間委託」感覚での「安上がり行政」の受け皿としてNPO法人を考えたり、「協働」という言葉を「参加」程度に考えて行政の手足として利用したりする傾向も生じている。そのために自律的な市民活動をスポイルし、使い捨てる状

況が広がることが強く懸念されている。

「協働」とは，各政策主体または事業主体が，情報公開を前提として「対等な立場」で，相互に「協力」しながら，共通の「事業目標」を実現するように，「討論」しながら，「活動すること」である。

現状はそれにほど遠い。それは主として行政の側に問題があるからである。つまり，ガバナンスを成立させるための，キーとなるのは，市民や事業者の力量を強めることと同時に，いやそれ以上に行政側の改革なのである。この改革をつうじた「新しい政府機能」，すなわちガバメント機能の明確化と限定，およびネットワーク型組織と官僚支配的組織とを組み合わせる組織論が求められる。

新しい政府機能に向けた行政改革の方向

このような行政改革の方法としては現在のところ次の3点が重要である。第1には**地域自治組織**の形成と支援である。つまり自治体内の分権化の推進である。**分権的・分散的基礎的自治体**へ，といってもよい。「地域自治組織」とは，市町村合併を推進するにあたって，旧町村の一定のまとまりを認めるために，「地域審議会」という形で認められているのが1つの形だが，それにこだわらず，より分権的で，住民自治を推進するために工夫がこらされてよい。とくに，地域ごとの地域活性化計画と事業計画が策定され，それを基礎にした**予算編成**への地域からの参加を実施したい。さらに，**予算執行**の権限をこの地域自治組織に付与するとともに，その執行過程を公開するためにも，地域自治組織委員会ないし評議会が付置されるべきだろう。この地域組織が行う予算編成とその執行を，地域で評価する仕組みも必要である。事業評価を地域住民によって行うということになる。これは本庁での企画部門や全体的な評価委員会，首長による予算編成とを組み合わせたものとなる。

各市町村の地域福祉計画は，このような地域自治組織ごとに，そ

4 多様な主体によるガバナンスと「新しい政府機能」

の実施計画としての地区福祉計画に具体化される必要がある。逆にいうと，地域福祉計画を住民が主体となって策定し，推進するためには地域自治組織の主たる仕事として，「地域福祉計画」の地域自治組織ごとの「地区福祉計画」の策定と推進が位置づけられる必要がある。

第2には，行政改革として，組織の**フラット化**が行われなければならない。ピラミッド型組織の高さを低くし，意思決定の距離と時間を短縮することが重要なのである。端的にいえば，起案から政策決定，そして事業実施までの「ハンコ」の数を減らすことである。政策や事業を，現場の職員が市民と討論して企画・起案したら，それはなるべくその現場に近いところで行政的な決済を行えるようにすべきである。中間的な管理職組織は，情報のリレー機関にすぎないか，新規事業をチェックし抑制する機関にすぎないのであるから，これらは，地域における切実な福祉課題に対応するためには不要だと言うこともできるからである。

第3には，したがって，本庁での管理部門は圧縮することになるが，その余裕戦力はできる限り地域に張りつくようにしなければならない。すなわち，自治体職員を「ソーシャルワーカー」として現場に展開することが求められるのである。事業費を削減せざるをえないとしても，人件費としての，すなわち職員自身が地域で働くという形での，ガバメント機能を再構築する必要があるのである。

地域福祉計画とガバナンス

以上みてきたように，これからの政府のあり方は，ガバナンスの一部を構成するという形にならざるをえない。ガバメントとしての権力機構の果たすべき責任をはっきりさせること，また地域においてガバナンスを有効に確立すること，そのことによって，地域の住民の安全と安心を確保することが，基礎的自治体の本来の仕事

だということがより明確になってきたともいえよう。

そのような展望のなかで，地域福祉計画の策定とその計画的推進事業は，ガバナンス確立のための中核的な事業となる。自治会，町内会などの**地域住民組織**および NPO など**課題解決型市民組織**とともに，また「社会的責任投資」によって鍛えられた事業者とともに，自己改革を進める行政が，自らの行政責任として地域福祉計画を策定し推進していくことによって，このようなガバナンスすなわち「新しい自治の形」を創造していくことにつながるのである。そのことはまた，21世紀において「市民社会」をこれから再構築していくための，1つの道筋となる可能性をもっていると考えたい。

Summary サマリー

　地域福祉計画は，市民と自治体との関係を対等で平等なものに再構築するための重要なプラットフォームとすることができる。そのように確立した地域ガバナンスの組織や考え方は，地域福祉政策が有効に機能し，住民が安心して暮らせる地域をつくるという意味をももちうる。

　1990年代からガバナンス論が台頭している。その理由は，第1に代表民主制に基礎をおくガバメントへの信頼の低下である。第2に財政危機である。そのために福祉国家の危機やゆらぎという議論が行われてきた。また右肩上がりの経済を前提にできない状態での，新しい市民社会構築の議論としても展開されている。基本は政府間そして市民セクターとが「対等」で平等な関係をつくるなかで，新しい統治システムを協働してつくるところにある。このガバナンス論構築の議論は，日本の場合はまず地方分権改革として進行しているといってもよい。この地方分権改革は国と都道府県，市町村を対等・平等な関係にしようとしているものだが，なお制度改革としての領域に止まり市民と行政の関係を変えるまでに至っていない。

このようななかで，政府と市民との関係を変えるためには，自治のあり方を変えることが必要だが，そのためにはとくに地域自治組織のような自治体内の分権化と分散化が重要である。そしてそこにおける予算編成と執行権の地域自治組織や現場などへの委譲が不可欠である。もう1つ，このようなガバナンス確立の最大のポイントは，行政内部組織の一部での組織原理の転換が求められる，ということである。行政の自己改革なくしてガバナンス時代を語ることはできないのである。そのためには第1に組織のフラット化が必要である。また現場を市民との討論の場とするともに，そこでの提案をただちに実行できる，ネットワーク型組織が求められる。地域福祉計画は，基礎自治体である市町村のなかに組織される地域自治組織の地域福祉計画として策定され，推進されることによってガバナンス確立の1つの重要な筋道となる可能性をもっている。

● Key words ●

財政危機　社会保障財源の規模　ガバメント　政府不信　代表民主制　官僚制支配　ガバナンス　対等な関係　市民社会　情報公開　政策評価　協働　パラダイム転換　地方分権改革　自治事務　法定受託事務　技術的助言　通達　法令の解釈権　福祉8法改定　指導　地域住民　ボランティア　パートナーシップ　グラウンドワーク　当事者　公募の市民　NPO法人　ワーカーズコレクティブ　自立生活センター　指定管理者制度　地域自治組織　分権的・分散的基礎的自治体　予算編成と執行　フラット化　地域住民組織　課題解決型市民組織

読書案内

　20世紀末の財政危機とそれに伴う福祉国家の再編については，右田紀久恵「福祉国家のゆらぎと地域福祉」右田紀久恵・上野谷加代子・

牧里毎治編『**福祉の地域化と自立支援**』中央法規出版，2000年，をまず参照するとよい。地方分権改革の意味と，その福祉政策における展開については，澤井勝「地域福祉と自治体行政」大森彌編『**地域福祉と自治体行政**』地域福祉を拓く（第4巻），ぎょうせい，2002年で歴史的展望も含めて触れている。ガバナンス論としては，中邨章『**自治体主権のシナリオ**』芦書房，2003年，が国際的な流れを中心にして説得的である。そして，行政と市民との協働による新しい市民社会の形成に関しては，篠原一『**市民の政治学——討議デモクラシーとは何か**』岩波書店，2004年，が必読である。

社会福祉法の解釈として参考になるのは，社会福祉法令研究会編『**社会福祉法の解説**』中央法規出版，2001年である。

なお，福祉社会の意義については，武川正吾『**福祉社会——社会政策とその考え方**』有斐閣，2001年がわかりやすい。

——————————— 澤　井　　勝 ★

索　引

●あ　行

アウトカム　175, 176, 183
アウトプット　175, 176, 183
アウトリーチ　143
アカウンタビリティ（説明責任）　121, 173, 190, 242
アドボカシー　121
アンケート　166
医学モデル　132
生きがいづくり　81
意見交換　159
意見集約　159
意識調査　185
移送サービス　81
医療計画　67
医療圏　69
医療資源　68
　——の地域的な偏在　68
インプット　175, 176, 183
右田紀久恵　26
ウルフェンスバーガー, W.　195
NPO法人　92, 250-252
ABデザイン　193
エンゼルプラン　216, 217, 227
エンパワーメント　21, 132
岡村重夫　25, 105
オズボーン, アレックス・F.　164

●か　行

介護保険事業計画　7, 40, 123, 131, 216-218, 249
介護保険制度　80, 88, 217, 249
　——の公的財源　218, 222
介護予防　64, 81, 223
外生変数　193
確定的評価　198
過疎　17
課題解決型市民組織　255
課題の発見　59
価値形成段階　106
合併特例法　157
過程　194
ガバナンス（共治）　8, 23, 40, 241-243, 253, 254
ガバメント　23, 240, 254
過密　17
観察法　124, 125
官僚制支配　240
関連樹木型指標　177, 178
企画局　215
企画主導型計画　215, 216
技術的助言　245
基準点方式　180
規制緩和モデル　242
帰属意識　82
基礎的な必要（basic needs）　85
基本計画　6, 30, 32, 59, 60
基本構想　6, 30, 32, 39, 58
客観的必要　119, 125, 126
キャンベル, コリン　241
共生社会　64

259

行政評価　173-175, 185
共　治　→ガバナンス
協　働　82, 111, 242, 249, 252, 253
共同募金　229-231
グラウンドワーク　248
グループホーム　84
ケアマネジメント　80
計　画　5
計画行政　216
計画策定　103, 105
　——のプロセス　90, 108
計画策定指針　98
計画実践　116
計画理念　106
研究・開発　132, 207
現金給付　87
健康増進法　67
健康日本 21　65, 67
現物給付　87
権利擁護　42
広域市町村圏　58
効　果　194, 195
工業化　16
公共活動の進行管理　185
公共社会　93
公聴会　152
交通バリアフリー法　72, 73
高度経済成長　16
公平性　185
公募委員（公募の市民）　144, 249
広報活動　136
効　率　194, 195
効率性　185
高齢化　18, 19
高齢者保健福祉計画　217, 246, 249
高齢者保健福祉推進 10 か年戦略　→ゴールドプラン
声かけ訪問　81
顧客満足度　176
国土利用計画　58
国内総生産（GDP）　18, 171
個人の尊厳　37
コーディネーター　146
子ども議会　168
個別計画　59
コミュニティ　17, 158
コミュニティ・オーガニゼーション　4, 25
コミュニティ・ケア　25
コミュニティ財団　232
コミュニティ・ビジネス　94, 228
コミュニティ・ミーティング　50, 140, 152-155, 157, 158
　——のサイズ　160
　——の組織図　159
コミュニティワーク　28, 115, 121
ゴールドプラン（高齢者保健福祉推進 10 か年戦略）　7, 28, 61, 80, 83, 217
ゴールドプラン 21　7, 61, 83
コンシューマリズム　21

●さ　行

差　異　90
財　政　218
財政安定化基金　223
財政危機　238
財政主導型計画　215, 216
財政フレーム　214
在宅福祉　4, 26, 27, 80, 246
財団法人　232
最適空間規模　157
作業委員会　90

策定委員会　48, 90, 109, 110, 143, 154, 155
策定プロセス　47, 97, 103
参加　37
参加型住民懇談会　141
参加型調査　→住民参加型調査
参加志向モデル　242
3相計画　3
三位一体改革　8, 53, 222, 225, 234
支援費制度　→障害者支援費制度
事業目標　175
資源　80, 91, 92
自己評価　207
事後評価　185, 189
施策評価　183
施策目標　175
市場原理モデル　242
次世代育成支援計画　123
施設福祉　83
事前評価　185, 189
自治型地域福祉　4, 25, 27
自治事務　244
実験計画法　193, 194, 198
実施計画　6, 30, 59, 60, 212, 213
指定管理者制度　252
GDP　→国内総生産
指導　54, 246
児童育成計画　7, 40, 122
GPRA法　174
シビル・ミニマム　180
市民参加　243
市民社会　92, 241, 255
市民バンク　232
事務事業評価　182, 183
事務事業評価表　182
社会計画　5, 6, 31, 194

社会資源の見学ツアー　147
社会指標　49, 171-173, 175
社会的責任投資　255
社会的排除　172
社会的包摂（ソーシャル・インクルージョン）　172
社会福祉関係8法の改正　80, 122, 246
社会福祉基礎構造改革　20, 22
社会福祉協議会　48, 75, 76, 94
社会福祉サービスのプログラム評価
　　→プログラムの評価
社会福祉調査　104, 127, 130
社会福祉法　1, 2, 4, 20-22, 247
社会保障財源の規模　239
柔構造モデル　242
集合的必要　194
住民会議　152
住民懇談会　90, 125
住民参加　37, 39-41, 48, 49, 97, 98, 102, 105, 110, 111, 154
　——型在宅福祉サービス　4
　——型調査（参加型調査）　104, 126, 127, 142
　——型福祉　26, 27
　——の手段　50
住民参画　108
住民自治　90
自由面接法　124, 125
主観的必要　119, 124, 126
守秘義務　139
需要（demand）　86
生涯学習振興基本構想　70
障害者基本計画　7, 40
障害者基本法　63
障害者支援費制度（支援費制度）　80, 92, 218, 224, 225

障害者福祉計画　122, 216, 217
障害者プラン　63, 83
小規模多機能型サービス　84
少子化　62
少子化対策推進基本方針　227
少子化対策プラスワン　227
少子高齢化　233
情　報　136
情報公開　139, 241
情報収集　137
情報提供　137, 138
情報分析　137
ショートステイ　80
助力者　130
自立生活センター　252
事例研究　130
事例検討会　143
事例調査　104
事例調査法　124
新エンゼルプラン　62, 63, 227
新型特養　84
審議会報告（社会保障審議会福祉部会報告）　36, 41
シングル・システム・デザイン法　192, 193
新国民生活指標　172
新ゴールドプラン　7, 61, 83
新障害者基本計画　64, 84
新障害者プラン　64, 84
シンポジウム　146, 152
新予防給付　88
ステイクホールディング社会　91
スティグマ　89
成果主義　173
生活課題　79, 90, 102, 104, 108, 109
生活の質　171, 175

生活福祉空間づくり大綱　71
生活問題　115
政策評価　173-175, 178, 182, 183, 185, 242
政策目標　175
政　府　237
政府間関係　243
政府不信　240
説明責任　→アカウンタビリティ
セン, A.　88
選好度調査　176
全国社会福祉協議会　3
全国総合開発計画　58
潜在的な福祉課題　109
潜在能力　88
全社協レポート　35, 38
戦略計画　173
総合化　39, 93
総合計画　39, 40, 212
総合相談窓口　93
促進者（ファシリテーター）　130
組織のフラット化　254
ソーシャル・アクション　121
ソーシャル・インクルージョン　→社会的包摂
ソーシャルワーカー　111, 254
ソーシャルワークの視点　108
措置から契約へ　20

●た　行

第三者評価　185, 207
対人的な福祉サービス　87
対等な関係　241
代表性　178
代表民主制　240
代理受領　80

タウン・ウオッチング　159, 166
タウン・ミーティング　152, 158
高田眞治　98
脱施設化　83
男女共同参画社会基本法　38
地域医療　19
地域医療計画　40
地域自治組織　253
地域社会計画　5, 6
地域住民　247
地域住民組織　255
地域診断　115, 117, 125, 126, 131, 132
　狭義の——　116-118
　広義の——　116, 117
地域生活移行　84
地域総合計画　57, 58
地域組織化　4, 26, 27
地域通貨　94
地域踏査　118
地域特性　116-118
地域福祉　4, 19, 24, 25
　——の主流化　23
　——の推進　1, 21, 22
地域福祉活動　103, 104, 107
地域福祉活動計画　3, 30, 74, 76
地域福祉計画　1-3, 6, 30, 32, 105, 131, 194, 254
　——の策定委員会　→策定委員会
　——の策定過程　→策定プロセス
　——の策定方針　48
　——の法定化　30
　狭義の——　45
　広義の——　45
「地域福祉計画と地域福祉支援計画の考え方」　35
地域福祉権利擁護事業　5, 42, 121

地域福祉懇談会　109
地域福祉推進役　48
地域福祉調査　132
地域福祉予算　222
地域密着型サービス　84
地域密着型のケア・システム　28
地区福祉計画　254
地方交付税　233, 234
地方債　233
地方自治　7, 82
地方自治法　1, 2, 59
地方総合開発計画　58
地方分権　153, 235, 244
地方分権一括法　8, 243
地方分権改革　7, 8, 40, 243, 246
地方分権推進計画　8
地方分権推進法　8
ツーウェイ方式　151, 152
通　達　245
デイサービス　80
統計調査　104
統計調査法　122
当事者　249
当事者参加　90
投入資源　194
特定地域総合開発計画　58
特定非営利活動促進法　250
途中評価　185
都道府県地域福祉支援計画　1, 2, 30, 51
都府県総合開発計画　58

●な　行

内部妥当性　193
永田幹夫　25
日本型福祉社会　238

入所施設　84
ニュー・パブリック・マネジメント（NPM）　173
ネットワーク形成　38
ノーマライゼーション　71, 83

● は　行

配食サービス　81
ハイプレート法　161
パターナリズム　89, 126
パートナーシップ　248
ハートビル法　73, 74
パブリック・コメント（PC）　48, 107, 145, 155
バリアフリー・マップ作成　147
ビジョン　182
ピーターズ, ガイ　241, 242
必　要　79, 86
　——の充足　87
　——の同一性　85
　——の判定　89, 90, 117
　——の普遍化　85
必要（福祉）課題　115, 116
必要（ニーズ）推計　122, 123
PDS サイクル　97, 110
評　価　107, 189
評価基準　197
費用 - 効果分析　195
標準得点方式　180
フィールドワーク　118, 147
フォーカスグループ・インタビュー法　124
福　祉　175
福祉学習　146
福祉課題　104, 108, 109, 111
福祉元年　18

福祉区　49
福祉コミュニティ　82, 105
福祉財団　232
福祉3プラン　7, 39
福祉タクシー　93
福祉問題　117, 118
プライバシーの保護　139
plan→do→see　97
プランニング　196, 197
　——の評価　198
ふれあいいきいきサロン　81
ふれあいのまちづくり事業　5
ブレーン・ストーミング　161, 164, 165
ブレーン・ライティング　161
プログラム　196
　——の評価　194, 198
分権型の福祉システム　235
分権的・分散的基礎的自治体　253
ベスト・バリュー・プラン　173
ベンチマーク方式　173, 181, 182
法定受託事務　244
法令の解釈権　245
補完性の原則　52
補完の機能　53
保険方式　218
ポスト工業化　18, 19
ホームヘルプサービス　80
ボランタリズム　5, 29
ボランティア　92, 247

● ま　行

マトリックス型指標　177, 178
満足度調査　201
メイス, ロン　72
目標設定　107

●や 行

ユニットケア　84
ユニバーサル社会　72
予　算　212, 213
予算局　215
予算執行　253
予算措置　213
予算編成　253

●ら 行

利用者主体　27
利用者評価　207
レッテルはりの否定　91
連　携　82

老人保健福祉計画　7, 40, 122, 131, 216, 217
ローカリティ　38
ローカル・ガバナンス　8
6W2Hの展開手法　161, 163
ロジック・モデル　183
ローリング・システム　155

●わ 行

ワーカーズコレクティブ　252
ワークショップ　90, 104, 109, 110, 140, 141, 144, 161, 164
　　──のファシリテーター　140, 141
ワンウェイ方式　151
ワンストップ　93

地域福祉計画
──ガバナンス時代の社会福祉計画
Community Welfare Plan

有斐閣アルマ ARMA

2005 年 7 月 15 日　初版第 1 刷発行
2011 年 5 月 25 日　初版第 3 刷発行

編　者	武　川　正　吾
発行者	江　草　貞　治

東京都千代田区神田神保町 2-17

発行所　株式会社　有　斐　閣

郵便番号 101-0051
電話　(03)3264-1315〔編集〕
　　　(03)3265-6811〔営業〕
http://www.yuhikaku.co.jp/

印刷・株式会社精興社／製本・大口製本印刷株式会社
Ⓒ 2005, Shogo Takegawa. Printed in Japan
落丁・乱丁本はお取替えいたします。

★定価はカバーに表示してあります

ISBN4-641-12260-1

Ⓡ 本書の全部または一部を無断で複写複製(コピー)することは、著作権法上での例外を除き、禁じられています。本書からの複写を希望される場合は、日本複写権センター(03-3401-2382)にご連絡ください。